코리안 비전
도약의 플랫폼

코리안 비전, 도약의 플랫폼

ⓒ 박상은, 2020.

1판 1쇄 인쇄 | 2020년 02월 24일
1판 1쇄 발행 | 2020년 02월 28일
지 은 이 | 박상은
펴 낸 이 | 이영희
펴 낸 곳 | 이미지북
출판등록 | 제2-2795호(1999. 4. 10)
주　　소 | 서울 강동구 양재대로122가길 6, 202호
대표전화 | 02-483-7025, 팩시밀리 : 02-483-3213
e-mail | ibook99@naver.com

ISBN 978-89-89224-50-1　03300

이 도서의 국립중앙도서관 출판예정도서목록(CIP)은 서지정보유통지원시스템 홈페이지(http://seoji.nl.go.kr)와 국가자료종합목록 구축 시스템(http://kolis-net.nl.go.kr)에서 이용하실 수 있습니다. (CIP제어번호 : CIP2020007640)

코리안 비전
도약의 플랫폼

박상은

KOREAN VISION
팍스 코리아나의 꿈을 그리며…

이미지북

팍스 코리아나의 꿈을 그리며…

뉴밀레니엄 천년맞이 행사로 지구촌이 떠들썩했던 2000년에서 또다시 20년이 지났다. 2020 아름다운 숫자 위에서 과거를 반추해 보고 긴 숨결로 미래를 바라본다. 상수가 돼버린 위기의 연속, 위기를 기회로 만드는 것이 중요하다. 멀리 하류에서 올라온 잉어는 낙하하는 무게를 역으로 동력 삼아 높은 폭포를 차고 오른다.

2020년 우리에게 닥친 역사의 변곡점에서 과거 성공과 더불어 힘들게 견디어 왔던 저력을 바탕으로, 앞으로 10년… 50년…100년 후의 나라와 민족이 이루어야 할 꿈을 그려본다. 미래를 더듬어 가기 위해 과거 100년, 1000년, 5000년의 역사를 압축해 보면 길이 보일 것이다. 가까운 미래는 보이지 않아도 눈높이를 낮추면 먼 미래를 보게 될 것이다.

민족의 영속과 국가의 안위를 위해 성장잠재력을 되살려 미래 세대의 추동력을 키워 선진화로 가는 개념 설계를 해내야 한다. 초유의 일하는 인구층 감소의 절벽을 넘어 경험하지 못한 축소균형사회로 들어갈지도 모른다. 우리는 여기서 결코 주저앉을 수 없는 위대한 조국을 물려받았다.

변동 폭이 큰 위기의 시대에서 많은 역사와 교훈을 얻을 수 있다. 반도의 지정학적 개념도 상식과 다르다는 것을 알 수 있다. 역순으로 세계 패권국의 역사를 보자. 미국 이전의 영국·스페인·몽골(元)·이탈리아·그리스에 이르기까지 큰 나라는 안 보인다.

섬나라와 반도국가들이다. 몽골은 백만 미만으로 추정되는 인구로 유라시아로 나가 중국을 제패하고 세계 최대 제국을 만든 역사다. 그리스·로마·스페인 모두 전형적인 반도 지역이다. 반도의 지정학은 대륙을 업고 해양 돌출의 지세가 정보 장악과 기氣/Energy의 집중 지역이다.

국가의 운영 틀과 국민 의지에 따라 운명을 바꾼다.

지금 우리나라는 인구 절벽에서 멀지 않은 세월 3세기 안(2300년)에 사라질 첫 번째 국가라는 UN 보고서가 있다. 그러나 미래는 정해진 것이 없다. 얼마든지 바꿀 수 있는 길이 있다. 인구 문제는 최소 한 세대 보고 가는 여유 있는 계획을 세워 놓고, 그 사이 대망의 남북 통합기회를 가꾸어 다른 나라가 갖지 못한 인적자원 같은 피의 수혈 기회가 있다.

우리는 두 세대 만에 최빈국에서 선진국 진입 단계인 30-50클럽에 진입했다. 이는 단순한 성취가 아니다. 우리에게 선대부터 전수된 5천 년의 숙성된 문명이 바탕화면으로 깔려 있다.

달려온 피로감에서인가. 이웃 발전 국가들이 신기술 산업혁명에 앞서가는데 우리는 주춤거리고 있다. 성장에 이바지한 산업이 사양화·노후화하는 빈자리를 새 산업이 채워주지 못하고 있다. 기득권의 낡은 조직이 가로막고 있는 규제에 발목이 잡혀 기업들은 규제가 없는 나라로 떠나려 한다. 어렵지만 쉽게 하면 되는 일이 규제 해제다. 기업의 기氣를 살려 창의를 샘솟게하는 첩경이다. 다시 말해 돈을 안 들이고 가장 높은 효율을 배양할 수 있는 길은 규제 혁파보다 빠른 길이 없다.

5

여러 연구기관 자료에도, 한 세대 뒤 2050년 우리나라는 '8천만의 5만 달러' 목표가 무리가 아닌 듯 보인다. 강대국 사이에서 합종연횡으로, 경제적 허브로 정보 집적과 국가 방위의 길을 찾아가야 한다. 반도지역이 대륙 종속이 아니라 자존自尊·자강이 되면, 속도와 정보 장악으로 자위自衛를 넘어 세계로 나아가는 큰 길를 가게 될 것이다.

우리 고대국가 조선은 중국 동북부 만주지역과 한반도를 포괄하는 최고最古의 제국을 2000년 동안 경영했다. 고구려와 발해까지 포함하면 3000년을 경영했던 대륙국가이다. 우리는 최고의 역사, 숙성된 전통으로 차별화된 새 문명을 창도해 나갈 세계의 중심에 설 수 있는 민족이다. 여기서 우리 고대사를 폄훼하는 중국의 역사 만행과 일제가 깎아내고 신화로 처리한 고대사 복원 작업을 거국적으로 해 나가길 바라는 마음이다.

미·중 패권 경쟁 사이에서도 임기응변보다는 동맹 고려와 국익 우선 원칙으로 대응하며, 중국 주도의 역내포괄적경제동반자협정/RCEP과 AIIB에 가입함 같이 미국 주도의 인도·태평양 전략에 참여하지 못할 이유가 없다. 양 협약에 적극적으로 참여하여 신뢰를 쌓고 정보 공유와 소통으로 두 세력을 포괄하는 반도국가 교량 기능과 순발력을 발휘할 기회다.

중국이 3불(사드, MD, 한·미·일 군사동맹 안한다)로 한국의 외교·군사 주권을 포기케 해 놓고, 사드 보복을 풀지 않은 행태를 보면서 병자호란 때의 정축약조를 상고하지 않을 수가 없다. 역사를 알면 국가 위난의 교섭은 없었을 것이다.

중국의 오만함 앞에서 그 거대한 대륙의 자장에 스스로 흡수되려는가. 다시 통일신라 이후 천년의 사대주의 조공체제로 회귀하려는 것인가 우려된다. 문제 해결을 위한 교육지책이었으나 전략적으로 더 깊이 숙고해야 한다. 기존의 시스템을 대체할 수 있는 전략적 결정을 가벼이 함은 큰 위해 요인이 될 수 있다. "내치에 실패하면 선거에 지는데 그치지만, 외교에 실패하면 모두에게 죽음을 가져 온다"라고 말한 케네디 미 대통령의 어록을 되새기게 한다.

단재 신채호 선생이 그 포악한 일본강점기 부족한 사료를 싣고 만주지역을 전전하면서 남긴 근세 유일의 『조선상고사』를 두고, 일부 사학자들이 민족사학자의 유고로 폄훼해버린 오만함을 용납할 수 없다.

어렵게 일군 조상들의 5천 년 역사가 현대 과학장비에 힘입어 빛을 보고 있다. 더불어 알아야 할 중요 사료들을 발췌해 현재 진행 중인 사건들과 대비해 보았다. 숨어 있는 역사 자료를 보고 정말 위대한 조상들을 자랑하면서 미래 비전을 펼쳐나갈 수 있도록 많은 상상력을 동원했다.

우리나라는 결코 작은 나라가 아니다. 남북이 하나 되는 날 열강 수준을 넘어 조상들이 염원하던 세계 중심국가 반열에 오르는 우리 모두의 꿈 팍스 코리아나가 꿈이 아니란 걸 알게 되는 날이 올 것이다. 젊은이들은 다시 폭넓은 미래 비전으로 새 역사를 그려나갈 포부를 갖게 되길 바란다.

이 책이 나오기까지 넓은 역사인식과 상상력을 던져준 박가경 화백과 새마을중앙회 정성현 회장과의 대화, 디자인 감성에 뛰어난 이미지북 오종문 대표의 도움이 컸다. 그리고 가족과 도우미들 가다림의 아름다움에 감사한다.

2020년 元ᄐ

박상은

제2장. 우리가 가진 독특한 역사와 문화자산

제3장. 분단의 역사와 민족 정체성의 회복

제4장. 봉합의 기회, 북한은 뉴 프론티어

제1장 | 왜
대 한반도인가

1 지나온 일과 앞으로 해야 할 일

역사에서 발견한 새로운 소명

인류가 사는 가장 큰 공간 우주, 모래알을 뿌려놓은 듯한 수많은 행성별 속의 지구는 지금까지 생명체가 사는 유일한 곳으로 알려져 있다. 광활한 우주와 함께 장구한 인류 역사는 언제나 탐구의 대상이 되어 왔다.

호모 사피엔스 등장으로 재조명된 인류의 긴 역사 속에 우리들의 5천 년 역사도 찰나처럼 느껴진다. 관노 출신 과학자 장영실이 밤마다 하늘의 별을 관찰하면서도 자기 신분의 모순은 스스로 풀지 못했다.

아시아 동쪽 끝 대륙의 역사는 만주벌을 말달리던 민족, 대륙을 경영하던 제국이 단군의 건국사화를 기반으로 고조선이 성립되면서 시작되었다. 한편 나라 성립 배경인 고조선 이전의 환인 배달국의 존재가 단군조선에 앞선 선사시대의 이야기로 다시 떠오르고 있다.

20세기 후반, 북방민족의 요람인 옛 조선 지역에서 세계 4대 문명권 중 하나인 황하문명보다 천 년 이상 앞서는 문화유적이 발견되었다. 이 문명은 중국사 어디에도 기록되지 않고, 자신들의 문화라고 주장한 바 없는 고대유적, 즉 제5의 문명으로 요하문명이다.

옛 조선 지역의 요하문명을 자기 영토 안의 문명이라며 자국 역사로 편입시킨 중국의 역사는 황하문명에서 천 년이 더 길어진 세계 최고의 역사가 되었다. 고조선 영역인 만주 벌판을 내달리던 그 지역을 실효적으로 지배하지는 못한다 해도, 한민족이 열어갈 미래 역사 시원의 지평을 이곳에서 열어가야 할 것이다.

고조선시대가 끝나고 열국시대를 거쳐 고구려 700년과 발해국 220년으로 이어졌다. AD 926년 발해가 멸망하기까지 통일신라와 더불어 만주와 한반도의 남북국시대를 열었지만, 10세기경 갑자기 사라진 발해국 이후 한민족 국가는 그곳에서 재기하지 못했다.

그곳에는 여진족이 세운 금나라와 칭기즈칸이 일으킨 몽골제국의 원나라, 그리고 여진족 누르하치의 후금(청나라) 등 우리 혈통과 무관하지 않은 북방민족이 지배하는 대륙이 되었다. 그러나 통일신라의 뒤를 이은 고려나 조선조에 이르러서도 북방 영지에 대한 향수는 조선조의 정도전에 이르기까지 북벌의 꿈으로 점철되어 있다.

대륙의 마지막 제국 발해는 지금도 조선족의 근원지인 동북 3성에 그 흔적이 남아 있다. 발해국의 행정구역은 5경五慶 15부部로 만주의 동북부와 연해주를 포괄하여 안변부와 정리부가 그 지역이다. 5경 중 동경용원부는 한때 발해의 수도로, 지금의 간도 훈춘 지역으로 추정된다. 연해주의 남쪽 끝, 오늘날 러시아의 핫산이 동해에 접하고 있는 곳에 용원부 산하 4대 주州의 하나인 염주성(크리스키노 토성)이 있던 곳이다. 두만강을 사이에 두고 북한과 접하고, 중국의 팡찬方川이 연접하여 3국 접경 지역으로 여러 모양의 국경도시 개발이 논의되기도 한다.

연해주는 우리와 연고 깊은 고려인들의 본거지로 독립운동 기지이기도 하다. 스탈린 시절(1937년) 17만에 이르는 고려인이 중앙아시아 카자흐스탄으로 강제 이주되었으나, 그곳에서 농원을 일으켜 최대의 목화농장을 건설했다. 한때 대우자동차가 그곳 자동차의 70% 이상을 휩쓸 때도 있었다. 한인들은 어느 곳에 가든지 세계를 업고, 기개를 꺾이지 않고 뻗어갔다. 이제는 고난으로 점철된 역사와 잊히고 잃어버린 고대문명을 복원하는 소명이 남아 있다.

고조선 영토를 광범위하게 회복했던 광개토대왕의 대지에는 중국의 고속철도망이 놓였다. 그들은 철도굴기鐵道崛起로 동아시아의 판도를 바꾸어 한반도의 북단 경계 요충지로 다가서고 있다. 국경도시 단둥丹東과 훈춘 그리고 즙안集安의 3개 요로에까지 일대일로의 넘치는 힘은 북·중 접경에 이르렀다.

유라시아 이니셔티브의 선도자이자 제안자인 대한민국의 영역은 어디일까. 중국의 방대한 고속철도망은 철도 주권의 상징으로, 국가 권력을 싣고 유럽과 아시아 대륙을 연결해 간다. 한반도가 이들 대륙의 힘에 접속될 때 새로운 대륙국가 시대의 중심으로 나아가는 길을 열어갈 수 있을 것이다.

오늘의 대한민국은 냉전시대에 반쪽이 되었던 올림픽을, 분단국가에서 동서화합의 상징으로 모든 국가가 참여하는 88서울올림픽을 개최했다. 경쟁국이 함께 하는 월드컵을 한·일 공동으로 개최하는 기회도 있었다.

서방 일변도의 G7을 서울 G20 회의에서 개도국과 선진국의 가교역할로 동서국가가 참여하는 복합회의를 개최했다. 핵 개발 지역 바로 앞에서 세계 50개국의 정상모임인 안보정상회의를 서울에서 개최해 반핵 연대를 선언했다. 불행한 분단의 유산인 DMZ를 세계의 자연 복원 평화공원으로 만들어 인류의 공유 자산인 문화유산으로 제공할 것을 선언했다.

황폐하지만 소명의 땅 북한과 남북의 봉합은 세계 한 모퉁이의 막힌 지역을 뚫어, 그 시너지 효과가 해양과 대륙의 소통을 통해 새로운 세기의 성장동력으로 제공될 것이다.

역동적 성장시대를 마감하면서

한반도 문제를 놓고 보면 역사 문제만큼 중요한 것은 없다. 우리는 이 원초적인 역사 인식 속에서, 물려받은 가난에서 벗어나 잘 살기 위해 허리띠를 졸라매고 뛰었다. 그러나 바닥에서의 성장은 결코 쉬운 일이 아니다. 자연히 성장의 바탕은 불평등에 의존하게 된다. 이처럼 경제 문제는 어느 시대에나 경제 성장의 이면에는 항상 명암이 뒤따른다.

우리 경제는 전쟁의 폐허를 딛고 가난으로부터 대탈출에 성공했다. 1962년부터 1991년까지 30년 동안 연평균 9.7%라는 최고의 장기 성장기를 기록했다. 1992년을 전환점으로 2011년까지 20년간 5.4%의 중기 성장기를 거쳐, 2012년부터 2~3%의 저성장 구간으로 진입했다.

설상가상으로 2017년은 인구노령화 진행으로 고령화시대에 진입(65세 이상 14% 넘어)했다. 생산인구가 처음으로 줄기 시작하는 양대 인구 절벽을 맞이하여 지금껏 가보지 못한 길을 가고 있다.

피부양인구는 늘고 이 인구를 책임질 생산가능인구가 줄어드는 시대에 들어가면서, 우리나라가 자랑하던 역동적인 경제성장기를 마감해가는 아픔을 느끼고 있다. 인구 감소에도 불구하고 통일의 난관을 뚫고 성장을 지속하는 독일이 있는가 하면, 이웃 일본은 잃어버린 20년을 철저히 저성장사회로 이행하면서 몸부림쳐 왔다.

경제연구원들의 자료에 따르면, 20여 년의 격차를 두고 진행되는 우리 경제 모습은 일본이 걸어온 과정과 너무나도 닮았다. 문제는 남의 일로만 여겼던 일이 2016년부터 시작 단계에 들어서면서, 우리 사정은 일본보다 훨씬 위험한 상태라는 점이다. 고령화 속도는 초고속으로 빠르고, 생산인구감소율이 일본의 경우 매년 0.5% 감소해 왔으나 우리는 매년 1% 정도의 감소로 진행된다. 무서운 속도다.

일본은 고도성장기의 저축자산이 많고, 특히 해외투자로 해외자산이 많지만 우리는 그런 여유 자산도 없다. 20여 년간 강 건너 불구경만 하다가 발등에 불이 떨어지자 당황하는 모습들이다. 우리의 미래를 예측하는 능력이 부족한 국가 지도자들의 책임이 크다.

우리 앞에 놓여 있는 양극화 논리, 실업률 상승, 경기 침체, 수출 감소 등을 해결하거나 완화하는 처방은 성장 정책이 기본이다.

국력을 추슬러 잠재성장률 3% 이상을 결사적으로 유지하는 노력이 필요하다. 이 지표는 모든 경제 요소를 투입한다면 무리 없이 성장을 이끌 수 있는 목표다. 이와 더불어 중요한 것은 경상성장률의 재고이다. 이는 실질국민소득/GDP에 물가상승률을 더한 성장으로, 우리가 느끼는 소득증가율이며 조세징수의 기초지표이기도 하다.

중앙은행도 인플레이션만 신경 쓰던 시대를 지나 디플레이션 상태도 방어해야 하는 시대가 된 것이다. 중앙은행의 경기 대응 자세가 변해야 한다. 일본 중앙은행의 행보와 실험은 정확한 참고자료다. 통화를 비전통적 방식으로 풀어도 디플레 상태는 꿈쩍하지 않는다. 시장 수요가 사라진 뒤의 조치이기 때문이다.

여기서 우리는 국체 보전과 성장을 위해 인구 문제에 적극적으로 초현실적인 대안이 필요하다. 현재 세계 최저의 산아율(2019년 0.98)을 배증의 목표로 세우고 모든 가능한 시책을 집중해야 한다. 중국은 이미 한 자녀 정책을 포기하고 두 자녀 정책으로 전환했으며, 수치로는 2배로 배가倍加 정책과 다르지 않다. 인구 유지도 중요하나 인구 숲을 푸르게 유지하는 것이 관건이다.

인구 정책은 한 세대를 바라보고 시행되어야 한다. 그러나 그 효과가 나타나기까지 최소 20년간은 인구 보충이 필요하다. 고급 두뇌의 공급으로 한국을 선호하는 많은 나라의 유학생을 받아들여 정착게 하는 방안 등이 적극적으로 강구되어야 한다.

예를 들면, 한국을 좋아하는 대학생이 서울대에만 140여 국에서 와 있다는 것은 놀라운 일이다. 아울러 초기 노령인구와 여성 인력을 생산인구로 활용하는 생산성 증대를 통한 실질적 인구 보충 역할을 강구하면서 저성장시대에 대응해야 한다.

인구 감소 경험은 일본이 그 반면교사이다. 그러나 우리에게 닥쳐올 상황은 일본보다 훨씬 격렬하고 더 불리할 수도 있다. 인구 감소는 골목 상권부터 무너뜨리기 시작하여 종국에는 내수시장까지 무너뜨리기 때문이다. 대중 소비 절벽, 고용 감소 등 복합 불황의 위험이 커진다. 특히 감소 속도가 빨라 2030년대 이후 추정치를 보면 거의 재앙에 가깝다.

앞으로의 인구 시장 성장 목표 등을 놓고 보면 찔끔찔끔 정책과 같은 미세 조정보다는 과감한 인구 정책, 기업 친화적 경제 정책, 해외 진출 기업의 리쇼어링 회기 정책과 외국인 투자 유인 정책을 펴야 한다.

한편으로는 경쟁력 있는 기업의 해외 진출로 내수시장 위축을 해외에서 확장하는 파격적인 양면 정책을 강구해야 한다. 인구 감소 속도와 부의 축적 정도에서 일본보다 불리하다고 보면, 과감하고 신속한 정책 추진이 그 길이다.

그러나 일본과 또 다른 환경은 좋든 나쁘든 우리에게는 북쪽 공간이 있다는 점이다. 인구·식량·자원 문제와 양극화 그리고 민족 정체성 문제 등이 그것이다. 경제적 관점에서 북한은 큰 부담이며 탈출구이기도 한 특수한 관계임을 부인할 수 없다. 이 어려운 상대를 원래대로 한민족 국가의 파트너로 되돌려 놓을 방책이 남북 간에 진행 중이며, 금세기의 과제로 생각된다.

역동적인 고도성장 시대는 갔지만, 우리는 여러 관점에서 아직은 성장에 목마르다. 선진국 진입 문턱을 넘고 양극화와 실업 문제 해결을 위해서는 특효약인 성장 전략이 중요하다.

그러나 지금껏 추구해왔던 양적 성장의 패러다임(틀)을 되새겨 보면서 국민의 행복을 위한 성장의 질, 곧 행복을 추구하는 다차원적인 성장 모델이 등장하고 있다.

글로벌 금융 위기 이후 저성장의 지속과 실업, 분배의 악화에 대응하여 OECD에서는 행복을 다면적으로 평가하는 삶의 질 지수/BLI(Better Life Index)를 개발하여 매년 발표하고 있다.

우리나라 국가 순위는 OECD 36개국 중 27위의 후순위에 머물러 국민소득 수준(11위)에 비해 괴리되어 있다. 성장 일변도의 전략을 넘어 성장 과실의 공유, 건강·주거 환경 등 11개 항목별 삶의 질적 요소들이 균형 있게 개선되어야 한다. 양적인 면에서의 경제 성장도 중요하나 성장의 질을 높여 국민 행복사회가 전개되는 틀로 진화해야 한다.

주변부에서 세계의 중심으로

한반도는 세계 최대의 영토를 가진 러시아와 연해주로 연접되고, 최대 인구 보유국인 중국의 만주 땅과 맞닿아 있다. 대한해협을 건너 일본과 그리고 태평양을 넘어 미국과 바다로 연결되어 있다. 경제·영토·인구 모두 세계 1, 2, 3위에 들어가는 덩치 큰 나라들 가운데 놓여 있어 지리적으로 4대 강국에 둘러싸여 있는 중심국가라고 할 수 있다.

이 기막힌 위치 때문에 패전국인 일제의 점령지 처리 과정에서 분단된 지 70년이 지났다. 남과 북이 각기 다른 길을 가면서 명암이 엇갈려 냉전기에는 미·소 양대 진영 대치의 접점이었다. 통상과 경제 협력의 해빙기 교역의 패러다임에 이르러서는 소통과 협력의 거점으로 태평양과 대륙을 잇는 흐름의 통로가 된다.

서세동점의 태평양 시대 한국의 개발 모델은 대륙 발전의 자극제가 되었고, 대한민국의 중간재 공급 능력은 중국의 현대화로 이전되었다. 중심(허브) 개념은 지리적 개념이기도 한 매우 적극적인 개념이다. 바큇살의 중심 지위는 아무 데나 있는 것이 아니다. 오랜 세월 오만한 중화의 시대에도 한반도를 변방지대로, 한때 일방적인 조공무역의 종속적인 소극적인 개념이었다. 그러나 다자교역 시대의 허브로 나오면서 매우 적극적이고 독립적 개념이 된다.

예를 들어보자. 분단의 남쪽 정부는 환태평양경제동반자협정/TPP에 앞서 대중 FTA를 성사시켰다. 물론 이에 앞서 USFTA와 유럽연합/EU을 포함해서 3대 광역경제권과 모두 경제 협정을 맺었다. 답답한 북한 지역을 우회하여 러시아와 유라시아경제연합/EAEU과 FTA를 추진키로 합의했다. 새 정부에서도 이를 이어받아 Nineth bridge 등 새 북방정책으로 러시아의 신동방정책에 상응하는 조치로 극동개발과 북극항로 개발 협력에 선착하는 기회가 될 것이다. 오천만의 열린 대한민국이 최대의 영토 자원 부국이 극동개발의 필요에 따라 자연스럽게 대륙과 연결하게 된 것이다.

나라를 잃게 된 대한제국의 고종 황제가 헤이그 만국회의에 밀사를 보내고, 러시아 황제에게 보낸 구조 요청이 거절되던 시절이 회상된다. 오늘의 대한민국은 대한제국 시절의 코리아가 아니다. 러시아는 적어도 극동개발의 최적 파트너로 한국을 선택한 것이다.

중국과의 경제 협정인 한·중 FTA를 활용하고 다음 단계로 진화시켜야 한다. 그들의 세계 정책인 일대일로의 중국몽中國夢이 바다와 육지로 이미 연계되고 있다. 러시아가 주도하는 유라시아경제연합/EACE과 자유무역협정이 되면, 우리 정부가 추진해 온 '유라시아 이니셔티브' 정책도 완성 단계에 들어갈 수 있다. 이미 터진 바다와 육지의 연결이 이루어지면 북한에 대한 우회적인 인게이지먼트 정책의 진전이 이루어진다.

2018년 4·27선언은 민족의 염원인 평화와 통일, 완전한 비핵화를 통해 핵 없는 한반도를 확인하는 선언이다. 9·19 남북정상회담과 평양선언 그리고 남한 정부의 적극적인 중재로 이루어진 6·12 북미정상회담 등 환상적인 변화 속에서 한반도경제공동체 탄생을 꿈꾸면서 하나 되는 민족의 힘을 느끼게 된다. 폭넓은 FTA 세계 교역의 허브, 선 후진국의 가교역할을 할 수 있는 미들 파워로, 그리고 글로벌 이슈가 된 반핵反核 속에서 좋든 싫든 변방에서 밀려 중심부로 들어온 느낌이다.

우리는 큰 나라는 아니지만 열강의 한가운데에서 분단 극복을 위해 혼신의 노력을 해 온 열린사회다. 다시 말해 한국은 지리적 중심 개념보다도 교역과 경제 교류의 허브 국가다. 미·EU·중국 등의 거대한 나라뿐 아니라 50여 개 나라와의 자유무역협정/FTA으로 통상 경협의 중심국가로 우뚝 서 있다. 이미 소국과 변방 개념은 우리에게 맞는 옷이 아니다. 일제는 한국의 대륙성과 해양 성향을 억누르고 역사도 축소하는 반도사관을 주입하는 식민정책을 써왔다.

원래 한국사는 대륙 기반의 역사였고, 조선반도란 언어를 쓴 일이 없다. 조선반도라는 말은 일제가 만들어 유포한 것이다.

이제 밖으로 눈을 돌려 보자. 섬에서 벗어나려는 이웃 섬나라 일본은 서구 문명을 먼저 받아들여 침략에 활용했다. 선발국으로 앞선 일본은 패스트 팔로우fast Follow 시대의 모범생이었지만, 퍼스트 무버First Mover(선도자)로서는 적합하지 않은 문화를 가진 나라이다.[01] 받아들일 것도 많았으나 창의와 도전 정신이 앞선 시대에는 극복하기 어렵지 않은 나라다.

덩치 큰 대륙국가 중국은 오랜 세월 동양의 대국으로 군림하면서 세계의 중심이라는 중화中華사상에 젖어 모든 주변국을 오랑캐로 보는 오만한 나라라는 인상을 주었다. 사회주의 본질인 획일적이고 다양성을 받아들이지 않은 모습으로, 남중국해 군도의 기지화에 대한 국제재판소 결정을 수용하지 못하는 편협함이 국제 공조를 인정하지 않는다.

정치적 전체주의와 경제적 자유주의 결합으로 약화된 이념적 기반을 기원전 6세기 공자의 유교사상으로 복원하려 한다. 그러나 2000년 넘게 중국의 통치 이념으로 원용되어 온 공자사상은 중화사상의 울타리를 넘어 세계를 이끌어가는 동력이 되기에 역부족이다.

변방 의식의 패배주의 틀에서 벗어나 넓은 세계로 나와 건국이념

01) 피터 언더우드, 『퍼스트 무버』, 황금사자, 2012. 268쪽.

인 홍익인간 세계를 그려보면 그 크기를 알게 된다. 우리나라는 고조선-고구려-발해 시대에 이르기까지 3000여 년간 대륙을 경영한 나라다. 고구려의 막강함은 백만 대군으로 침략해 온 수隨나라를 망하게 했고, 뒤이은 세계 최강의 당唐나라 대군을 물리치고 당 태종을 낙마케 했다. 신라가 외세 연합으로 3국 통일을 이룬 뒤 한반도로 들어와 대륙세에 눌려 방어적으로 변한 역사를 걷어내야 한다.

2000년 전 서양 세계를 지배했던 로마도 해적의 침략을 겁내던 지중해의 이탈리아반도에서 출발했다. "모든 길은 로마로 통한다"라는 말 그대로, 허브Hub 국가를 세워 1000년의 대제국을 건설했다.

오늘의 대한민국은 단순한 지리적 소통의 허브뿐만 아니라 늦게 발견된 세계사의 시원始源 요하문명의 중심이 고대 조선의 발상지와 관련된다는 사실이 밝혀지고 있다.

고조선의 건국이념인 홍익인간은 세계 평화의 중심사상으로 부족함이 없다. 이미 변방 개념의 경계를 벗어난 지 오래이며, 뛰어난 문명 허브의 권능으로 차세대 세계 문명을 창도할만한 능력을 비축하고 있는 나라이다.

2 한반도 기반의 적격산업

새로운 혁명 4차 산업시대

18세기 중반에 시작된 산업혁명을 압축해 보면, 증기기관 발명에 의한 기계화·자동화의 1차 혁명을 거쳐, 대량생산 시스템의 2차 혁명, 컴퓨터와 인터넷 기반의 디지털화 3차 산업혁명을 거쳤다. 그리고 지금은 20세기 중·후반의 정보통신기술/ICT 등 기술 융합화가 21세기 4차 산업혁명으로 진화하고 있다.

생산성 혁신과 노동 방식에서 혁명적인 물결이 덮쳐온 것이다. 오늘날의 노동 영역이 로봇이나 인공지능/AI, 사물인터넷/IoT 등으로 대체되고 있다. 나아가 산업 전환과 구조조정이 빠른 속도로 진행되어 사회 변환의 시대를 맞이하고 있다.

18세기에서 시작된 산업혁명이 1~3차까지 250년에 걸쳐 진행되던 것이 몇 년 사이에 4차 혁명의 쓰나미가 덮쳐오고 있다. 그러나 돌이켜 보면 일자리가 단순히 줄어든 것이 아니고, 과학기술의 발달과 변화로 효율이 높아져 노동시간이 줄어든 것이다.

1970년대의 주 70시간 노동에서 1990년대 60시간으로 줄었고, 2000년대 와서는 주 40시간 5일 근무제(5일×8시간)가 정착하게 된 것이다.

기술의 변화와 여러 첨단기술의 융합화, 인공지능 등이 교습능력을 더해가면서 인간 노동의 대체 효과의 폭과 변화 속도에 가속이 붙어 일자리의 변화가 노동시간의 단축으로 이어지는 것이다.

이 추세를 반영하듯 미국의 아마존이 '주 4일 30시간' 근무 시스템을 도입한다고 했다. 아마존처럼 큰 기업이 단축 근무제를 도입하는 것은 파격적인 변화를 선도하는 듯하다. 이와 더불어 세계시장의 저성장시대 메가트랜드 앞에 우리 산업의 구조 변화가 급격히 진행되어 구조조정의 진통을 앞에 두고 있다.

한국은 가장 많은 FTA를 체결한 나라이다. 많은 교역국의 허브에 앉아 상대국과 호혜·평등·상생 관계를 강조한다. 자원 없는 국가인 한국의 교역 특성은 한류Korean Wave의 문화 본성을 전파하면서 춤과 노래, 드라마와 스포츠로 신바람을 동반한다.

박세리 키드로 세계적인 여성 골퍼들의 연이은 탄생, 그리고 박찬호와 차범근 선수를 이은 류현진과 손흥민 등 야구와 축구 스타들이 있다. 2019년에는 뉴욕 빌보드 차트를 지배한 아이돌 그룹 bts/방탄소년단이 영국 런던의 웸블리 스타디움에서 콘서트를 열면서 세계를 흔들었다. 5월 하순에는 봉준호 감독의 '기생충'이 칸영화제에서 황금종려상을 수상해 한국영화사 100년을 빛냈다.

4차 산업혁명이란, 신문명新文明을 맞아 인간 소외 우려의 시대, 한국의 문화·스포츠·콘텐츠가 글로벌 무대에서 경쟁력이 입증된 것이다. 4차 산업혁명의 원동력인 소프트 파워 본성에 강한 대한민국은 차세대 새 산업의 전환기, 시장 생태계의 혁명적 변화를 수용해 이끌어나갈 것이다. 스마트폰 뱅킹 핀테크로 금융 혁명을 일으키며, 모바일 쇼핑으로 유통 혁명을 그리고 유튜브로 미디어 혁명을 일으키고 있다.

경제학자들이 만든 신조어 '코렌터Korenter'는 한국이 세계 평화와 번영을 위하여 어디든지 뻗어 나간다는 뜻을 담고 있다. 영국이 유럽연합에서 탈퇴한다는 브렉시트Brexit에 걸맞은 대조어로써 의미가 있다. 자유시장 경제의 발상지로, 신자유주의 옹호자로 그리고 하나의 유럽을 외치던 영국이 유럽연합에서 이탈하는 이변을 본 것이다.

이 엄청난 현대사의 역설을 두고 코렌터류의 발상은 새롭게 떠오르는 권위의 허브국가 대한민국이 나아갈 세계사의 중심 영역을 생각나게 한다.

그간의 대량생산 기반과 정보산업, 자동화 시스템의 기반 위에 이미 깊숙이 진행되어 수십 억 인구의 세계인이 모바일 기기로 연결된 4차 산업혁명의 처리 능력과 5G로 진화한 새로운 지식에의 접근성을 가진 무한한 가능성을 보고 있다.

4차 산업혁명의 본질은 쉽게 말해 제조업의 디지털화와 현장 데이터를 자산화하는 데이터 자본주의라고 표현한다. 초연결사회, 즉 소비자 빅데이터 기반 비즈니스로 전환하는 것이다. 사람·사물·공간이 인터넷으로 연결되고, 거기서 생산되는 데이터가 사이버와 물리적 체계가 연동된 사이버물리시스템/CPS(Cyber Physical System) 기반으로 지능적이고 유연한 생산체계가 이뤄진다.

미국의 GE가 도입한 산업인터넷은 산업 현장의 기계들이 센서를 내장하고, 제품 진단 소프트웨어를 연결해서 기존 설비의 운영체계를 최적화하는 것이다. 산업인터넷의 가장 큰 장점은 장비의 결함과 고장을 사전에 발견하고 예방하는 데 있다. 곧 After Service가 아닌 Before Service의 개념이다. 산업인터넷의 생산

관리시스템은 제4차 산업혁명 시대의 새로운 생산 모형, 플랫폼이 되어 전 산업에 확산된 지 오래다.

그 핵심에는 인공지능/AI, 로봇, 사물인터넷/IoT, 가상현실/VR, 3D 프린팅, 드론과 자율주행차 등이 있다. 기술 융합으로 산업 간·기술 간의 경계가 무너지고 있다. 고도의 기술 발전이 인간 근력을 대체했던 기계화의 자동화와 인간지능을 뛰어넘었던 컴퓨터 발전이 우리의 우려와는 달리 인간 생활의 풍요를 가져다주었다. 그 이유는 기술 융합이 초래한 충격을 흡수하기 위해 경제와 사회가 끊임없이 자기 혁신을 했기 때문이다.

기술 변화의 시기, 우리는 이웃 나라 중국의 막강한 시장 레버리지와 분방한 경영전략으로 기술 격차가 역전되는 사태에 대비하고, 대중적으로 우위에 있는 분야를 지켜내는 것이 중요하다. 이를 위하여 아직도 엉켜 있는 규제를 혁파하여 4차 산업혁명에 맞는 규제 체제를 확립하고, 우리 자신을 업그레이드하는 것이 핵심이다.

미래 청정에너지 시대의 허브가 되어 보자

2015년 12월, 지구온난화에 대비하여 새로운 UN 기후 변화협약이 타결되었다. 신기후체제로 합의된 '파리협정'은 이전보다 지구 평균기온 상승을 '2도 아래'로 묶는 온실가스 감축 계획으로, 외신들은 인류가 화석연료 시대의 종언에 합의했다고도 보도했다.

한국도 에너지 다소비 국가로 2030년까지 온실가스 감축안(2030년까지 온실가스 배출전망치 ABU 대비 37%를 줄이겠다는 감축 계획안)을 자발적으로 유엔에 제출했다.

산업계는 제조업 위축을 우려했으나 4차 산업혁명과 더불어 오늘날 우리 산업구조의 고민인 철강·석유·화학·시멘트 등 중공업 위주의 산업구조를 바꿀 절호의 기회로 보았다. 신재생에너지, 에너지 저장과 효율화에 강점이 있으므로 신기후체제 변화로 생길 새로운 세계시장을 선점하는 한국에 신성장동력이 될 수 있다.

이와 더불어 각 나라는 탈화석연료의 미래 에너지 개발 경쟁이 치열하다. 북유럽의 작은 나라들과 독일·일본·미국 등 일본 원전사고 이후, 그리고 다소 소극적이었던 미국은 오일 셸 개발 이후 대체에너지에 관한 관심이 높아지고 있다. 특히 독일은 탈화석연료 외에도 원전마저 배제하는 태양광, 풍력 등 자연에너지 중심체제로의 대전환을 시도하였다. 미국 캘리포니아주는 화력발전 '제로'라는 목표 아래 태양광 발전시설을 2배로 늘리기도 했다.

우리나라에서도 2030년까지 제주도를 Carbon Free Island, 즉 '탄소 없는 섬'을 만들겠다는 목표를 세우고 신재생에너지와 전기차의 섬으로 바꾸겠다는 비전을 진행하고 있다.

세계적인 에너지 전문가 토니 세바Tony Seba는 그의 저서 『에너지 혁명 2030』에서, 다가오는 미래 에너지 혁명 시대를 예견했다.

"석유·석탄 등 화석연료는 몰락하고 집과 회사, 공장에서 태양광으로 직접 전기를 만들어 쓴다. 송전선은 사라지고 길 위에는 전기차가 굴러다닌다. 내가 쓸 에너지는 배터리에 모아 두었다가 필요할 때 사용한다."

어디서나 배터리로 연결되는 BOT(Battery Of Things), 즉 Seba가 그리는 '에너지인터넷' 시대를 역설한다. 미래에너지포럼에 참석차 방한한 그는 기조연설에서, "에너지인터넷 시대의 핵심은 배터리인데, 한국은 이미 소형 배터리 분야의 세계 선두주자"라며, 삼성SDI와 LG화학의 높은 경쟁력을 들었다.

스마트그리드Smart Grid(지능형전력망)로 알려진 시스템은 전력 공급자와 소비자가 실시간으로 정보를 교환, 에너지 효율을 최적화하는 차세대 전력망이다. 최근에는 기존 전력망에 정보기술을 접목해 에너지 효율을 최적화한 차세대 지능형 전력망인 마이크로그리드Micro Grid가 뜨고 있다. 태양광과 풍력 등 신재생에너지가 에너지저장장치/ESS와 결합해 지역마다 소규모 전기를 자급자족하는 전력망이 주목을 받고 있다. 이 모두가 에너지 저장, 즉 배터리 기능을 연결고리로 하고 있기에, 이것에 강점이 있는 한국에는 기회가 될 수 있다.

파리 신기후체제 이후 경제성에서 친환경적인 고려를 중심으로 에너지 패러다임이 바뀌고 있다. 그 때문에 신재생에너지 활성화와 전기차의 확산 등 새로운 에너지 생태계에 맞는 에너지원의 선택이 중요하다. 그러나 기후 변화 수요 문제에 대응하기 위해서는 에너지의 대량 소비자인 기업들의 자발적인 참여가 중요하다.

국제적 대기업들이 재생에너지로만 생산활동을 한다는 'RE100'/Renewable Energy 100 선언[02]을 하고 있다. 2014년에 시작된 이 운동은 현재 170개 대기업이 동참하고 있는데, 유럽·미국·일본·인도·중국 기업 등이 참여하고 있다. RE100 기업들은 협력업체들에도 재생에너지로만 생산한 제품을 요구하고 있으므로, 우리 기업들도 가입하여 불이익이 없도록 해야 한다.

한편 에너지의 높은 수입 의존도나 에너지 다소비형 산업구조로 보면 에너지의 대량공급 능력 확보는 불가피하다. 탈원전정책도 친환경적 추세에 맞추면서 에너지 공급의 안정성을 유지하는 에너지 혼합으로 에너지원 구성을 개선해 가는 길을 열어 갈 수 있다. 그동안 수입 화석연료에 의존해 왔던 우리에게 신기후협약 체제는

---

02) 중앙일보 선데이 칼럼, 「세계 에너지 패러다임 바뀌는데」, 2019년 5월.

전화위복의 기회일 수 있다.

눈을 돌려보면, 우리나라는 천혜의 무한자원 한가운데 있다. 위도상으로 보아 독일보다 월등히 유리한 조건의 태양광 자원과 사방에서 부는 바람은 훌륭한 자원으로, 얕은 서해와 낮은 구릉에서 불어오고 있다.

또한 서해는 세계 최고의 조위차潮位差를 갖는 다도해의 황금 해안이다. 이순신 제독이 왜 해군의 예봉을 꺾어 임진왜란의 승기를 잡았던 전적지 명량 바다의 빠른 유속은 오늘날 조류潮流발전의 메카가 될 수 있다. 어느 것도 엄청난 에너지원源이면서도 제대로 개발되어 있지 않은 유휴자원으로 남아 있다.

먼저 조력발전부터 보자. 현재 유일하게 시화호의 조력발전소만이 상업 발전을 하고 있다. 애초 담수호를 만들어 농·공업용수로 쓰기 위해 바다를 막았다가 물이 썩기 시작하자 죽음의 호수가 되어버렸다. 바다와의 통수通水을 결정하면서 그 제방 속에 발전용 터빈을 넣어 조수의 낙차를 이용해서 전기를 생산하는 것이다.

현존하는 세계 최대 발전소인 프랑스의 랑스 조력발전소보다 더 큰 시화조력발전(3만kW × 8기)을 건설한 것이다. 시화호는 다시 살아나 최대 규모의 조류 도래지가 되어 수많은 동식물의 보고가 되고 있다. 연구원들의 추정으로는 서해의 조위차를 발전 방식에 따라 차이가 나겠지만, 대형 원자력발전소 10여 기가 넘는 자원이 청정에너지의 대표적 자원으로 등장하고 있다.

조수발전 수역은 울돌목 외에도 진도 남방 해상국립공원 여러 곳에 후보지가 있다. 조도(상조도 등대 앞바다)와 세월호 참사 지역도 빠른 조수 지역으로 조수발전의 최적지 중의 하나임을 상기할 때, 이들 부존자원을 개발하는 것이 무고하게 떠난 영령들에 보답

하는 길이라 생각된다.

조력발전의 중요 후보지로는 영종도 부근의 인천조력, 강화조력 그리고 가로림만과 천수만 등이 천혜의 후보지로 개발 설계가 완료되었으나 갯벌 보호와 환경단체들의 반대로 무산되었다. 이 문제는 시화호의 역사를 뒤집어보면 전혀 문제가 되지 않는다는 것을 알 수 있다. 건설 시 훼손된 갯벌은 그 본성상 바로 신속히 복원되며, 바닷물의 들어옴과 나감의 유통으로 생태계에 지장이 없음이 이미 시화호에서 검증되었다.

한편 발전 저수지 조지潮池 안에 풍력발전기 설비의 병설 또한 무한한 여백의 공간 활용이다. 무공해 불소모성不消耗性 에너지의 복합 생산으로 인천공항과 더불어 세계적인 관광 명소로 그리고 최고의 녹색에너지 지대가 될 수 있다.

더욱이 현존하는 원자력 발전의 위험성과 부산물 처리 문제의 심각성에 비추어 차세대 원자력발전 방식인 핵융합발전은 사실상 무공해 발전 체계다. 현재 원자력 선진국 7개국이 공동으로 연구 실행이 진행 중이다. 참여국인 한국도 대덕에 K-Star라는 소형 실험로를 선先 건설 시행 중이다. 앞으로 핵융합로가 완성될 예정인 2030년대 후반이면 한국은 차세대 무공해 원전 공급국의 하나가될 것이다. 이렇게 되면 대한민국은 말 그대로 공해 없는 대량 에너지 공급 중심국의 지위를 누릴 수 있게 된다.

미래 관광 시대 새 Trend

지구촌을 지켜내면서 자연과 교호하며 그 일부가 되고자 하는 인류의 각성은 역사상 전례 없이 국경이 자유롭게 개방된 지구촌을 만들었다.

많은 사람의 이동으로 관광시장이 커지면서, 관광은 경제적 비중이 높은 산업으로 자리 잡았다. 특히 아시아 주요국 국내총생산/GDP에서 관광산업은 절대적이다. 태국의 경우 20%를 넘고 있으나 한국은 5%대로, 태국에 비해 낮은 편이나 앞으로의 추세에 따라 그 성장잠재력이 폭증할 것으로 보인다.

다른 산업에 비해 월등히 높은 일자리 창출 효과[03] 때문에 고용 없는 성장시대의 대안 산업이 되고 있다. 이에 따라 세계는 관광객 유치 전쟁이 치열하다. 그 중 눈에 띄는 것은 부자 나라 미국이다. 선진국 미국도 2012년부터 'Path to 100Million International Visitors', 즉 방문객 1억 명 유치 목표로 진행하고 있는 것이 흥미롭다.

전체적으로 세계 인구도 늘고 있지만, 해외여행의 꾸준한 증가 추세가 이어지고 있다. 세계 관광객 수는 약 12억 명으로, 그 중 압도적 1위가 중국인이다. 그러나 전반적으로 선진국일수록 해외여행 빈도가 높다. 세계 관광시장의 확대와 수요의 다양성 외에도 새로운 글로벌 관광 트렌드가 형성되고 있다. 이러한 추세 속에서 한반도의 효용성과 가치를 측량해 보는 기회가 될 수 있다.

첫째, 시간 여행의 개념이다. 1989년 11월, 그 잔혹했던 '베를린 장벽'이 무너진 사실을 기념하면서 과거의 모습을 기억해내는 것이다. 'Visit Berlin 프로젝트' 관광 코스가 한 모델이 될 수 있다. 옛날의 감시탑을 둘러보는 길, 동독 시절 생산된 트라반트를 타고 동베를린을 달려보는 코스처럼, '철의 장막 시대를 체험하려면 1980년대의 베를린으로 돌아가는 여행을 예약하라' 등과 같은 것

---

03) 21.7%. 산업평균 12.6%, 반도체 3.2명/B.O.K 산업연관표.

이다. 우리나라도 '한반도 분단 시절의 DMZ 여행'이라는 관광 코스를 개발한다면, 장차 세계 최고의 시간 여행 대상으로 주목받을 것이다.

둘째, Digital Detox 여행이다. 디지털 독소를 제거하는 여행으로, 현대인의 모바일 정보기기 패키지 초연결망으로부터 탈출시키는 여행이다. 즉 스마트폰과 인터넷이 없는 곳에서 정보통신기술에 중독된 심신의 치유 여행이다. 디톡스 여행은 오래 전부터 빌 게이츠, 스티브 잡스, 루퍼트 머독 등 글로벌 기업가들이 재충전하기 위한 장소로, 그 첫 목적지는 피지나 와카야 섬 등을 들 수 있다. 이처럼 우리 남해안의 해상국립공원 수천 개의 섬, 무인도의 쾌적함이 주변 20억 인구의 바다 힐링 공간으로 개발한다면 디톡스 여행 최적의 장소가 될 것이다.

셋째, Green Tourism/자연생태관광이다. 친환경 투어의 번화함보다는 조용하고 쾌적한, 잘 알려지지 않은 지역이 뜨고 있다. 프랑스의 프로방스 지역 시골 관광 개척 또는 폐도시 재개발 문화도시 등이다. 탈화석연료 정서에 따라 바다 에너지(조력·조수) 발전단지, 신재생에너지 바람·태양 이용 지역, 벌이나 머드 등 문명전 자연 접촉 등 친수공간의 녹색 지역 관광의 새로운 트렌드가 되어 아름다운 볼거리를 제공할 것이다.

넷째, 우주여행이다. 한동안 화제가 되었던 우주여행은 지금 구체화 되는 추세다. 20만 달러짜리 우주여행 계획이 있는가 하면, 미국 우주개발업체 스페이스X의 일론 머스크(전기차 태플러 창업자)는 2022년 첫 화성여행 청사진을 내놓았다. 국제우주대회/IAC에서는 화성에 첫 이주자를 보낸다는 계획도 공개했다. 우주산업이 국가에서 민간 주도로 넘어가는 전환점을 보는 듯하다.

그 외에도 관광정보 검색, 상품구매 등 온라인 중심 서비스에 접속이 쉬워지면서 단체 관광에서 소비자가 직접 기획하는 개별 관광객/FIT의 비중이 점차 증가하는 추세도 매우 중요한 관점이다. 세계 관광산업 추세도 지속해서 변화할 것이며, 2030년에는 글로벌 관광객의 증가로 18억 명으로 성장할 것으로 예상한다. 특히 아웃 바운드 시장 현황의 특징은, 압도적으로 제1위인 중국인의 해외여행이 앞으로도 지속적인 증가를 예상한다.

세계 관광산업의 추세를 놓고 볼 때, 한국 관광의 적합성으로 보아 아직은 우주관광에서 앞설 수는 없다. 그러나 기타의 여러 추세선상에서 볼 때 한반도의 관광 지형이 너무나 적합하다.

시간 여행의 대상으로 공포나 오지 잔류도 포함된다는 점에서는 불행하게도 매우 시사하는 바가 크다. 디지털 중독을 치유하는 한국 여행 지역으로는 서남해 다도해만큼 좋은 장소가 없다. 많은 인구 국가군 가운데서 멀리 갈 필요 없는 뛰어난 지리와 기후 여건을 제공한다. 특히 통일된 관광 한국을 상정하면 설악산에서 동해안을 따라 북상하면 금강산과 칠보산을 거처 백두산에 이르는 환상적인 명산 루트가 완성된다.

청정에너지의 부국 한국은 Green Tourism의 정수로서 적합도가 매우 높은 트렌드에 맞아 떨어진다. 내수시장 영역이었던 서비스산업도 앞서서 수출산업의 기능을 하게 되어 외래 관광객을 유치하는, 즉 인바운드Inbound 수출산업이 가능하다.

최근 많은 관광객이 방문하는 홍콩이나 싱가포르 등 도시국가와 다른 한국은 다양한 관광자원을 보유하고 있다. 외국인이 선호하는 의료관광, 한류문화 콘텐츠인 스포츠·디자인과 더불어 천 년 이전의 '천년 왕국 신라新羅의 찬란한 유적' 그리고 뚜렷한 4계절 관광은 어느 나라도 갖추지 못한 가치를 지니고 있다. 왜 한반도가 오늘날의 관광 트렌드에 맞는 것인가를 평가할 수 있다.

2018년 평창동계올림픽으로 고속철도 및 고속도로망의 정비, 겨울 스포츠, 고급 리조트 등은 눈이 내리지 않는 남방 사람들에게는 특별한 관광지로 부상하고 있다. 그리고 우리의 독특한 고유 전통인 민속문화, 청정왕국 DMZ, 공포의 분단 상황 등은 다양성이 충족되는 관광 상품이다.

한편 서울을 중심으로 2천㎞ 이내에 인구 백만 명 이상의 도시가 140여 개 달하는 지역 시너지를 활용하고, 소득증가와 해외여행 자유화로 늘어난 중국 관광객 등 근린 효과는 한반도도 새로운 관광 시대의 중심 지역으로 부상함에 부족함이 없다.

물류 중심 한반도의 지정학

열린 패러다임 시대를 맞아 국제 간의 교역 증대로 물자와 사람의 이동이 증가함에 따라 물류의 경제적 비중과 중요성이 커졌다. 민항기의 개발과 대형 컨테이너선의 건조, 관광 크루즈 등의 관련 산업도 발전해 왔다. 또한 공로 이용 증대에 따라 주변국에 거대한 공항이 건설되면서 경쟁이 치열하다. 항공과 해운은 지리적 이점과 인구의 크기 등 경제적 요인이 크게 작용한다.

인천공항은 2005년 개항 이래 새 모습의 최신 공항시설로 지역 중심 공항으로 주목받고 있다. 공항 운영과 서비스 경쟁에서 10여 년간 세계 1위를 차지, 동북아 지역 허브Hub 공항으로의 기능도 두 배로 확장했다.

전자기기 등 첨단제품의 환승 허브 기능 등 한때 항공화물 취급 세계 순위 1~2위를 차지할 정도로 화물Cargo 항공도 활발했다. 최근 연도에는 주변국이 새로운 대형 공항을 개설하는 등 물동면에서는 순위의 영향을 받고 있으나 상호 보완적인 중심 기능을 유지할 것으로 보인다.

막힌 북쪽 하늘을 우회하는 불편이 따르지만, 주변국 인구 밀집지역의 배경 등 환승·환적의 기능적 가치 개발로 적응해 나갈 수 있을 뿐 아니라 남북이 소통하게 되면 지역 중심 공항으로의 가치는 높아질 것이다.

남부지역 국제공항으로 김해공항 확장 계획에 따라 제2의 물류 관문인 부산의 역할이 새로운 동력으로 이바지할 것이다.

부산항은 천연의 양항으로 대한민국의 개항지역일 뿐 아니라 부산 신항의 개설로 동북아 지역의 물류 허브로 주목하고 있다. 부산항만공사에 따르면, 부산 신항은 2006년 개장 이래 놀라운 발전으로 21개 선석船席의 접안장소를 운영하면서 대량 컨테이너 화물을 처리한다.

김해 신공항의 확장과 더불어 동아시아 간선항로 상에 있는 부산항의 확장 그리고 철도 KTX를 연결한 트라이포트Triport, 즉 공항, 항만, 철도가 연계되는 물류 3합의 국제복합물류시스템 완성으로 글로벌 물류 중심 도시로 도약하는 모습이다.

부산은 해양문화 특유의 역동성과 개방성을 갖는다. 부산광역시 권역은 수도권과 대칭적으로 동남광역경제권과 해안 도시를 연합하여 태평양을 품는 도시로 거듭나야 한다.

지구온난화 이후 촉진된 북극항로가 개척되는 지점에서 부산항의 가치는 더 높아진다. 북극 통과 항로는 여러모로 부산의 입지를 강화할 것이다. 김해공항의 확장과 함께 대형 크루즈 모항으로 발돋움하는 부산항은 새로운 동북아의 관문으로 관광과 트라이포트 복합물류 도시로 자리 잡아 간다. 조선과 해운업의 불황으로 위기를 맞고 있는 부산광역시는 이 위기를 넘어설 대규모 국제 행사를 기획하고 있다.

아시아의 관문 물류의 강점을 바탕으로 2012년 여수엑스포 유치 실패를 거울삼아 부산시가 2030년 등록 엑스포 유치에 나선다. 여수시는 상하이에 EXPO를 넘겨주고, 2012년 인정 엑스포 Recogniged EXPO를 개최하는 한을 남겼다. 등록 엑스포가 중요한 것은 개최국의 기술적 진보와 국위 선양의 기회인 동시에 경제·문화적 파급 효과가 엄청나기 때문이다.

엑스포는 올림픽·월드컵과 함께 세계 3대 국제 행사로 인정받고 있으면서, 세 행사 중 경제적 파급 효과가 가장 크다. 엑스포 개최 도시가 대륙 간 안배 순서에 따라 개최된다는 점에서 2030년의 등록 엑스포는 아시아 지역 차례가 된다는 것이다.

부산광역시는 2030부산세계박람회World EXPO 2030 Busan Korea를 5월부터 6개월간 '인류 공존과 번영을 위한 지혜의 공유Sharing wisdom for the next progress'를 주제로 세계박람회 유치를 계획하고 있다. 참가국 200개국, 관람 인원 5000만 여 명, 61조 원의 기대 효과를 예상한다.

2002년 월드컵, 2018년 평창동계올림픽은 29조의 경제 효과를 예상한 것에 비하면 그 파급 효과가 크다.

부산시 관계자는 부산 엑스포를 통하여 경제에 활력을 불어넣어 고부가가치 창출과 신성장동력을 얻고, 우리나라가 세계적 물류 허브 국가로 도약하는데 이바지할 것으로 분석하고 있다.

러시아의 북극항로 완전 개통 연도를 2030년으로 예상한다. 물론 중국이나 한국도 북극항로의 상업적 운행을 시작했다고 하나 탐사 운항 정도이다. 그러나 앞으로 북극항로의 전략적 중요성을 고려하면 북한(나선), 러시아(체르노빌), 중국(훈춘)의 3국 접점인 두만강 하구는 동북아의 물류 중심지로 떠오를 것이다.

2015년 10월 하순 한·중·러 3국이 중국의 훈춘시 팡촨防川에서 '동북아 물류 협력'을 주제로 세미나를 열었다. 두만강 하구

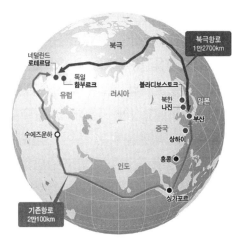

출처 : "부산항 제3의 개항_북극항로 리포트 ②" 〈국제신문〉, 2013.3.20.

는 중국 동북 3성의 발전 전략인 '창지투長吉圖(창춘-지린-투먼) 개발과 한국의 유라시아 이니셔티브, 러시아의 신동방정책이 절묘하게 만나는 곳이 된다.

북극항로를 이용하면 부산-로테르담 간 운항거리는 남방 루트 수에즈 항로 대비 운항거리와 운항일수가 30~40% 단축되는 바닷길 혁명을 경험할 수도 있다. 러시아는 핫산-나진철도를 연결할 때 시베리아 횡단철도/TSR와 한반도의 남북한연결철도/TKR로 유럽과 아시아 철도 연결을 구상했으나 북한의 막힘 현상으로 정체되고 있다.

한편 러시아는 TSR의 고속화를 추진하면서 한국형 고속철 진출을 희망하고 있다. 우리 겨레의 애환이 깃든 독립운동기지였던 연해주에 진출하는 기회이기도 하다. 러시아는 신동방정책을 추진함에 최적의 파트너는 한국이라는 인식과 기대를 반영한 것이다.

일본보다 영토 문제(쿠릴열도 등)나 민감한 이해관계가 없는 한국을 선호해 왔으나 남북 경색이 장기화하자 일본과의 협력을 진전시키는 징후가 나타나고 있다. 러시아와 일본이 철도로 연결하

는 계획이다.

　일본 산케이신문은, 러시아는 블라디보스토크까지 연결된 TSR을 사할린을 거쳐 홋카이도北海道로 연결하는 사업을 제안했다고 보도했다. 이 프로젝트가 순조롭지 않았으나 같은 시기 일본은 러시아 경협담당상을 신설하고, 6000만 엔 규모의 경제 협력 패키지를 내놓고 빅딜을 하는 등 아베 신조 총리가 드라이브를 걸고 있었다는 것이다. TSR을 한반도 종단철도로 연결해 동북아의 물류 중심국가로 나아가려는 전략에 문제가 생길 수 있다. 그러나 두만강 하구 3국 개발사업 등 대북 우회 진출 전략을 적극적으로 추진하면서 연해주 진출의 꿈을 놓쳐서는 안 된다.

　북극항로가 개발되면 한·중보다 일본이 지리적 접근성으로 핵심 수혜자가 된다. 그러나 러시아 극동개발이 진행될 때도 남일본과 규슈 등을 한반도 물류 기능에 통합한다면, 장차 환동해경제권 발전의 촉매가 될 수 있는 더 큰 기회를 만들어 갈 수 있을 것이다.

3 지정학 개념의 광역화

국방안보 책임 국가

우리나라는 긴 세월 대륙의 압력과 왜구의 침탈 행위 속에서도 국권을 지키는 지혜를 발휘했다. 고구려 이전의 고대국가는 대륙을 장악했으나 발해 이후 한반도로 축소되어 지금까지 이어지고 있다. 수세기 동안 통일신라와 발해가 남북국시대를 열어 북방민족과의 혼성국가에서 한민족 순혈국가로 돌아온 것이 우리의 역사다. 고려시대나 조선조에 이르기까지 북방 로망 북벌의 꿈을 버리지 않았다.

16세기에 일어난 임진왜란은 단순한 정한론征韓論보다는 일본을 통일한 도요토미가 명明을 겨냥한 대륙 진출이라는 논리가 힘을 얻고 있다. 왜의 침략으로 한반도가 초토화되면서 지정학적 가치가 인식되기 시작한 것이요, 조선의 요청에 명나라가 파병한 것도 대륙 침략의 선先 방어적 개념이 크다.

대륙과 해양의 교두보를 확보하기 위한 청·일전쟁과 러·일전쟁이 일어나고, 러시아의 남하를 막기 위한 당시 패권국 영국의 일본 지원도 감지되었던 것을 보면 이미 전쟁은 글로벌화 되고 있었다.

한 지정학적 인자가 문제가 된 2차 세계대전 후 양대 세력의 진주에 따른 일시적 분단이 냉전의 해빙기를 지나면서도 70년이 넘도록 지구상 유일한 분단국가로 남아 있다. 타율적으로 분단된 나라가 중무장으로 맞서 있는 모습은 참으로 안타까운 일이면서 엄중히 대치하고 있다.

주변 강대국이 지정학적 분단 관리에 저항 없이, 오히려 강건하게 분단 지역을 국경 관리하듯 하고 있다. 안보 개념은 원래 국경 아닌 내국 분계선을 따라 방벽을 강화한다는 것이 국방 개념화되어 버렸다.

반면 통독 전 동·서독은 점령 4개국이 분단 관리에 들어가는 모습을 보이자, 위기를 느끼고 내독협정 등 통합의 기초를 닦는 지혜를 발휘했다. 그러나 북한은 어리석은 대치 상태도 모자라 전쟁을 일으키고, 핵 개발을 하면서 군사 균형마저 흩트려 놓고 있다. 핵 개발 등 선군체제로 올인하면서 비대칭 무력으로 군사적 우위 확보에 광분하고 있다.

국방 개념이 분단 관리의 막대한 군사 대치를 비용화하면서 동맹국의 군사 지원 없이 군사적 균형 유지가 불가능한 상태에서 한미합동군이 방위 개념의 기본이 되었다. 그러나 '공포의 균형'에 걸맞은 자체 핵 능력이 전무한 상태에서 국방안보 책임 국가 논의가 제기된다. 완벽에 가까운 한미연합 방위체제가 안보의 기본이 되어 있지만, 방어적인 사드/THAAD 배치마저 대내의 쟁점화에서 벗어나지 못하고 있다. 중국의 내정 간섭과 보복 조치에서 자유롭지 못한 취약한 면을 그대로 보여주고 있다.

경제가 남한의 40분의 1에도 미치지 못하는 북한이 택한 전략은 핵무기를 가장 경제적인 방법으로 만드는 모양새다. 상대적으로 부유한 남한은 세계 최대 무기 수입국이지만, 재래식 첨단무기 군群의 도입으로는 여전히 비대칭 무기 핵核이 완성된 상황에서 그 수준 차이는 비교되지 않는다. 이 경우에도 대한민국은 동맹국 미국의 잠재적인 핵 자산으로 상쇄하면서 사드 등 방어설비의 배치가 진행된 것이다. 엄중한 남북 대치 상황에서 핵무기의 보유 여부를 놓고 국방안보 책임국이라 할 수 있는가.

미 핵우산을 전제로, 한국은 북한이 2006년부터 6차례의 실험을 거쳐 2017년 말경 핵무기 완성을 방관했다. 장거리 운반수단인 ICBM이 출현하자 위기를 느낀 미국이 단계별로 유엔 제재를 높여왔지만, 최근에는 미국의 직접 제재가 강하다.

북한이 2018년 신년사를 통해 평창동계올림픽 참여 의사를 밝힘에 따라 물꼬를 튼 남북대화가 시작되면서 4·27 남북정상회담이 성사되었다. 그리고 9·19 평양선언이 나오기까지 모두 세 차례 남북 정상의 만남이 이루어졌다.

남쪽 정부의 적극적인 중재 노력으로 6월 12일, 사상 처음으로 북·미 싱가포르 정상회담이 성사되었다. 그리고 2019년 2월 28일 하노이에서 2차 북·미 정상회의를 개최했다. 하지만 핵 폐기 협상은 해결하지 못한 채 은둔의 독재자를 국제 문제 해결의 중심인물로 만들어 놓았다.

북핵 문제는 앞으로도 논의할 기회가 많을 것이나 국·내외 정세의 현란한 변화 속에서 국가안보의 독립성 문제가 중요 쟁점이 되는 점에 유의해야 한다.

비대칭 무기가 확보되지 않은 상태에서 한·미 동맹의 상징인 전시작전권(이하 전작권) 문제가 다시 부상하고 있다. 국가의 안보 독립은 당연한 일이다. 이 문제는 노무현 정부 때부터 제기되었으나 정세 판단이 능한 군 고위직일수록 전작권 환수를 반대, 환수 시기를 연기하다가 그 기한마저 흐지부지되었다.

그러나 언제까지나 자국 국방 책임을 외국군에 의존할 수 없을 뿐 아니라 이로 인한 부작용도 심각하다. 오랜 한·미 동맹에의 집착은 스스로 책임지는 주인의식의 결핍으로 또 다른 안보 불감증을 유발한다.

문재인 정부는 환수 문제를 재론하면서 '국방개혁 2.0'의 핵심 요소로 임기 내 환수를 예고하고, 2019년 6월 3일 한·미 국방장관 (정경두-패트릭 섀너핸 대행)이 구체적으로 합의했다. 실제로 전작권 회수 결정은 엄청난 자극 요소의 배수진 전략으로 독특한 위기관리 DNA를 깨울 수 있을지 모른다.

예를 들어, 1970년대 박정희 정부는 주한 미군 철수 문제를 놓고 미국과 갈등을 일으켰다. 핵무기 개발에 나선 것이다. 위기 요인을 딛고 자주국방 산업으로 중화학공업 시대를 열었다. 위기를 기회로 만든 것이다

그런데 그동안 여러 차례의 남·북 및 북·미 회담을 통해서도 실질적인 북핵 폐기는 한 발짝도 진전되지 못했다. 더욱이 북한은 신형 유도무기와 단거리미사일 시험 발사를 10차례나 단행했다. 이번 신형 무기들은 무한궤도 발사체에 탄도 궤도가 아닌 비행 조정이 가능한 미사일로 선제 타격이나 요격이 어려운 대남 공격형무기다.

이 결과를 들여다보면 싱가포르 회담 후 폐기되기 시작한 것은 북핵이 아니라 대한민국의 안보체제다. 을지프리덤가디언, 키리졸브, 독수리 훈련 등 3대 한미연합 훈련이 사실상 폐지되었다.[04] 사태가 이렇듯 위중하고 불투명한데 새삼 전작권 조기 전환을 서둘

---

04) 조선일보 사설, 「북핵은 그대로, 동맹만 흔들린 싱가포르 이후 1년」, 2019.6.13.

러야 하는지 이해되지 않는다.

『국방백서』에 주적이 삭제되면서 전투부대 장병의 정신교육이 어렵고, 대적 개념이 없는 강군무장은 어렵다. 군 축소 개념과 군 수뇌부 개편 등 경험이 적은 장교를 대거 배치하는 등 군 내부에도 문제가 많다. 9·19 평양선언에 끼워 넣듯 한 군사합의서의 엄청난 내용이 어떻게 합의에 이르렀는지, 한미연합사와 사전 협의가 있었는지 설명이 없다.

이러한 문서를 놓고 퇴임하는 국방장관이 서명하는 모습을 TV에서 여러 번 보았다. 정보구역 제한, GP 불균형적 파괴, 서해한계선의 이용 혼돈 등 비전문가가 보아도 알만하게 불균형적이다. 이처럼 9·19 군사합의에 문제점이 많은데도 이를 지적하는 장교가 없다는 것도 이상한 일이다.

이와 같은 사정이 누적되면 투지가 약한 군이 자주국방을 해낼 수 있을까. 일본은 독도를 자기 국토로 편입하고, 중국 전투기는 아예 우리 반공식별구역/KADIZ를 제집 드나들 듯 드나들고(2018년 중 140여 차례) 있다.

2018년 9월 소말리아에서 귀환하던 문무대왕함이 태풍을 피해 중-베트남이 영해라고 주장하는 해역으로 들어가 10여 분간 항해했다는 이유로 중국은 애초 참여하기로 했던 제주도 관함식에 불참했다.[05]

그렇다면 우리 공군은 이어도 남방과 서해의 중국 방공식별구역 진입 훈련을 하는 결기를 보여야 한다. 남이 내 나라를 지켜주지는 않는다. 자주국방이 중요하고, 국가 자존을 높이는 길이라 해도 우리 국방의 한 축인 한미동맹을 허무는 것은 자살 행위에 가깝다.

05) 조선일보, 「굴종을 반복하면 버릇이 된다」, 2019. 5. 27.

북핵 문제 해결에 심혈을 기울이는 민감한 정세 속에서 기다림의 미학도 아름답다. 2022년 전작권 전환이 완료되면 한미연합사를 미래연합군사령부로 바꾸고, 사령관을 한국군 장성으로 교체한다는데 이 일은 심사숙고해야 한다.

전작권 전환의 시기는 대통령 임기가 아니라 수용 준비 태세에 따라야 한다. 자부심보다 과학적이고 합리적이어야 한다. 방법도 점진적이어야 한다. 주력 지상군인 육군과 해·공군의 간접 지원을 구분하여, 유사시 미국의 최고 안보자산을 차질 없이 활용할 수 있도록 단계화할 수 있을 것이다. 궁극적이고 완벽한 국방은 언제나 우리 국가의 책임이다.

지정학적 리스크 극복과 1억 명의 경제

오랜 세월 동안 큰 나라와 이웃하면서 살아온 우리나라는 문명과 교역, 군사적 대치 관계를 통틀어 지정학적 리스크 속에서 국경 방비와 경세제민의 내치합일로 이어져 왔다. 나라의 크기와 관계없이 국가 안위와 민생경제는 분리될 수 없는 밀접함이 있다.

특히 분단 상태의 경계 상황에서 보면 안보 분야에 대한 민감도가 대단히 높을 수밖에 없다. 실제로 세계적인 국제 신용평가기관이 한국의 신용등급을 상향 조정하면서 붙인 조건이 그것을 말하고 있다. 안보와 관련하여 '북한 경제 지정학적 긴장'이 고조된다면 다시 신용등급을 낮출 것이라는 단서를 달고 있다.

나라의 신용 수준 평가도 국지적 위험Risk에 직결되어 있다. 늘 말하는 안미경중安美經中, 즉 안보는 한미동맹에 의존하고 경제는 중국이라는 이분법적 외교 전략은, 최근 미·중 패권 경쟁의 양강 경쟁 구도 강화 속에서 어려움이 가중될 것으로 보인다. 그러나 지정학적인 여건을 극복해가는 특단의 노력과 지혜로 전화위복의 길을 모색하는 것이 우리의 생존전략이다.

주변 관리로서는 남북 혈족국가의 연결 관리가 중요하고, 인접 주변국과 적극적으로 교호 관계를 늘리면서 다자협력 관계를 모색해야 한다. 아무리 자국自國 제일주의나 보호주의가 관심을 끌더라도 이미 교역의 패러다임으로 연결되어 가는 추세를 멈추게 할 수는 없다.

전쟁 패러다임의 구태를 벗지 못하는 북한이 변화하지 않는다면, 이를 우회하여 한반도의 국경지대인 옛 간도 지역과 연해주를 품고 있는 러시아 등과 투자와 경제적 교호 관계를 쌓아가는 길이 있다.

러시아의 극동개발 블라디보스토크 한·러 정상회의에도 불구하고, 한국을 제치고 밀월관계를 계속하는 일본을 보아 왔다. 이제는 부담 없는 한국을 원하는 러시아(푸틴 대통령)의 요청을 수용하는 조치를 적극적으로 취해야 한다. 크림반도 사태 이후 줄곧 서방의 제재에서 탈출하려는 러시아 극동개발의 절박함과 남북교합의 어려움에 봉착한 한국의 우회적인 북방 진출의 이해가 절묘하게 맞아떨어지는 곳에 경제적인 수단으로 진출하는 것이다.

러시아 땅 연해주는 1800년 북경조약에 따라 중국이 러시아에 할양한 것이었으나 그곳은 대조영의 발해국 영지였다. 일제강점기 우리의 독립투사들이 만주로 갔다가 다시 밀려 연해주로 들어가 독립운동의 기지가 되었고, 안중근 의사도 그곳에서 나와 하얼빈으로 향했다. 그 땅은 안 의사가 단지동맹斷指同盟을 맺은 곳이며, 헤이그 특사들의 유서 깊은 우리 민족의 연고지다. 지금은 러시아 땅에 육속된 두만강 하구의 녹둔도는 초기 임관된 이순신 군관이 근무하던 곳이다.

2014년 한·러 정상합의로 이루어진 나진-핫산 프로젝트를 복원해야 한다. 뱃길로 러시아 에너지 자원을 수입하는 작업을 재배분하여 미래의 한반도 종단철도 연결의 꿈을 살려야 한다. 러시아의 핫산에서 두만강역(북한)을 통과하는 지점은 중국 땅 방촨防川과 인접한 곳에 3국 땅 북-중-러가 국경도시로 구상했던, 고 김석철 교수의 유지를 이어갈 사업이 기다리고 있다.

국경도시는 주변국이 모두 바라는 변방 개발의 꿈이 서린 프로젝트가 될 것이다. 중국의 동북지방 만주지역은 고대 시공의 개념으로 고조선과 고구려, 발해로 이어지는 우리나라 옛 조상들의 활동 공간이었다.

중·근세에 와서 금金·청淸 등 만주에서 나라를 일으켜 중원을 지배하면서 한때 봉금정책으로 주인 없는 공간으로 남은 때도 있었다. 그러나 이 지역이 동북아의 심장 지역으로 지리적 전략적으로 중요성이 인정되면서 열강의 각축전 대상이 되었다.

일제강점기에는 대한제국의 많은 유민이 만주땅을 밟았으나 일제가 체결한 간도조약으로 남만주지역을 떠나야 했던 곳이기도 하다. 동북 3성(랴오닝성, 지린성, 헤이룽장성)에는 한때 2백만이 넘는 조선족이 살면서 조선족 자치주가 있던 지역이다.

최근 중국 측의 동북공정으로 동북 변방의 역사와 국경 문제를 체계적으로 연구하면서 국제법상 국경 문제, 민족사로는 고조선에서 발해 그리고 간도 문제 등 다양한 지정학적 분쟁 거리를 포괄하고 있다.

다시 말해 역사 중심뿐 아니라 중국의 미래 대외전략과 한반도의 국경 문제 등 대단히 긴요한 과제들은 남과 북이 공동으로 대응해야 할 사안들이란 점을 깊이 새겨야 한다.

그러나 중국 정부는 오랜 기간 변방의 동북개발에 집중하면서 고속철도망의 완성으로 하얼빈과 도문 그리고 하바로프스키에 이르는 넓은 지역을 일일생활권역으로 만들었다. 반면 북한의 나선지구 항구 개발로 북경조약으로 잃어버린 동해로의 출해권 확보에 심혈을 기울이고 있다. 이미 신두만강대교의 완성으로 북한과의 육로 소통길도 원활하다.

동북 3성의 개발에 따른 투자 수요도 한국 기업의 진출을 희망하고 있어 재중 교포의 중요성과 동북지방의 지정학적 가치에 주목할 필요가 있다. 동북 3성의 투자 누적과 교통 인프라 등으로 새로운 경제 집적集積 지역이 되면서 거대한 물류공간이 형성되고 있다.

출해권이 없는 중국은 북한 교섭이 답보 상태에 이르자 러시아의 하바로프스크 항 개발을 제안했다. 북한 당국이 유의해야 할 일이다. 만주지역 물류를 몰아 나진으로 터주고, 한국은 다시 나진–핫산 철도회사에 대한 러시아 회사와 연계하는 길로 북한의 최북단 오지의 근대화 계획을 재점검해야 한다. 나아가 개성공단의 경험을 살려 두만강과 압록강 변, 만주지역, 역외 공단을 개설하는 방안도 유효하다.

북한 노동자에 대한 처우 개선도 노임 직불로 인권 유린의 비난을 피하면서 고도기술의 습득을 도와주면, 투자자 중국과 북한 모두 상승효과를 누릴 수 있다.

러시아의 동방정책과 동해권 진출의 교두보를 구축하려는 중국, 대륙 진출기지를 희망하는 섬나라 일본, 그리고 태평양 경제권의 물주 미국 등 4강 모두를 참여케 하고, 남·북한이 협력한다면 지정학의 애로는 전화위복이 된다. 중국 동북공정 개발의 토대를 역으로 이용하면 만주와 연해주를 거쳐 유라시아로 뻗어가는 새로운 활용 공간을 발견할 수 있을 것이다.

영토 개념을 넘어 공유共有의 경제 실험을 통하여 새로운 생존 공간을 확인하면, 간도 동북지역 연해주를 포괄하는 대 한반도 개념은 최소한 1억 명의 경제권을 이끌어가는 선도지역을 협조적으로 리드하게 될 것이다.

지정학적 이슈의 세계 광역화

반도의 독특한 지정학적 위치가 한반도의 운명에 많은 대외적 변수로 작용해 왔다. 최근에는 미·중 대치 상태에서 새로운 가치 인식이 있다 해도, 전체 흐름은 지역 문제의 광역화, 국제 이슈화로 지정학적 경향이 뚜렷하다.

21세기 들어 지역 문제가 범세계적 문제, 국제화 문제로 확산되고 있다. 기후 변화와 국제 테러 문제, 새로운 전염병의 방제, 지구촌의 인구 문제 그리고 핵의 비확산 등이 세계적인 문제로 대두되고 있다. 특히 핵 문제는 지역이나 개별 국가의 문제로 남아 있지 않다.

예를 들면, 핵무기는 실용성 있는 무기체제가 아니다. 쓰지도 못할 뿐 아니라 사용하면 상호 공멸 상황이 된다. 이에 앞서 실험과 보유 상태의 관리가 중요해진다. 핵 관리 안전 시스템의 실수로 핵 누출 사고가 발생하면, 인근 지역인 중국의 동부지역과 한반도, 일본열도가 위험하다. 따라서 국제원자력기구/IAEA의 관리로 안전 원칙을 위해 비핵 이전의 문제로 다루어져야 하며, 환경 문제 수준으로 바뀌어야 한다.

핵核 보유를 정권의 생존수단이라고 하나 군비에 모든 국가 자원을 투입하는 낡은 전략은, 구소련의 예에서 보듯이 궁극적으로는 멸망의 지름길로 가는 길이다. 4강의 한가운데 열강에 의한 분할된 한반도 문제 자체가 국제 이슈가 되어 있다.

남북의 대결 과정에서도 전체주의에 대한 남한의 민주주의 시장경제체제의 우월성을 증명하면서, 무역의 패러다임에 맞게 열린 세계로 나가 교역 국가의 허브 역할을 하고 있다. 자원 없는 분단국의 한계를 넘어 미국과 유럽연합 및 중국 등 세계 최대 경제 지역과 무역협정을 체결하여 경제 지평을 광역화하였다.

강대국의 보이지 않는 지정학적 트라우마 속에서 분단과 대결을 에너지화해 온 지혜로운 결속과 리더십이 경제적으로 세계 10강 수준으로 근접게 한 것이다.

세계 각국은 교역량 증가와 관광 기술 이전, 인적 교류를 통해 국경 문제가 유연해지면서 부분적으로는 지역 통합의 이득을 누리기도 한다. 독립과 자급자족체제에서 상호 의존 관계로 협력하면서 번영한다. 새롭게 일어나는 수많은 지역 간의 이슈도 상호 협조하는 다자체제로 다루어지면서 지정학적 핸디캡을 녹여내고 있다.

한국이 문을 열고 모든 나라와의 교역 촉진으로 경제적인 융합을 기초로 하는 FTA를 체결하는 동안, 북한은 주체와 자족경제의 폐쇄적인 구체제 속에서 곤경을 맞고 있다.

옛 소련도 독립적인 자급경제에서 수많은 핵탄두를 안고 소멸하는 역사를 보아 왔다. 그러나 안보 문제가 이데올로기적 요인과 결합하고, 해양권과 대륙세가 다시 패권 경쟁과 연계되는 전략에서 개별 국가의 몫으로는 해결되지 않는다. 지역 안보체제를 생각하고 나아가 세계 이슈로 그리고 광역화로 풀 수밖에 없다.

이미 발달된 로봇에 인공지능과 가상세계의 등장으로 국방·안보 개념의 변화가 불 보듯 한데, 구시대적 전쟁 패러다임에 독자적이고 폐쇄적인 방어 논리도 퇴색될 것이다. 미·중 무역전쟁이 기술 전쟁과 군사적 경쟁으로 가면서 인공지능/AI 전쟁, 즉 사이버 공격으로 확전될 수 있다. 나아가 우주 전쟁으로 확장되어 간다면 재래식 무기는 쓸모없는 것이 된다. 그리고 핵무기까지 미래 기술에 압도되는 광역화를 넘어 우주적 해결이 필요한 때가 올지도 모른다.

보호주의, 자국 우선주의와 힘에 의한 새로운 안보전략을 구상해 갈 열강의 전략을 평량하면서 새로운 국방 개념의 자주 안보체계를 강화해 나가야 한다. 원대한 미래 전쟁 개념에도 대비해야 한다. 특히 남북문제는 제재와 유인의 전술적 진화를 통해 주도권을 복원하면서, 모든 위기 대응 계획의 수립 집행과 광역화 전략으로 업그레이드해야 한다.

4 대 한반도 개념의 발전

역사의 분기점, 변화의 인식

우리가 사는 한반도의 지정학적 모습은 100년 전이나 지금이나 숙명적이다. 한때 유럽에서 추진되었던 미국과 북대서양조약기구/NATO의 확장과 미사일 방어체계가 중국의 세계 전략 구상에 새로운 충격을 주었다는 평가가 있다.

미국의 아시아 회귀 중시정책(Pivot to Asia)이 중국의 부상을 견제할 아시아판 북대서양조약기구/NATO로 인식한 지 오래다. 미국의 아시아 재균형 정책에 대응하는 중국은 일대일로一帶一路 계획으로 맞서고 있다. 유라시아와 중동·아프리카를 잇는 뉴실크로드로 육지와 해로의 통로가 완성되면 미국의 해양 봉쇄를 대륙 쪽에서 벗어난다.

대륙과 해양세력이 격렬하게 충돌하는 패권 구도의 단층이 맞닿는 자리에 우리나라가 놓여 있다.

중국이 남중국해의 암초를 기지화해 전운이 돌고 있다. 중국은 국제재판소의 부적합 판정에도 불구하고, 필리핀·말레이시아 등 아세안 국가에 대한 막대한 경제원조 등 회유책으로 그물망을 훼손하려 한다. 미국은 이 지역 통행을 위해 군함을 파견하는 등 긴장이 고조되고 있고, 한반도에서는 북한이 핵 개발 완성을 선언함으로써 온 세계의 평화를 위협하고 있다. 일본의 우경화와 재무장(공격 가능 국가 개념)으로, 이 지역의 신냉전체제가 강화되는 듯한 변곡점에서 국가안보 위기가 감지된다.

영원한 동맹도 없다는 전제 위에 현실적으로 가장 강력한 동맹국인 미국의 안보자산을 최대한 활용하면서, 자력의 방위능력 배양으로 국가 권능을 바로 세우는 계기로 삼아야 한다. 핵 문제는 싫든 좋든지 간에 국제적 문제가 되었다. 그 때문에 국가 방위 개념을 넘어 초국경적 위험관리 차원의 국제적 역할 수행 문제로 풀어나가야 한다.

6자 회담의 주최국이었던 중국은 오랜 세월 동안 북한의 핵 개발 시간을 벌어줬다. 비핵화를 위한 대응과 핵 제재를 위한 UN의 결의에 형식적으로 협조하고 있다. 양 강대국 패권 판이 부딪치는 한반도를 관리할 수 있으리라고 생각되는 핵 보유 북한체제가 전략적으로 매력이기 때문이다.

우리는 중국의 속내를 잘 읽어내야 한다. 미국과 중국이 두는 바둑판을 몇 수 앞서 읽으면서 넓은 세계를 보는 눈을 가져야 한다. 한·미 동맹의 기반 위에 중국과는 전략적 협동 동반자 관계를 발전시켜 나가겠다는 현실적이고도 확고한 의지를 명확하게 전달해야 한다. 다만 강성해진 중국의 한반도 정책이 노골적으로 미국세에서 분리, 중국 쪽 경사를 강요하는 경우의 대응력이 문제다. 중국의 자장에서 벗어나려는 의지의 강도가 매우 중요한 시기이기 때문이다.

이와는 대조적으로, 오랫동안 지속해온 북한·중국 간의 미묘한 관계를 생각할 때 "중국이 북한의 주권이나 독립을 위협할 때 북한이 당연히 고려할 수 있는 카드가 중국과 대립 관계에 있는 미국과 연합하는 것이라는 점은 국제 관계의 상식에 속한다."[06]

눈앞에 벌어지는 독특한 지정학적 요소로 인한 외생변수를 감내하면서, 여러 사정을 종합하여 지정학적 이익으로 수렴되는 미래 한반도의 발전정책이 강구되어야 한다.

그동안 우리 산업은 빠른 추적자의 동력으로 선진경제 수준의 문턱에 이르렀으나, 알파고의 갑작스러운 상륙으로 새로운 산업혁명을 확인했다. 이세돌과 AI의 대결이 일깨워준 산업 패러다임의 변화는 이미 깊숙이 진행되어 온 4차 산업혁명 대응전략과 맞서 있는 모습이다.

초연결사회와 더불어 가상사회가 현실화한 것이다. 어느덧 뒤처져버린 4차 산업혁명에 기존의 탈脫추적 패러다임 전환으로 구조적 국가 위기를 앞두고 있다.

신자유주의 본고장 영국의 브렉시트(영국의 EU 이탈) 충격이 가시기도 전에 트럼프 미 대통령의 신보호주의가 전파되고 있다. 미·중 패권 경쟁은 세계 무역 규모의 축소 등 미국의 대외 정책 변화가 몰고 온 세계 정세 변화의 변곡점에 와 있다.

앞선 북한의 핵무기 완성을 선언하는 단계에서 안보 환경의 변화와 대국 관계 변동에서 오는 지정학적 리스크 등 큰 변화가 곧 역사의 분기점으로 인식된다. 역사의 대 변환기의 고통과 위기를 대 한반도 발전의 원동력으로 승화하는 남북 관계 발전의 새로운 길을 찾아야 한다.

눈앞에 다가온 인구 절벽과 경제 정체의 시점에서 일본과의 불

---

06) 최중경, 「워싱턴에서는 한국이 보이지 않는다」, 한국경제신문사, 2016.

화를 종식할 대안이 가동되어야 한다. 남북 간 경제 통합의 방향을 잡아 한반도의 발전 기제를 재점검해야 한다. 현재 국제 제재가 진행 중인 남북 협력 문제는 장기적인 안목으로 기획되어야 한다.

러시아의 동방정책과 러·일 간의 경제협력 사업도 대 한반도 발전 개념의 배경으로 울타리 역할이 가능할 것이다. 큰 틀에서 황해권역에 대응하는 동해경제권의 형성이 가능해지면, 북·중·러 접점 지역은 유엔이 추진해 온 '두만강 계획'이 빛을 발하게 된다. 중국은 이 지역의 부동항인 나선지구의 출해권을 확보해 북한 지역 최고 오지에서 해양화의 실리를 얻는 기회가 주어질 것이다.

각광 받는 아시아적 시각

15세기 중국의 국내총생산/GDP이 세계의 50%를 차지했다는 기록이 있고, 중국 명明나라 때 정화함대가 2만 명의 대규모 선단을 이끌고 인도양과 미 대륙의 태평양 연안을 항해한 일지들이 남아 있다.[07]

임진왜란 후에도 계속된 조선통신사[08]의 일본 왕래는 당시로써는 조·일 간의 문화적 차이를 대륙 문명으로 섬나라 일본에 전수하는 수단이었다. 문사, 과학자, 도공 등의 기술자를 포함한 400여 명의 인원이 반년에서 일 년에 걸친 여정 관리는 비용문제 등으로 중단되었다. 1811(순조 11)년 20회를 마지막으로 400년에 걸친 여정

07) 개빈 멘지스, 조행복 역,『1421 중국, 세계를 발견하다』, 사계절, 2004.
08) 조선통신사는 1413년, 태종 13년 때부터 시행된 제도.

이 없어지자 대일 정보 교류가 차단되었을 것이다.

명明의 외해봉금外海奉禁 정책 이래 중국세는 급격히 쇠퇴했다. 제해권을 장악한 서양, 특히 영국이 아편전쟁을 통하여 홍콩을 100년 조차 형식으로 침략해왔다. 일본의 개방과 개화로 대륙 진출을 꿈꾸며 정한론征韓論이 한창인 19세기 후반에도 일제의 침략 의도를 꿰뚫어 보지 못했다.

일본 근대화의 시발점인 메이지유신의 시작 연도는 1868년이다. 그런데 고종이 즉위한 것은 이보다 5년 앞선 1863년이다. 다시 말해 수렴청정으로 시작한 대원군의 등장이 메이지유신보다 앞서 있다는데 놀라움이 있다.

물론 메이지유신이 시작되기 전부터 사쓰마 번 등 일본 남부지역은 이미 네덜란드 등과 교류하고 있었고, 미국 함대의 접근으로 불평등 조약 형태로 개방이 이루어지고 있었다.

그동안 일본은 700년간의 번 국가로 여러 사정에 의한 조직 피로가 쌓여 혁명적 시대 변혁을 예고하고 있었다.

처음 시작은 하급지방 무사(사무라이) 계층에서 시작된 개혁이 번주를 넘는 세력의 필요성으로 유명무실한 천황을 옹립하는 계기로 삼는다.

존왕양이樽王樣夷 사상을 내건 막부 타도 운동으로 이어졌다. 결국 막부가 몰락하고 폐번치현廢蕃置縣, 즉 번을 폐지하고 현을 설치하면서 중앙집권제를 지향한다. 지조개혁地租改革으로 조세제도를 혁신하면서 개국과 서양문물을 받아들이는 부국강병책으로 현대화의 길을 택했다.

서세동점西勢東漸의 시대에 조선과 일본은 엇갈린 길을 가면서 제국주의 침략자와 피지배 식민국가로 운명이 갈렸다.

일본 조야에서는 메이지유신明治維新의 근대화 개혁이 성공하고 산업화가 진행되자 다시 정한론이 강하게 대두되었다. 초기 내부 수습으로 보류 상태였는데도 조선에서는 심각하게 그 징후조차 전달되지 않았다.

조선의 실권자인 대원군이나 고종 황제가 무능해서가 아니라 피폐한 조선 내치의 혁신에 우선했기 때문이다. 후순위로 밀려난 개항이나 개국은 조정이 위정척사와 쇄국으로 표출되어 근대화의 단층이 생긴 결과로 볼 수 있다. 당시 역사 기록자인 일제는 철저한 식민사관으로 대원군의 쇄국정책과 고종의 무능을 부각하고 왜곡해 놓았다.

일본의(1850년대) 개방 초기 미·영 등과의 우호통상조약이 불평등 조약으로 점철되었으나, 개화기를 지나면서 1894년 영국과의 개정 통상조약부터 평형을 찾는다. 이처럼 일본은 서양제국에는 수평적 관계를 모색하고, 인접 국가에는 수직적 관계 모색이라는 대외 관계의 이중구조가 근대 일본 외교사의 주제가 된 것이다.

예를 들면, 1875년의 강화도 포격 후 맺은 강화도조약(1876년)은 전형적인 불평등 조약이며, 서양에 대하여 수평적 탈아입구론脫亞入歐論을 펴면서 청·일전쟁으로 대륙 침략은 불평등으로 수직구조화했다.

근세사의 격변하는 환경 속에서 섬나라 일본이 배수진을 치고 서방과 교역 개방을 한 데 반해, 한반도는 지정학적 요인으로 위기 대응능력이 분산된 대외 교섭 태도가 근세사의 국가 운명을 갈라놓았다.

숨가빴던 우리나라 근대사를 장황하게 이야기한 것은, 비슷한 발전 단계와 서방 제국의 개방 압력과 같은 배경을 놓고 정보전달자(통신사)였던 조선이 어떻게 일본에 뒤처졌는지를 확인하고 자 한 것이다.

강박적 개항으로 먼저 서구와 통상한 일본이 우리보다 앞서 근 세문명에 접속되면서, 잠시의 쇄국이 한·일 간의 엄청난 문명 격 차를 불러왔다.

일제는 한반도의 지배에 만족하지 않았다. 만주 침략과 지나사 변에 이르러 동남아 침공으로 전선이 넓어지면서, 영·미 등과의 마 찰이 태평양 전쟁으로 이어졌다. 그리고 2차 대전 후 최대 전쟁인 한국전쟁으로, 패전국 일본 경제는 재기의 기회를 잡아 세계 제2 의 경제대국으로 복귀했다.

한국을 포함한 4룡(홍콩, 싱가포르, 대만)의 경제 부흥은 신화가 되면서 일본과 더불어 아시아적 시각에서 재조명된다.

몇 차례 금융위기로 어려움을 겪으면서도 빠른 속도로 회복력을 과시한 것은 상대적으로 건전한 아시아적 균형에 기인한 것으로 보고 있다. 뉴욕발 금융위기가 실물과 괴리된 금융이 탐욕스러운 이윤 극대화를 추구하면서, 서유럽의 재정 위기로 이어지는 금융 재정의 복합 위기와 비유되었다.

근·현대사의 많은 역경 속에서도 아시아적 가치가 빛을 잃지 않 는 것은, 오랫동안 이어온 동양적인 사유체계에 그 뿌리를 두고 있다.

독특한 동양적 사랑과 도덕, 사람과 자연 그리고 동양사회의 미 덕인 사회 구성 질서를 바탕으로 하는 여유와 자족함이다. 긴 역사 속의 수많은 역경을 딛고 넘어온 한민족에게는 다른 나라에서 볼 수 없는 정신 자산이 깃들어 있다.[09]

09) 박상은, 『홍익인간과 평화 DNA』, 이미지북, 2017.

패권 국가인 중화체제, 중국 통치 이념의 하나인 공자 사상보다 훨씬 앞선 홍익인간 사상은 공자조차 그 근원인 홍범구주[10]를 찬양했다. '인간을 널리 이롭게 한다'는 홍익인간 이념은 고대 조선의 건국이념이면서 현대적 해석에서 금세기의 글로벌 평화사상으로 절묘하게 부합된다.

탈아입구脫亞入歐로 서양문물에 몰입했던 일본도 다시 탈구입아脫歐入亞했지만 아시아적 중국세에 밀려나 있다. 태평양 시대와 아시아 시대를 맞아 다시 주목받는 평화사상, 아시아적 시각과 비전으로 21세기의 세계를 경영해야 한다.

세계의 중심 이동을 보라

오늘날 세계의 변화 속도가 너무나 빠르다. 트럼프 미 정부 초기에 내놓은 이슬람 7개국에 대한 비자 제한과 환태평양동반자협정/TPP 탈퇴 선언, 그리고 북미자유무역협정/NAFTA의 재검토 등 쏟아낸 행정명령이 요동치는 변화의 진원지가 되었다.

비자 발급 등 이민정책에 관해서는 연방법원 쪽의 제재가 있었으나 TPP나 NAFTA 문제에는 제동이 걸리지 않는다. 두 협정 모두 미국이 중심 세력이고 리더임에도 스스로 포기하는 행위이기 때문이다. 미국은 각국과 각기 양자 협정체결을 통하여 '미국 우선의 무역질서'를 추구하려 한다.

미국 이익 우선 보호주의적 교역 행태는 그 이웃 나라들을 황폐화하고, 미국이 추구해온 세계자유무역 질서를 송두리째 흔들어

---

10) 홍범구주洪範九疇 : 고조선에 전해온 9개 조항의 통치의 큰 법. 주나라 무왕武王이 기자箕子에게선정의 방안을 물었을 때, 기자가 이 홍범구주로써 교시하였다고 함.

놓았다. 드디어 미·중 패권 경쟁의 전개로 세계 교역을 위축시킬 뿐 아니라 미국이 리드해 오던 태평양 시대를 후퇴시킬 우려를 낳고 있다.

원래 TPP는 미국의 주도로 아시아 태평양, 즉 남북 미주의 태평양 연안국(5개국)과 아시아 연안국(5개국) 및 오세아니아(2개국) 등 12개국을 하나의 경제권으로 묶는 세계 최대의 다자간자유무역협정/다자FTA이다.

12개국은 협정문에 공식 서명을 끝내고, 2017년 중 시행을 앞두고 있었다. 그런데 트럼프 미 대통령의 탈퇴 명령으로 TPP가 와해 위기에 몰렸다.

미국의 오바마 정부는 일본, 베트남, 말레이시아, 싱가포르, 호주, 뉴질랜드를 연결하는 무역경제 영토의 연결을 구상했다. 이는 중국을 포위하면서 남·북·미 대륙을 연결하는 태평양 림Lim의 자유무역지대를 완성한 것이다.

답답한 시진핑의 중국은 이에 맞서 아시아 및 호주를 연결하는 16개국이 역내포괄적경제동반자협정/RCEP을 만들어 대응했다. 이 협정의 특징은 인구 대국 중국에 인도가 포함되고, TPP 가입국 중 일본을 포함한 6개국이 중복 가입했다. 미국과 중국의 양강 구도의 태평양권에서 두 개의 양립하는 동반자협정 중 먼저 성립되고, 발효 단계에 있는 TPP의 맹주 격인 미국이 철수Withdraw해버린 것이다.

황당해하는 회원국들은 중국을 끌어들이려 했으니 시진핑 중국 주석은 속으로 크게 웃었을 것이다. 중국이 주도하는 RCEP가 미국 중심의 TPP 회원국들을 무혈 접수하여 아시아-오세아니아-라틴 아메리카를 연결하는 세계 최대의 자유무역 협정을 리드할 수 있게 된 것이다.

세계 권력의 중심이 대서양에서 '팍스 아메리카' 시대를 맞아 태평양 시대를 열면서, 미국 중심의 일국 체제가 다극화 분권화하는 모습이다. 다행히 미국이 철수한 TPP에서 태평양 연안국은 일본이 중심이 되어 나머지 11개 회원국이 포괄적·점진적 환태평양경제동반자협정/CPTPP를 성립시킨 것이다.

그러나 트럼프 정부는 전후 미국이 이끌어 왔던 자유주의 경제 질서의 리더 역할을 스스로 포기해 버렸다.[11]

중국은 이미 미국의 태평양 쪽 압박을 벗어나 대륙으로 진출하면서 수조 달러를 투자키로 하는 일대일로One Belt, One Road 프로젝트를 진행 중이다. 이 거대 인프라 투자를 위한 아시아인프라투자은행/AIIB를 설립하여 장기 프로젝트의 재원 마련을 뒷받침하는 데 성공하고 있다.

중국은 중동—중앙아시아—유럽 대륙을 연결하면서 40여 개 국에 걸쳐 건설하는 비단길Silk Road를 계획하고 실행에 들어갔다. 바닷길로 남아시아, 인도양을 거쳐 아프리카와 지중해로 유럽을 연결한다. 마치 명나라 때 정화鄭和의 선단을 연상케 하는 해로의 개발이다.

미국의 태평양세를 대륙에서 피해간 듯하지만, 중국은 아시아·유럽 대륙과 태평양의 일각에서 힘의 중심 이동을 받아내는 모습이 되어가는 듯하다.

그러나 중국과는 대조적으로 미국의 트럼프 대통령은 미국 우선주의와 경제적 이익을 앞세워 기존의 국제 질서를 무시하고 다자간 협력의 틀을 흔들고 있다. 취임 후 TPP 탈퇴 명령, NAFTA 북미협정을 제고하며, NATO 폄하 발언을 서슴지 않는다. 반기문

---

11) 윤영관, 「메티스의 첫 방문은 보물이 아닌 숙제다」, 조선일보, 2017. 2. 6.

UN사무총장 시 이룩한 세계 환경에 관한 파리협정도 위기를 맞고 있다.

중국도 초기 한국처럼 미국 시장을 이용하면서 경제가 성장하기 시작했다. 막대한 대미 흑자국이 되면서 한때 4조 달러가 넘는 외환보유액을 쌓아 올렸다. 미국의 적자 보전 국채의 주 매입국이면서, 최근에는 아프리카나 중동, 남미지역에서도 최대 투자국으로 부상하는 중국의 영향력을 실감할 수 있다.

미국을 대신한 국제 지도국으로서는 너무나 부족함이 많은 나라다. 그렇지만 인구 대국 그리고 성장률 추이 등으로 보면, 2020년대에는 GDP 총량으로 미국을 앞선다는 국제기구나 연구소들의 일반적인 전망이다.

중국이 의례적인 추격에서 패권 경쟁에 뛰어드는 정황을 오래전부터 인식해온 미국이, 무역 불균형을 이유로 들어 관세 폭탄으로 무역전쟁을 일으켰다. 미국의 첨단기술 유출을 문제 삼아 여러 규제를 하면서 기술 전쟁에 돌입한 듯 중국의 특정 기업을 겨냥하고 있다.

한편 무례하고 거친 패권적 사고의 중국 등장에 대하여, 미국이 너무 일찍 보호무역주의의 태도로 전환하여 이제까지의 무역에서 글로벌 리더십을 포기한다면 세계 경제는 파장이 클 것이다. 그뿐만 아니라 길게 보면 오늘의 미국 보호주의, 자국 이기주의는 부메랑이 되어 돌아올 수도 있다.

위대한 미국의 태평양 시대에의 복귀를 기대하면서 미국은 다시 환태평양동반자협정/TPP로 돌아오고, 한국은 이미 중국 주도의 RCEP에 가입한 이상 바로 TPP에 가입해야 한다. 대한민국은 태평양 림의 TPP와 대륙 중심의 RCEP에 동시에 가입함으로써, 두 개의 큰 원圓 연결점에서 세계의 중심 이동에 접근하는 나라가 되어야 한다.

반도국의 중심성 복원과 대륙·해양의 소통시대

한반도의 위치를 보면 대륙에 매달려 있고, 바다 쪽은 일본열도로 둘러싸여 있는 듯 보인다. 그러나 지도를 뒤집어 놓고 보면, 남쪽으로 태평양이 환히 열려 있고 대륙은 가벼워 보인다. 단순화하면 중국 대륙과 일본 섬에 에워싸여 있다.

이는 수십 세기 전이나 100년 전이나 변함이 없다. 고조선과 강성한 고구려 시대 이후, 반도로 수렴된 한민족은 압도적인 대륙세에 저항하면서도 조공무역 형식으로 평화를 유지하면서 나라를 지켜왔다. 끊임없는 왜구의 침공을 받으면서도 문명의 전수자로서 일본을 다독이며 해양세勢를 관리해 왔다.

지금의 러시아 땅인 연해주는 발해의 영토였듯이, 한국은 북방으로 중국과 국경을 접하면서 영향을 받아왔다. 당시 해양세인 일본이 강성하지 않은 상태에서 대륙 단극의 영향력은 절대적이었다.

그러나 16세기에 일어난 임진왜란은, 일본이 통일을 발판으로 대륙 진출의 꿈을 이루려는 해양세의 발흥과 침공이었다. 해양세는 종래의 대륙세와 달리 대륙 진출의 통로인 한반도를 완전정복하려 했다.

조선의 요청에 따라 명나라가 출병했으나, 이는 해양세의 대륙 침략을 선제적으로 막기 위한 전쟁을 한반도에서 치른 결과가 되었다. 수세기 뒤 일어난 6·25 한국전쟁(1950년)에서 중국의 참전도 미국의 공세를 한반도에서 차단하는 것이 목적이었다.[12] 이렇게 임진왜란은 대륙의 변방 지대였던 한반도의 지정학적 지위를 바꿔 놓았다. 대륙과 해양세가 부딪치는 지정학적 요충지로 변모된 것이다.

임란 이후 조선에서는 일본에 통신사를 보내는 등 평화적인 문명 교류의 기간이 있었다. 그러나 19세기 제국주의 시대를 맞아 양 세력은 요충지 한반도 주변에서 부딪치기 시작한다. 대륙 진출을 위한 해양세 일본과 대륙세인 청국과의 전쟁(1894년)과 러·일전쟁(1904년)이 일어난다.

양 대전의 승자인 일본이 한반도의 영유권을 잡으면서 대륙 진출이 이어진다. 해양세가 16세기의 실패를 19세기에 성취해 한반도를 통하여 20세기 만주사변 등 대륙 침략을 실행한다.

2차 대전 후 패망한 일본이 물러간 자리에 열강들이 들어와서 요충지 통로를 분점하는 비극이 벌어졌다. 북으로 중·러, 해양 쪽에 미국과 일본 그리고 6·25 전쟁 때는 17개국이 UN의 기치 아래 참전하는 다국전적인 요충지가 되었다. 이후 한반도는 남과 북으로 갈라진 뒤 70년을 넘기는 분단 관리에 놓이는 비정상의 장소가 되어 있다.

이제 반도 지역이 모두 비극의 땅인가를 살펴볼 필요가 있다.

그리스는 고대의 유럽, 즉 서양문명의 진원지로 대륙과 지중해의 동부지역을 관장해왔다. 전형적인 반도 지역인 이탈리아는 유럽 대륙을 업고, 아프리카 북부와 지중해 연안국과 동부 중동지역에 이르는 천년의 대로마제국을 건설했다.

---

12) 박창희, 『현대 중국 전략의 기원』, 플래닛미디어, 2011.

이베리아반도를 기반으로 한 스페인은 무적함대를 앞세워 지중해와 대서양을 장악하며, 동방해로의 교역로와 미 대륙 발견에도 이바지하는 등 중세 대제국을 건설했다.

이들 제국은 모두 반도의 중심력을 활용한 국가들이며, 반도를 둘러싸고 있는 나라들은 모두가 다원적이라는 공통점이 있다. 따라서 다원성에 기반을 둔 합종연횡을 가능케 하여 제국의 기틀을 잡아갔다.

한반도의 경우는 이들과 다른 면이 많았다. 대륙 쪽은 역대 중국 단극체제의 압도적 영향 아래 있다가 근세 일제 해양세의 침공을 받았다. 조선의 쇄국정책은 근세 열강의 관심이 시작되는 체제에서도 나라가 쇠잔함으로 합종연횡할 능력이 없었던 것이다.

오늘날에도 동북아 지역은 다른 지역과 달리 지역 협력체가 없다는 점이다. 크고 작은 나라들의 모임은 단극적인 세를 완화하고 평화체제를 보완한다. 역설적으로 우리가 힘을 가지면 반도의 중심성을 기반으로 지역 협력기구 창설을 주도할 수도 있을 것이다.

사드/THAAD 배치 문제 이후 중국의 치졸한 문화적 교류 및 무역 등의 제재를 보면서 지정학적 논리와 더불어 120년 전의 역사가 되풀이되고 있다고 말한다. 물론 보는 각도에 따른 의견 차이는 있을 수 있으나, 이와 같은 소극적 시각은 청산해야 할 사대주의 사관적 적폐다. 역사의 흐름을 지나치게 좁게 보는 결과다.

경제적으로 대중 의존도(25%)가 높은 것이 사실이나, 그만큼 상호 의존성의 긴밀함을 뜻할 뿐 아니라 안보 등 미국과의 동맹 관계는 덩치 큰 대중 교섭의 무게 추가 되고 있다. 중국과 수교를 시작한 1970년 후반 대한민국은 중국(12억)의 GDP를 능가하는 국력

으로, 초기 중국 성장에 일조했던 것에 대해 당당하게 긍지를 가질 수 있다. 이것도 역사적인 사실이다

오늘의 대한민국은 100여 년 전의 힘없는 대한제국이 아니다. 지역 협력기구는 없지만, 중국 다음의 경제 교섭 대상으로 커진 AEU/아세안 10개 나라, 브라질, 남아공, 이란, 호주, 터기 등과 동렬의 각 지역 핵심세력Reginal Power 국가나 비슷한 개념의 중견 국가Middle Power로 기능하면서 합종연횡의 기회가 많아질 것이다.

한편 중국이 추진하는 일대일로 정책은 또 하나의 대륙 소통의 기회가 될 수도 있다. 이 대형 프로젝트는 중앙아시아, 중동을 거쳐 유럽으로 연결되는 대륙과 해상 통로이므로 북쪽 막힘을 우회하여 대륙으로 통한다.

러시아의 동방정책과 더불어 육로 시베리아 길과 북극권 개발 등을 연계하는 새로운 기능이 '반도국가의 중심력' 복원을 가능케 할 것이다. 우리 민족은 대륙국가를 경영한 경험이 있을 뿐 아니라 더 광활한 영역으로 뻗어 나갈 능력을 축적해왔다.

우리가 달성한 30-50Club (국민소득 3만 불, 인구 5천만 국가군)을 기반으로, 남북 통합 후 10년 정도 지나면 인구 8천만 규모로 서구 열강 수준에 도달할 수 있다. 차분하게 준비하면서 때가 오면 반목과 전쟁, 분단을 청산하는 광명은 반드시 오게 된다.

세계대전 후 분단국은 모두 하나가 되었다. 우리도 시간이 말해 줄 것이다. 눈을 부릅뜨고 내부의 대타협과 연대 그리고 한반도의 응집된 힘으로 하나 되는 가교 국가를 이어가야 한다.

대륙과 해양의 소통국가로 반도의 중심성을 회복하는 날, 소통으로 오는 국부國富의 증진만으로도 먹고 살 수 있다는 통계도 있다.

한반도와 만주·연해주를 통해 러시아와 유럽을 통하고, 중·러·

일을 포괄하는 동해권과 대륙 인구 밀집지역과 마주한 한반도 서해는 황금 해안이다. 동해와 서해 경제권역 가운데서 대 한반도의 소통 계획이 금세기 지구촌의 마지막 막힘 지역을 허물어내는 기회의 바다가 될 것이다.

태평양으로 넘어오는 문명의 한가운데서 새로운 세계의 문명 표준을 창조하는 중심국가, 선순환의 기재를 잡아야 한다.

주변의 강성대국에 대응하는 중형국가군의 힘과 유구한 우리 민족의 평화平和 DNA 이념을 조화하는 이상을 전파하는 소통의 시대를 열어야 한다.

제2장 | 우리가
가진
톡특한
역사와
문화자산

1 본래 우리나라는 대륙국가였다

거수국 고조선의 광활한 강역

우리 고대국가가 드넓은 만주지역을 관통하는 대륙국가였다면 잘 믿지 않을 것이다. 오랜 세월 가장 오랜 기간 지배했던 나라는 조선이었다. 그래서 만주지역의 주인은 조선족朝鮮族이라 해도 틀리지 않는다.

지금은 남의 땅, 중국이 지배하고 있으나 북방 대륙의 꿈은 버리지 못하고 있다. 우리 조상들은 기회가 있을 때마다 대륙 진출을 끊임없이 시도해왔다. 옛 고향에 대한 그리움은 일종의 원형으로 북방에의 회귀 욕구는 귀소본능歸巢本能일 것이다.

이 지역에서 제일 먼저 나타난 고조선은 통칭 BC 2333년에서 기원전 108년까지 2200여 년에 걸쳐 광활한 중국 북부와 만주지역을 영유해 온 세계 최장의 왕조였다.

기원전 2세기 한漢의 침공으로 고조선이 해체되면서 생긴 열국시대를 보면 고조선 영역의 광활함을 되짚어 볼 수 있다. 이 열국시대를 거쳐 3국 시대가 열린다.

장구한 기간 이 지역을 영유해 온 불가사의한 왕국 고조선을 우리는 잊고 있지만 웬만한 외국 석학들은 알고 있다.

독일 실존주의 철학자 하이데거는 "세계 역사상 가장 완전무결한 평화정치를 2000년간 펼친 단군시대가 있었음을 안다. 그래서 나는 동양사상의 종주국인 한국을 좋아한다"라고 했다. 또 역사학자 아놀드 토인비는 "21세기 세계가 하나 되는 날이 온다면 그 중심은 동북아일 것으로 믿으며, 그 핵심은 한국의 홍익인간 사상이 되어야 한다고 확신한다"라고 했다. 홍익사상의 근원인 고조선의 존재를 명백히 인정하고 있다는 사실이다.

우리의 역사 기술이 부실하다고는 하나 중국의 간접 사료는 상당하다. 가장 오래된 지리서인 『산해경山海經』, 대표적인 역사서 『사기史記』, 『흉노전匈奴傳』, 『동이전東夷傳』, 『후한서後漢書』, 『관자管子』 등의 기록 등이다. 이들의 기록을 종합하면, 기원전 24세기(BC 2333년)로부터 여러 사서의 기록 연대별로 존속 상태가 확인되고 있어 그 존재감과 세력 판도를 가늠하고 있다.

고대 문헌 기록을 보면, 고조선은 한반도와 만주지역을 그 영토로 하고 있으며, 그 안에 많은 종족과 정치 집단이 있었다. 이들은 고조선의 지방 정권으로 볼 수도 있다. 이러한 정치 집단을 제후국, 즉 고조선에서는 거수국渠帥國이라 하였다.[13] 옛 문헌에서 확인되는 고조선의 거수국(정치집단, 종족)은 요서지역에 기자국·부여·고죽국·고구려·예맥·숙신·청구·옥저 등이 있고, 요동 쪽으로 비류·진辰·해두·개마·구다·한韓 등이 있었다.

이들이 모여 거수국을 거느리는 봉건적 체제로 대제국을 이루어 우리 민족을 형성했다.[14] 이는 문헌 사료와 더불어 청동기 유적 출

---

13) 윤내현, 『우리 고대사, 상상에서 현실로』, 만권당. 2016, 114쪽.
14) 앞의 책.

현으로 확인되고 있으며, 과학의 발달로 고고학적 발굴 문화를 꽃
피운 것이다.

수십 세기 동안 땅속에서 잠자던 유적의 출현은 고고학의 연대를
유동적인 것으로 만들었다. 한강 유역(암사·미사리), 신석기시대
유물(6000년 전)을 위시하여 북한 대동강 유역에서 BC 38~40세
기 후반 이미 청동을 사용했다는 보고가 있었다.

경기도 양평 상자포리에 출토된 비파형 청동단검은 BC 30~25
세기경의 청동 무기로, 한반도와 만주 일대에서 고루 분포되어 있
다. 이를 보면 우리의 고대국가는 BC 2333년보다 더 일찍 건국될
수 있는 단계에 와 있었다.

만주 깊숙이 적봉시 부근에서 발굴된 초기 청동기 유적을 하가점
하층문화로 지칭하는데, 이곳 청동기문화의 상한연대를 BC 2500
년 전의 거대한 제단과 여신상, 적석총 등 놀라운 유적들이 발견되
었다. 특히 우량하 지역에 발굴된 유물들은 한족漢族의 문명과는
전혀 다른 것이다. 적봉赤峰을 위시하여 이 지역 유적을 총칭하여
홍산문화紅山文化라고 하는데, 고조선 이전부터 우리 조상의 유산
으로 요하문명으로 명명되는 아시아 시원 문화다.

이처럼 문헌 기록과 고고학적 고증자료를 종합해 보면, 고조선
은 최초의 고대국가로서 BC 30세기~BC 24세기에 건국된 동아시
아 최강의 대륙국가였다.

고조선에 이은 고구려(BC 37~AD 668년) 광개토대왕 등 용맹한
군주가 고조선의 만주 대국을 복원하고, 막강한 수隋·당唐의 침공
을 물리치면서 700년 동안 대륙국가를 운영했다.

고구려가 멸망한 31년 뒤 대조영에 의한 발해(AD 699~926)는
고구려 유민들과 만주의 소수민족을 규합하여 발해 5경 개발 등 연

해주를 포괄하는 나라를 영위하면서 고구려와 더불어 다시 1000년 동안 만주지역을 지배했다. 다시 말하면 조선족은 고조선과 고구려, 발해까지 3000여 년 동안 만주대륙을 경영해 온 지배세력이다.

발해가 10세기경 사라지면서 만주지역에는 여진족인 아골타阿骨打가 금金나라를 세웠다(1117년). 그리고 금나라 이후 원元, 명明, 청淸으로 나라가 바뀌었다. 이 중 명나라(1368~1688)를 제외하면 금金, 원元, 청淸은 모두 오랑캐의 나라다.

북방민족 오랑캐 수중에 있던 만주지역이 14세기경 처음으로 한漢족의 지배에 들어간다. 명나라(1368~1644)가 만주지역을 지배한 기간은 채 300년도 안 된다. 만주의 주 종족이 된 여진족 누르하치가 청나라(1616~1912)를 창건하면서 점차로 중국 본토를 점령하고, 명나라가 멸망하자 다시 만주는 한족의 손을 떠난다.

그리하여 만주는 송宋나라 때와 명나라 때 불과 몇백 년을 제외하고는 3000여 년의 장구한 시기를 조선족이 지배했으며, 청나라 등 한족의 북방민족 지배 아래 있었다. 만주에 대한 조선족 한국의 감상과 회귀의식이 식을 줄 모르는 것은 긴 대륙의 지배 기간을 보면 이해가 된다. 고려는 고구려의 후예답게 북벌을 계획하고 실행했던 사례가 조선조에 와서도 이어진다.

동아시아에서 맨 먼저 나라를 세운 민족

한동안 우리나라의 청동기 사용연대를 BC 900~1000년 무렵으로 잡은 오류로, 청동기시대가 기원전 10세기에 시작된 것으로 되어 있었다.

역사 기록에 의한 BC 2333년의 고조선 건국 연대는 자연히 믿을 수 없는 것이 된다. 세계 어느 곳에서나 청동기시대가 되어야 국가 형태가 출현했다는 것이 통설로 되어 있다. 기원전 24세기는 석기 시대로, 신석기시대까지 국가가 성립된 예가 없기 때문이다.

그런데 과학의 발달은 유적을 기준으로 추측하던 연대를 항상 앞 당길 가능성이 있다. 지난날에는 유적의 연대를 추측으로 정하는 상대편년을 하기도 했지만, 지금은 방사선탄소측정법을 비롯한 여 러 가지 과학적인 방법을 사용하고 있다.

그 결과 우리나라와 만주의 청동기문화 연대기가 매우 **빠르다는** 사실이 확인되었다.[15] 당시 우리 민족은 매우 유능했던 것 같다. 우 리 민족은 동아시아에서 가장 먼저 금속을 개발해 사용하였다. 인 류가 처음 사용한 금속은 청동인데, 지금까지의 고고학적 발굴 결 과에 따르면, 우리 민족은 기원전 2500~2600년 무렵에 이미 청동 을 사용하였다.

중국의 황하 유역에서는 기원전 2200년 무렵에 청동기문화가 시 작되었다. 중국 최초의 국가 하夏나라는 기원전 2200년 무렵에 건 국되었으니, 고조선 건국은 그보다 130여 년이나 앞선 것이다.

고조선은 주변 종족들을 정복하여 한반도와 만주지역을 아우르 는 큰 나라로 발전하였다. 우리는 동아시아에서 가장 먼저 나라를 세웠던 민족이다.[16]

우리는 동아시아 최고最古의 국가를 건설했을 뿐 아니라 3000여 년에 걸쳐 만주대륙을 지배했던 북방 대륙국가였음이 밝혀졌다. 고조선의 영역을 복원하여 강성한 대륙국가를 영위하던 고구려가 대륙의 깃발을 접은 것은, 3국 통일의 꿈을 키워온 신라가 당시 단

---

15) 윤내현, 『우리 고대사, 상상에서 현실로』, 만권당. 2016.
16) 앞의 책.

일 대륙국가인 당나라와 연합하여 통일했기 때문이다. 복수의 강대국과 합종연횡의 계기를 잡지 못하고, 단일 외세 연합으로 북방 영토를 잃고 겨우 한반도 안으로 연명하는 작은 통일을 이루는 수모를 겪었다.

고구려의 유민을 추슬러 설립된 발해와 더불어 남북국시대를 열었으나 오래가지는 못했다. 고구려의 승계자로 자부하던 고려에 와서도 북방에 대한 감상은 끊이지 않았다. 한때 묘청에 의한 북방 개발이 계획되었으나 사대주의자인 김부식에 의해 차단되었다.

고려 말기 원의 쇠퇴와 명의 건국 전환기에 공민왕은 북벌을 감행했다. 1370년 1월 공민왕의 명을 받은 이성계 장군은 압록강을 건너 훈 강으로 나아가 우라산성于羅山城, 지금의 환인시를 포위 공격하였다. 당시 원나라의 전방 사령관격인 동령부東寧府의 동지同知인 리우우테무르李吾魯岾木兒의 항복을 받자 주변의 원나라 장수들의 통호를 요청해왔다.[17]

무적의 장군 이성계의 남만주 정벌과 원의 전략지 점령 사실은 고려에 큰 자신감을 주었다. 이성계의 두 번째 남만주 탈환 시도는 우왕禑王 때 최영과 더불어 도통사가 되어 북벌 출전을 했으나 이성계의 위화도 회군으로 끝이 났다.

그러나 만주 땅에 대한 회귀 욕구는 여기서 끝나지 않는다. 조선조의 개국공신 정도전은 역성혁명으로 새나라를 세우자마자 국방력 강화책으로 호족들의 사병 철폐의 무리수를 두면서까지 병력 양성과 훈련을 게을리하지 않았다.

1392~1396년 사이 정도전은 요동정벌의 계획을 추진했다. 물론 그때도 사대주의자들의 밀고로 명나라의 소환 대상이 되기도

---

17) 주돈식, 『처음 듣는 조선족의 역사』, 푸른사상, 2010.

했다. 조선인이 조상의 강토를 간절히 그리워하는 잠재의식을 말하는 육당 최남선의 말을 인용해보자.

"대개 조선인의 민족적 요람은 본디 백두산 이북에 있다. 그 외국토심의 맨 밑바닥에는 백두산을 국남國南의 진산鎭山으로 아는 전통성, 백두산을 역내의 종산宗山으로 그 원주圓周의 일대로서 자기 민족의 생활지를 삼지 아니하면 만족하지 아니하는 강렬한 욕구가 박혀 있다."[18] 그리하여 오늘날에도 간도지역 일송정에 올라 해란강을 내려다보고 부르는 '일송정 푸른 물에~~'의 노랫말은 우리 민족의 대륙에 대한 향수를 대변하고 있다. 정도전 이후에도 볼모로 갔던 효종과 정조대에 이르기까지 북벌 계획과 논의는 계속되었으나 성공하지 못했던 것도 사실이다.

우리가 이렇듯 남방정벌보다는 언제나 대륙 쪽에 늘 관심 두는 이유는 무엇일까. 앞에서 시간대로 본 신석기-청동기문화에 이어 고대국가의 영역을 공간적으로 살펴보자. 그동안 문헌 사료의 부족이 출토 유물로 시간이 당겨진다는 해석대로, 출토 유적의 내용 분석과 출토 지역을 보면 이해가 된다.

내몽골과 요령성 일대의 신석기문화와 청동기문화로 넘어오면서 고조선의 표지 유물인 비파형 동검과 다뉴세문경의 분포 상태는 강대했음을 보여준다. 북北으로 서요하 상류인 내몽골과 적봉赤峰 대릉하 지역, 동북쪽으로 송화강 유역, 연해주 지역과 그 북동쪽까지 포함한다.

서쪽은 북경 서북쪽 지역과 경계를 이루며, 남쪽으로는 한반도와 일본의 북규슈를 포함한다. 또한 매장문화인 고인돌(지석묘)의 분포가 한반도와 만주 일대에 광범위하게 분포되어 있다. 우리나라는 이 지역에서 제일 먼저 나라를 세운 동북아 최고의 국가로서

---

18) 최남선, 『백두산 근참기』, 경인문화사, 2013.

주변 지역에 분포된 고인돌이 전 세계 고인돌의 4분의 3을 차지할 정도다.[19] 뿐만 아니라 고인돌은 고조선의 표지 유물로서 그 강역을 나타내는 주요지표가 되고 있다.

대륙국가 고토 회복의 기회가 있었다

고구려를 이은 발해가 신라와 더불어 남북국시대를 열었지만, 발해가 사라진 후 만주대륙은 조선족의 손에서 떠났다. 그 자리에는 얼마 후 여진족 아골타가 금金나라를 세워 만주 경영에 나선다.

1206년 칭기즈칸이 등장하여 대원大元(大夢古國)을 세워 중원과 만주대륙을 차지하고 통치하면서 세계를 지배하는 대제국을 건설한다.

조선, 고구려, 발해 이후에도 만주는 금·원 등의 북방계 민족이 지배하고 있었다. 1368년 주원장이 화남지역을 통일하고 난징에서 명明나라를 건국하였다. 주원장은 황제에 오른 뒤 대규모 북벌을 개시하여 원의 수도인 대도(오늘의 베이징)를 접수하고, 처음으로 만주지역을 평정함으로써 한족의 수중에 들어간다. 만주에는 서북쪽으로 몽골 일부를 포함하여 거란·선비족과 만주 동북쪽 말갈·여진족들이며, 이들 모두 고조선의 거수국들로 고구려의 구성원인 경우가 많다.

중국에서 만주족은 여진족으로 인식하고 있다. 특히 내쳤던 몽골족을 견제하는 이이제이以夷制夷로 여진족을 관리해왔던 듯하다. 그러나 임진왜란으로 명나라나 조선이 전쟁 상태에 있는 동안 누르하치가 세력을 키워 후금을 건국한다(1616년). 누르하치의 뒤

---

19) 이덕일·김병기, 『고조선은 대륙의 지배자였다』, 역사의아침, 2006.

를 이은 홍타이지(청 태종)는 정복사업에 몰두하면서 몽골과 조선을 복속하고, 중원 공략에 나서면서 국호를 청淸으로 바꾸고 중원 대륙 지배에 성공한다.

청나라는 원래 인구가 적어 몽골인과 조선인들이 새롭게 충전되면서 건국 초기 수십만 정도의 인구가 수백만을 넘어서는 계기를 만들었다. 변발을 통해 복종심을 확인하며 폭넓게 인재를 등용했다. 당시 백만을 넘지 못한 만주족이 1억 명에 이르는 중원을 지배 통치하는데 초기 청의 왕들은 헌신했다.

한편 중원의 지배에 따른 관리 수명 등으로 많은 만주 주민이 본토로 빠져나가 동공현상이 일어난다. 그 빈자리(만주)에 타민족, 특히 한족이 들어가지 못하게 봉금封禁정책을 펴왔다. 중원에 자리한 정부들은 만주지역 부족들이 결속되지 못하도록 적절한 생계 수단을 지원하고, 교역의 기회를 주는 듯하면서 조용한 관리정책을 펴온 것도 사실이다.

수세기 동안 조용한 만주지역 빈자리에서 나온 금나라 후금(청)도 주변 나라들이 전쟁이나 기타 사유로 신경을 쓰지 못하는 사이에 일어난 나라들이다. 오랜 연고를 가진 조선족들은 옛 거수국(제후국)의 맹방이었던 족속이다. 예를 들면, 예맥이나 여진족을 오랑캐 취급하면서 소중화사상에 매몰되어 만주 고토 회복의 기회를 만들지 못했다. 그러나 신용하 교수에 의하면, 한·맥·예는 우리 민족의 본체이며 여진족도 혈통이 이어지는 부족으로 생각한다.

금의 고종 명命에 의하여 집필된 『만주원류고』에 "金 시조는 신라에서 왔고, 완안씨完顏氏로 불렀다. 金 시조는 신라에서 나와 흑산黑山과 백수白水 사이에서 살았다." 『대안국지』에는 "金나라의 본래 이름은 주리진朱里眞이라 하였고, 주신珠申과 비슷하니 실은 숙신의 발음이 변한 것이다. 5대 이후 말갈의 옛 부部로 모두 아울렀으니, 이때 처음으로 여진이라는 이름이 사용되었다."

주리진·숙신·여진 모두가 고조선시대의 거수국이며, 『만주원류고』에서도 金 황제가 스스로 신라에서 왔음을 인정하는 것을 보면 큰 그림에서 우리 자신을 보는 듯하다. 사대주의로 한족문화를 숭상하면서 주변 혈족들을 오랑캐로 취급하는 우愚를 범한 것이다.

만주족을 동족이나 혈족으로 안고 갔다면 옛 고토에 새로운 역사가 전개될 수 있다는 상상이 가능하다. 그러나 만주를 번속으로 여기지 않고 언제나 만주지역을 정벌征伐 지배의 대상으로 본 것이다.

역대 왕조의 북벌 향수를 정리해보면 첫째, 고려 예종과 윤관尹瓘의 여진정벌이다. 숙종은 여진이 점차 강대함을 꺼려 유지로서 예종과 윤관에게 밀지를 내렸다. 예종과 윤관은 17만 대군으로 여진을 정벌하고 9성의 땅을 확보했다. 『고려지리지』에 "두만강의 7백 리 선춘령先春領 하에 '지차위고려지경至此爲高麗之境' 일곱 자를 새긴 윤관의 비가 남아 있다 하니, 윤관의 치적이 이조의 김종서보다 원과함을 보겠다."라고 했다.

둘째, 묘청妙淸과 윤언이의 칭체북벌론稱帝北伐論이다.[20] 앞의 윤관이 金 태조에 전승하였으나 고려 유신들의 반발로 더 나아가지 못하고, 윤관이 빼앗은 9성을 반환하자 金 태조는 맹세하고 고려와 강화하였다. 이에 金 태조는 서북전선에 전력하여 재위 10년에 거란(요)를 멸하고, 만주로부터 양자강 이북을 병탄하여 대금제국을 건설하였다. 본래 금은 여진족으로 고려에 조공하던 부족이었으며, 더구나 윤관에게 패하여 9성 천 여 리를 빼앗겼던 만추滿酋가 일거에 중국의 황제가 되었으니, 그때의 고려·조선인의 비위와 감정을 알만하다.

---

20) 단재 신채호 논단.

예종이 승하하고 인종 즉위와 더불어 칭제稱帝를 북벌하자는 분위기가 바뀌면서 칭제북벌론의 영수인 윤언이(윤관의 아들)는 낭가浪家의 계통으로 칭제북벌의 주장을 상소와 건의를 통한 것이다.

이와는 달리 묘청은 서경西京(평양)을 기반으로 국호를 대위大爲, 연호를 천개天開 그리고 평양을 상경上京으로 정하고 인종이 이어 移御하기를 구하였다. 그러나 묘청의 거병이나 밀명에 윤언이와 공참모 없이 대위국 황제 허명을 탐하는 모반이 되어 김부식을 원수로 하는 토벌대에 피살된다. 윤언이도 김부식의 토벌조에 합류하는 등 칭제북벌론은 끝이 났다. 단재는 이를 두고 '조선 역사상 일천연래 제일대사건朝鮮歷史上 一千年來 第一大事'이라고 평했다. 사대주의 소중화사조의 반발로 본 일대 사건으로 평가한 것이나 반론도 상당하다.

셋째, 이성계의 두 차례 만주정벌과 위화도 회군이다.

넷째, 정도전의 요동 정벌 계획이며,

다섯째, 숙종과 효종, 정조에 이르는 본격적인 북벌 계획이었으나 국론의 통일적 지원이 부족했고, 대륙세에 중과부적의 무모함도 있었다.

그러나 돌이켜보면 우리 조선족은 3천 여 년의 장구한 기간을 고조선과 고구려, 발해까지 만주대륙을 지배해 온 것은 사실이다. 그 뒤를 이은 금나라, 원나라, 청나라에 이르기까지 중원을 지배하며 군림했던 것을 보면서 조선이라 해서 중원을 공략 못 할 이유도 없어 보인다.

특별히 연고가 많은 만주대륙에 대한 고토 회복의 기회도 있었다. 그 예로, 고려 예종 때 윤관의 북방 개척과 9성을 확보하였으나 여진의 끈질긴 요구와 공격으로 견디지 못하고 이를 여진에 되돌려준다.

이때의『금사金史』의 기록을 보면 놀랍다. 여진군 金 태조(당시 참모장격)의 말이다.

"거란이 점점 쇠약하고 여진이 발흥하는 때니, 만일 예종이 초지初志를 견지하여 일시의 곤란을 잊고 윤관을 전임專任하였더라면 고려의 국세가 흥익興益하여 후세에 외국의 피정복자가 될 치욕을 면할 뿐 아니라 곧 거란을 대신하여 일어난 자가 금이 아니라 고려일지 몰랐을 것이다."

여진은 9성 반환을 은혜로 알고 대금국大金國이 된 뒤에도 고려에 바치던 조공은 폐했으나, 고려를 침범한 일이 없으니 윤관의 공이다.[21]

고려 말엽 공민왕의 국제 정세 파악은 정확했다. 이성계 장군에 명하여 북변지역을 정벌케 한 것은 시의적절했던 계책이었다.

대륙의 정권 교체기에는 공간이 생기게 마련이다. 당시 원나라의 쇠퇴기와 명나라의 건국 전환기를 틈타 압록강을 넘어 원나라의 장수들을 복속케 한 것은 대단한 사건이며 큰 기회였다.

金나라를 세운 아골타나 청나라를 세운 누르하치(청태조)는 모두 만주 여진족에다 백두산을 배경으로 발호한 세력들이었다.

여기서 이성계의 출신을 보자. 최남선의『백두산 근참기』에, "이 태조의 선세先世가 강북 알동斡東(두만강 대안의 러시아 영내의 지명) 땅에서 떨치고 일어나 태조의 세대까지 여진의 여러 군郡을 말끔히 평정하여 복속하니, 간도 일대로부터 시방의 연해주와 영고탑 일대의 지방은 저절로 그 경략 범위 안에 들었다."라고 기록하고 있다.

이성계야말로 북방계로 여진족과 섞여 다스리던 세가勢家 출신

---

21) 앞의 단재 논단.

이다. 이성계는 그 출신 지역과 무패 장수의 기치로 만주지역 여진 족속에 칭제건원의 기회가 있었다고 보면, 고려로 돌아와 역성혁 명을 일으킨 것은 순서가 바뀐 안타까운 일이다.

고려의 지원을 받아 북방 개척으로 만주 일대를 통괄케 하고, 후에 병합하는 기회로 삼았다면 민족의 고토 복원과 대륙국가 건설 이 가능했다. 고구려의 정통을 이어받아 신생 대륙국가를 건설하 면서 백두산 전설의 주인공이 되는 실제의 칭제건원의 기회와 꿈 을 못 본 것이다.

마지막으로 청이 작은 수의 만주 여진족으로 중원을 차지한 뒤, 그들의 본거지 만주에 대한 애착으로 타민족이 들어오지 못하도록 봉금정책을 쓰고 있었다. 만주지역에 공간이 생기자 볼모로 갔던 효종이 만주 공략의 북진정책을 기획했던 것도 바로 정권 교체기 공동화의 기회를 본 것이다. 영명한 군주 효종은 북벌 계획 중 요 절하여 아쉽게도 꿈을 이루지 못했다.

이제 중국은 이런 역사적인 사실에 대항하는 동북공정을 완성하 여 미래의 영토 분쟁에 대비하는데도 우리는 애석하게도 대책이 없다. 그렇다 해도 우리의 북방 로망이 사라지는 것은 아니다.

2 북방北方 로망과 해양세의 방기放棄

대륙 연민과 일본열도 분국分國에 무관심

긴 역사 속에서 면면히 이어온 평화사상은 정신적 유전자로 우리 핏속에 전해져 왔다. 5천 년 역사 속에 담긴 단군 정신이다. 단군조선 이전에도 환인 천제(桓國), 환인 천황(倍達國)의 신화적인 시대가 전해오고 있으며, 그때부터 전래하던 홍익인간弘益人間 사상을 단군이 건국이념으로 삼은 것이다.

오랜 역사를 가진 민족일수록 신화가 없는 나라가 없다. 그리스 신화로부터 로마의 건국신화처럼 신비로운 현실 같다. 문자가 없던 시기의 역사는 구전口傳되어 온 신화적 요소를 후세에 문자화한 것이 역사다. 중국은 최근에도 여러 관계의 역사 공정을 통해서 그들의 신화적인 조상들을 역사의 주인공으로 역사화하고 있다.

특히 일본의 경우, 역사 초기 성소 같은 세 신사는 일본 신토神道 신앙의 성지다. 이세伊勢·아즈모出雲·이소노카미石上 신사는 이슬람 교도들의 메카와 같은 곳이다.

이 세 신사에는 해의 여신 아마테라스 오미가미天照大神를 일본 천황 가계의 원조로 받드는 곳이다. 이소노카미신사는 부여 바위

신의 신사다. 부여 왕족의 여걸 진구(神功)가 이끈 기마족이 배를 타고 건너와 선진 문명의 기술을 전파한 것이다.[22]

이소노카미신사에 소장된 백제시대의 철제 가지 모양의 칼인 무속적인 형태의 칠지도七支刀는 4세기 중후반 신공神功(진구왕후)이라는 젊고 아름다운 부여 왕녀가 서기 369년[23] 일본으로 건너와 일본을 정벌했음을 확증하는 유물이다.

서기 369년은 동진東晋의 연호인 태화太和 4년으로 해석한 것으로, 삼국시대에는 중국의 연호를 사용한 예가 적지 않아 설득력을 잃고 있다. 따라서 '太□'를 백제의 연호로 이해해 칠지도를 만들어 왜왕에게 준 백제의 왕이 근초고왕近肖古王(346~375)일 것으로 믿고 있다. 그러나 간지干支가 딱 맞아떨어지는 전지왕腆支王 4년(408)이라든가, 동성왕東城王 2년(480)에 제작되었을 것으로 추정한 연구 결과도 있다.

그 이유는 명문의 '공후왕供侯王'은 후왕侯王에게 제공提供·공급供給되었다는 뜻이므로, 칠지도는 백제가 제작하여 제후왕諸侯王인 왜왕에게 하사한 것이라고 해석한다.

그러나 8세기 만들어진 일본 사서인 『고사기』나 『일본서기』는 기록 자체가 고대의 신화를 근거로 편찬된 것으로 신뢰도가 낮다. 기사가 매우 왜곡된 것임에도 진구(神功)을 일본인으로 설정하고, 진구황후를 한국을 정벌한 여걸이라고 묘사했다. 일본은 대담하게도 180도로 반전시켜 역사를 왜곡해 놓은 것이다.

우리 고대사는 중국의 황제黃帝나 일본의 아마테라스 오미가미와 같은 전설적인 조상보다 확실한 기록과 많은 고증자료, 특히 고

---

22) 존 카터 코벨, 김유경 역, 『부여 기마족과 왜倭』, 글을읽다, 2006. 서문.
23) 칠지도 칼등에는 서기 369년에 해당하는(太□四年) 연대와 금으로 명문이 새겨져 있었으나, 명문 일부는 의도적으로 훼손된 것으로 알려져 있다. 앞의 책 54쪽.

대국가 형성기의 청동기문화의 발굴 자료로도 부족함이 없다.

문제는 중국과 일본 고대 사학자들과 달리, 우리나라는 일제가 만들어 놓은 반도사관으로 덧씌워진 조선사에 의지하여, 우리 고대사를 스스로 믿지 않고 고증문서가 없음을 탓하며 깎아내리고 있다.

근대화 경쟁에서 한국이 뒤지면서 일제의 식민지가 된 부끄러운 역사가 있다 해도, 장구한 고대와 중세의 한민족이 일본에 끼친 막대한 영향력을 부인할 수는 없다. 그런데 진구황후의 이야기처럼 정반대로 뒤집어 날조된 역사를 만들고, 19세기 초까지 조선통신사가 일본에 문화적 선진사회의 영향을 준 이야기를 무시한다.

역사적으로 보면 고려 이후에도 대륙적 이상과 연민의 정에 젖어 대륙(내륙) 지향의 문화에 한국의 원형을 찾는 데서 해양화의 여백이 배양되지 않았다. 9세기경 장보고의 광활한 해상 장악과 이순신의 임진왜란과 정유재란 시의 서남해 장악이 전세를 뒤바꾼 역사가 있었으나 이를 지속하지 못했다.

임진왜란 때 일본에 포로로 잡혀갔던 강항姜沆의 일본기행 기록인『간양록看¥錄』에서도, 대륙 중시 북방정책과 영호남 경시로 남방의 해양세 경계가 부실했던 정책을 경남중북輕南重北 정책으로 비판했다. 조선 국방의 취약점을 제기했으나 실용화에는 미흡했고, 해양 지향의 발전 의도는 살려내지 못했다.

한때 수많은 신라와 백제 유민이 일본열도의 남부에서 남서부 지역에 진출하여 문명의 하방지역에 많은 발자국을 남겼다. 3국과 가야까지도 본국명의 분국을 만들어 놓고도, 본국의 연대 의식 미비로 속방화 관리에 소홀했다. 뿐만 아니라 수많은 유민의 망향의식을 수용하지 못하고, 지역 상류층과 결합해 현지 세력화를 내버

러둠으로써 오히려 본국에 대한 적대 세력으로 남게 하였는지도 모른다. 침략 근성이 없고 해외국가 경영 경험이 없는 역사가 『간양록』에서 경남중북輕南重北의 질책과 반성으로 표현된 것이다.

역사학자들은 고대 로마가 카르타고의 해양세력을 평정하고, 이를 동력으로 삼아 유럽 대륙을 공략할 수 있었다고 보고 있다. 그러나 우리나라 역대 왕조들은 북방에 관심을 두고 요동과 고토 회복으로 북벌 계획에 나섰으나, 후방의 적 해양세력에 대한 관리 소홀로 북방 정벌의 추동력이 미약했다.

한때 봉금정책을 앞에 두고 대륙 공략의 큰 꿈을 꾸지 못한 한이 남아 있다. 무주공산이었던 만주지역이 방기된 상태를 보았던 명장들도 조정이 소중화에 매몰되어 있어 작은 꿈에 만족했다. 만주족이지만 우리와 혈연으로 남이 아닌 금 태조나 청 태조 누르하치는 요동을 정벌 후 곧 중원을 향해 진격했다. 이들도 이에 앞서 후방 세력인 한반도의 세력을 선先 관리 후 진격했다.

고대문명 광정匡正과 광개토대왕비의 재평가

지난 세기 후반 발견된 요하문명을 놓고, 중국 조야는 고민 끝에 그들의 조상으로 황제黃帝 등 3황을 올려놓고 한족의 황하문명을 1200년 이상 끌어 올렸다. 황제·염제와 더불어 그들이 오랑캐라고 불렀던 동이족의 수장인 치우천황까지 끼워 넣어 3황으로 만든 뒤 북경의 북방 탁록에 거대한 3조당三祖堂을 건립했다. 전설시대의 인물들을 그들의 국조國祖로 모신 것이다.

동북공정은 이러한 고민스러운 일들을 속지屬地주의적 폭거로 이웃 민족의 지존까지를 건드리고 있다. 단군도 그들 지역 종족의 수장이며, 고구려·발해까지 모두 그들의 지방조직으로 중국화해 버린 것이다. 그뿐만 아니라 우리의 민족시인인 윤동주 선생이 중국(조선족) 시인으로 둔갑해 교과서에 등재되어 있다는 사실을 우리는 잘 모른다.

한때 동북공정의 역사 조작을 반대하는 한반도의 여론이 나빠지자, 중국 측에서는 당시 외교 책임자인 우다웨이를 보내 중국 정부의 공식 견해가 아님을 변명하고 갔으나 문서 하나 남기지 않고 떠났다.

역사를 단순한 과거로 보는 것은 대단한 오류를 남길 수 있다. 동북공정류類와 역사 프로젝트를 역사적 영유권으로 하여 대동강 이북의 중국 영토설을 언급하는 것은 장차 통일 한국의 국경 획정까지를 내다보는 미래 구상으로 보인다. 북방의 동북공정 등 부당한 중국의 국수주의적 발상에 대응하여 철저한 과학적 근거를 갖고 새로 발견된 요하문명의 진실에 접근해야 한다.

동아시아 지역의 최초 고대국가인 단군조선의 성립 배경에 하가점하층문화와 연접된 적봉赤峰 지역 유적으로 고대국가 조선의 근거를 확보해야 한다. 요하문명에 가장 근접하고 내용이 같은 우리 문명으로 고대사의 지분 참여를 확실히 제기해야 한다. 중국의 의도적인 역사 왜곡과 폭력에 남과 북이 연구 목적의 협업을 통하여 진실 규명으로 대응해야 한다.

중국 역사학자 담기양의 1981년 판 『중국역사지도집』에는 중국 고대사부터 현대까지 300여 장의 지도가 수록되어 동아시아 연구 자료로 국제 표준지도가 되어 간다. 이 지도들은 그들이 세계의 중심이라는 중화사관中華史觀에 기반을 둔 '담기양 지도'다.

여기에는 고대 한반도의 역사를 중국의 역사로 편입하는 오류를

담고 있다.[24]

문제는 잘못된 역사 인식이나 사료집에 대응하여 올바른 역사관과 한국의 관점에서 과학적으로 고증된 '국제표준 역사지도'를 만드는 것이 중요하다. 늦었지만 동북아역사재단 연구팀(동북아역사지도 편찬위원회)이 2008년부터 2015년까지 8년에 걸쳐 714장을 수록하는 역사지도를 작성, 양적인 면에서 '담기양 지도'를 능가하는 지도를 완성했다. 그런데 독도 표기 및 한사군의 위치 비정 문제 등으로 폐기된 오류를 범하는 일이 벌어졌다.

이번에 만든 '동북아 역사지도'는 단순한 종이 지도가 아니다. 인공위성으로 수집된 지리정보시스템/GIS에 기반을 두고 컴퓨터 화면을 통해서 디지털로 구현된 최첨단 지도체제다.

예로, 청동기문화와 고조선·발해와 신라의 남북조시대 등 원하는 요소(값)을 입력하면 동북아 역사지도 데이터베이스/DB에서 바로 여러 측면의 지도 수십 장의 사진이 출력된다. 나아가 담기양 지도의 오류도 비교 출력할 수 있다.

다시 재론을 통하여 필요한 조정 과정을 거쳐 동북아 지역의 정교한 지도 정보를 제공함으로써 외국인 연구자들이 즐겨 찾는 국제표준 선점이 중요하다.

대륙 기반의 한국 고대사나 한국의 4국 시대(3국+가야) 일본 진출로 일본열도의 지배세력이었던 사료를 통하여 중국(동북공정 등)과 일본의 역사 왜곡을 당당하게 표현하는 역사지도를 통하여 역사 교정이 가능할 것이란 기대를 하게 된다.

내부적으로 우리 역사는 스스로 깎아내리거나 지나치게 과장하는 위험을 넘어 진실에 기반을 두는 우리 역사에 대한 과학적 근거와 사료를 집대성하는 역사 인식의 합일 과정을 보고 싶다.

---

24) 한겨레21 제1167호, 2001, 026쪽.

고대사나 중세사에서 일본열도에 선행하는 대륙문명의 존재가 분명한데도, 현존하는 역사서를 보면 8세기의 『일본서기日本書紀』, 『고사기古事記』(712년)보다 늦은 13세기의 3국 사기 『삼국유사』가 남아 있다.

김부식도 『삼국사기』에 고구려가 국사 『유기留記』 백 권을 편찬한 것이 일본의 국가 성립 이전인 서기 1세기의 일로 기록하고 있다. 백제는 근초고왕 때(364~376) 고흥의 『서기』가 편찬되고, 신라는 545년 거칠부가 『국사』를 편찬하였다는 기록이 분명히 있다. 그런데 이들 역사서는 현재 전해지지 않지만, 다른 사서에서 이 역사서들을 인용한 기록이 남아 있다.[25]

그러나 광개토대왕비는 5세기 초(414) 즈음 고구려의 옛 수도에 축조된 거대한 광개토대왕릉에 세워진 방대한 비문은 현존하는 가장 확실한 역사 기록이다. 고구려의 건국이념인 '이도여치以道與治'와 더불어, 비문에는 단군의 자손 고구려 시조 왕이 부여의 왕자로서 고조선에서 부여와 고구려로 이어졌음을 밝히고 있다. 기록문화가 취약하다 해도 발굴 문화재의 지속적인 출현은 우리 고대사의 중요 고증자료들이다.

오랜 세월 수많은 외침外侵(900회 이상)과 호란·왜란 등의 대란을 거치면서 훼손되거나 탈취 또는 반출의 수난을 겪어왔다. 이와 더불어 내부에서는 사대주의자나 왕권 보장을 위해 많은 사서를 수집해서 조직적으로 없앴으며, 일제강점기 시절의 역사 훼손과 파괴는 그 절정에 다다랐다.

우리 역사 자료 수난사를 생각하면, 기록문서가 없다 해서 있었던 역사를 믿지 못한다고 포기하거나 지워버리는 것은 옳지 않다고 한 함석헌 선생의 말을 되새겨야 한다.

---

25) 최태영, 『한국 고대사를 생각한다』, 눈빛, 2019, 서문 그리고 80쪽.

일제는 총독부 시절 역사편수회를 조직하여 조선사를 만들기 시작했다. 상고사 고조선은 신화로 처리하고, 2000여 년의 역사를 인정하지 않고 식민사관과 반도사관에 맞는 역사로 변조했다.

고래로부터 중국의 식민지였고, 3국의 정립 분쟁부터 분열의 모양으로 만드는 퇴폐적인 민족성을 강조한 우리 역사의 한 단면을 모아 여러 해에 걸쳐 일본 말로 된 조선사를 완성한다. 많은 시간과 예산·인재를 모아 그들 입맛에 맞게 정교히 만들었다. 우리는 그때까지 슬프게도 제대로 된 역사(정사)가 정비되지 못했다. 일제의 투자로 그들의 의도와 사관에 따라 집대성한 것이 바로 조선사다.

광복 후 급한 대로 우리말로 바꿔 역사대관이라 했다. 텅 빈 고조선시대에 단군을 신화로 만들어 넣고, 반도국가로 만들어 3국으로 들어와 삼남에 임나일본부를 만든다. 예부터 중국과 일본의 식민지처럼 의존의식을 만들어 3등 민족의 역사를 전개해 놓았다.

지금 우리가 할 일은 잃어버린 2천 여 년의 고대 대륙국가의 역사 복권이다. 분열이 없었던 고대사 복원부터 남북이 협업하여 역사의 순기에 따라 미래의 대비를 시작해야 한다. 지정학적 속박인 반도사관을 뛰어넘어 대륙의 소통과 남방관리로 정보의 집적과 자존 의식으로 승자의 지정학이 되게 광대한 미래 지도를 설계해야 한다.

고구려의 강자 광개토대왕은 광활한 고조선의 옛 영지를 수복하고도 중원 공략의 흔적이 없었던 것은 한민족의 평화사상 홍익정신의 건국이념과 무관하지 않다. 모든 인간을 이롭게 하는 평화사상은 침략 사상이 아니다. 영토의 지배적 개념보다 사용(활용) 개념으로 돌려 폭넓은 교역의 연대連帶로 후방을 지역화하여 우회 진출로 나아가는 소통의 시대를 여는 길을 모색해야 한다.

독도가 우리 땅인 것같이 대마도는 우리 땅이다

일본 정부는 매년 안보 환경에 대한 평가와 대응전략보고서를 방위백서 형식으로 발간해 오고 있다. 2019년 9월 하순, 변함없이 15년 연속으로 독도는 자국 영토라고 주장하는 2019 백서 '일본의 방위'를 채택하였다. 이 방위백서에는 유사시 독도 상공에 항공자위대를 긴급 발진시킬 수 있다는 가능성을 처음으로 시사했다. 2005년부터 독도 영유권을 주장해 왔으나, 독도에 전투기 등 무력 사용 가능성을 내비친 것은 처음이다.

일본은 수십 년 동안 주권 침해라는 억지 주장으로 위기를 누적해 오다가 이제 전쟁도 불사한다는 것인가. 중국과 러시아의 영공 침범에 이어 일본마저 전투태세다. 한·미 간 유대가 느슨해 보이는 사이 코리아 패싱으로 갑자기 안보 외톨이가 된 것 같다. 우리는 이렇게 무시당하고 갈 수는 없다.

일본이 대한제국의 외교권을 찬탈한 시기, 역사적으로 당연히 한국 땅인 독도를 무주도로 하여 편입하고 탈취했다. 작은 바위섬을 마치 자기 것으로 하여 교과서에 촘촘히 적어 어린 학생에게 가르치는 문화적 폭행마저 자행해 오고 있다.

여기서 근세사의 사각지대를 들여다보면 독도가 우리 땅인 것처럼 대마도도 한국 땅이다. 일본이 근거 없이 독도 영유권을 주장한 것과 달리 한국은 역사의 진실을 좇아 당당하게 대마도의 영유권 반환을 강력하게 요구해야 한다.

1948년 8월 18일, 대한민국 건국 3일 만에 열린 기자회견에서 당시 이승만 대통령은 일본에 대하여 대마도의 반환 요구를 한다.

1949년 1월 8일, 연두 기자회견에서 배상 문제는 임진왜란 때부터 계산을 시작해야 하는 것과 대마도 반환 문제를 다시 거론했다.

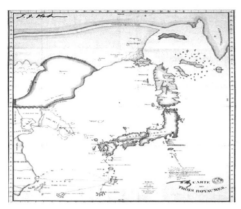

독도와 대마도가 모두 우리 영토로 기술된 국제
법상 공인 지도인 삼국접양지도三國接壤地圖 프랑스
어 판. 일본인 하야시 시헤이가 1832년 제작한 지도
를 Klaproth가 번역 제작한 것.

같은 해 연말 기자회견
에서는 실지 회복과 대
일 강화회의에서 해결
하겠다는 성명을 밝혔
다. 이 대통령의 대마도
반환 근거는 확실한 것
같았다.

에도江戸시대 실학
자 하야시 시헤이林子平
(1738~1793)가 작성한
'삼국접양지도三國接壤

地圖' 프랑스어 판과 그 해설서『삼국통람도설三國通覽圖說』이 그
중 하나다. 일본과 주변 3국인 조선, 류큐(오키나와), 애조국의 무
인도 오가사와라小笠原제도 및 태평양상의 작은 섬들에 대한 지도
와 그 해설서다.

이 지도들은 섬을 발견한 사람 이름을 딴 오가사와라 섬을 일본
소유로 반환받기 위해 끈질기게 협상을 버리던 열강(미·영)이 인정
한 것이다(1861~1862). 다시 말해 '삼국접양지도'와 그 해설서의
기록에 따라 무인도의 소유권을 가린 것이다.

개인 하야시 시헤이가 작성한 지도들은 일본 정부(막부)와 열강
에 의해 공인된 국제법적 인정 사료史料가 된 '삼국접양지도'(프랑
스어 판)에는 울릉도·독도와 함께 대마도는 한국의 영토로 선명하
게 표기되어 있다.

위와 같은 사실을 밝혀낸 관동대 김상훈 교수는 다시 2008년 일
본 도호쿠대東北大에서『삼국통람도설』과 '삼국접양지도'와 함께
수록된 조선 '8도총도' 원본을 찾아냈다. 이 지도 역시 대마도는 조

선 영토로 표시된 것을 확인했다고 했다. 특히 이 지도에는 '삼국접양지도' 작성자인 하야시 시헤이의 서명이 들어 있다.

당시 한국 대통령은 상당한 근거 사료史料와 오래된 소신으로 대마도 반환 성명을 요구했다. 이에 일본 정부가 위협을 느껴 맥아더사령부에 구원 요청한 이야기가 나온 것을 보면, 영토의 선점과 국제적 인식이 중후함을 알 수 있다. 그런데도 후속 정부들이 이런 국제 관계의 틀을 유지하고 발전시키지 못하는 회한이 남는다.

그러나 역사적 사실을 근거로 대마도는 우리 땅이라는 걸 확인할 수 있다. 고려 말부터 조선 초까지 왜구 창궐로 여러차례 대마도를 정벌해왔다. 그리고 1419년 세종 1년에 실질적인 정벌이 있었다.

6월 19일은 '대마도의 날'이다. 2005년 3월 18일, 당시 마산시의회가 이종무 장군의 대마도 정벌을 기념하기 위해 조례로 선포한다. 1419년 6월 19일 삼군도체찰사 이종무 장군이 대마도 정벌을 위하여 거제 견내량를 떠나던 날이다.

세종 시절 왜구 등의 창궐을 징벌한 것으로서 세종실록에서 분명하게 기록되어 있는 태종의 고유문인 대마도는 원래 우리 땅 '대마도본시아국지지對馬島本是我國之地'로 다시 확인하고 있다.

세종실록에 보면, "대마도라는 섬은 본시 경상도 계림에 속해 있는 우리나라 땅이다. 이것은 문서에도 기록되어 있는 명백한 사실이다. 정벌 후 1420년 '대마주'로 하고, 도주를 태수太守로 명명했다. 그리고 1461년(세조 7년) 6월 14일에는 조선의 관직인 정2품 수판중추원사 겸 대마주 병마절제사로 임명했다.

대마도에는 한반도에서 건너간 우리 선조들이 성을 쌓고 살았던 흔적이나 유적이 그 증거일 뿐 아니라 모든 지도가 독도보다 큰 섬인 대마도를 더 선명하게 우리 영토임을 표시하고 있다.

1402년의 '홍일강리역대국도', 잘 알려진 1481년 '동국여지승람', 1530년 신증동국여지승람新增東國與地勝覽', 즉 현존하는 가장 잘 정리된 '조선팔도총도朝鮮八道總圖'에도 울릉도와 우산도는 강원도에, 대마도는 경상도에 속해 있다.

현재 각 박물관에 소장된 10여 개의 고지도에는 독도와 함께 대마도가 신라·고려·조선의 섬으로 되어 있다. 일본인이 만든 '3국접양지도' 뿐 아니라 정인호 선생이 편찬한 1909년 사실상의 일제강점기에 발간된 최신 고등 '대한지지大韓地誌'에도 대마도는 우리 땅으로 하고, 그 남쪽에 국경선(日本界)을 표시하고 있다. 역사적 사실과 고지도로 보면 대마도는 분명 우리 땅이다.

일본이 2005년 2월 독도를 '다케시마(竹島)의 날'로 제정하자, 바로 마산시의회가 같은 해 3월 18일 조례로 6월 19일을 '대마도의 날'로 제정하였다.[26]

대마도도 대내적으로 교과서 등재 등 의식화 과정을 거치면서 국제적으로도 문제를 제기해야 한다. 독도에 대한 일본의 억지 주장보다 대마도의 경우는 역대로 한국령이 너무나 분명하다. 대마도로 다툰다면 어찌 독도를 감히 문제 삼을 수 있겠는가. 대마도의 여러 역사 자료와 행정적 처리 등을 갖추어 역사적 사실에 기초한 우리의 영유권을 당당하게 주장해야 한다.

섬은 단순히 섬이 아니다. 영해 확장의 지표일 뿐 아니라 그 주변 해역의 가치는 매우 중요하다. 독도든 대마도든 우리의 섬 그 인근의 해저자원과 수산자원 그리고 주변 해로의 정보는 미래 세기의 잠재적인 해양자산이다.

---

26) 이석우, 『대마도는 본시 우리 땅이다』, 편백나무, 2014.

3 앞선 문명과 세계 평화사상

안중근의 동양 평화사상

"우리 국권이 회복되거든 고국으로 반장返葬해다오."

이국땅 여순감옥에서 교수형을 당한 나라의 영웅 안중근 의사의 유서로, 고국에 대한 애절함을 전하고 있다. 지난해 9월, 안중근 의사 서거 100주년을 넘기고 다시 8년 추모식이 열렸지만, 무덤조차 찾지 못한 후손들의 죄는 어디에 비할까.

몇 년을 두고 나라 전체를 가라앉게 한 세월호 사건 희생자를 위해 법을 만들고, 정부 예산으로 경국지세를 했다. 그러나 위대한 나라의 영웅, 독립운동으로 나라를 찾으려는 애국자 선현들의 예우는 어느 수준인지 부끄럽기 짝이 없다.

서해해전(천안함)에서 나라를 지키다가 산화한 용사들의 추모는 잊어버리고, 사고사의 혼령들을 위해 4년째 리본을 달고 있는 정치인의 모습이 너무나 대칭적이고 가증스럽게까지 느껴진다. 부모상도 제대로 챙기지 못하면서 슬픈 생각이 앞선다.

우리는 민족의 대영웅을 추모하면서 짧지만 위대한 성자 안중근 의사의 일대기를 되돌아보게 된 것에 감사할 따름이다.

구한말 고종 시절(1879년) 황해도 해주에서 태어나 한학을 배우면서도 무예에 출중한 기량을 보였다. 19세 때 천주교를 믿게 되면서 조셉 빌헬름Wilhelm 신부를 만나 8년간 봉사하면서 프랑스 어와 서양문물을 배웠다. 이후 민족의 장래 구국영재求國英才의 교육사업에 전념하다가, 1907년 7월 헤이그 밀사사건을 빌미로 한국에 일본의 통감정치(초대총감 이등박문伊騰博文)가 시작되자 망명길에 오른다.

구국의 결기를 다지면서 회령에서 두만강을 건너 용정龍井(간도)을 거쳐 블라디보스토크로 간다. 그곳에서 청년회 활동을 하면서 항일 독립운동의 큰 경륜을 펴기 시작했다. 위험을 무릅쓰고 수많은 한인 촌락을 전전하면서 강연 활동을 계속했다.

이 무렵 안 의사는 의병 조직화에 참여하여 1908년 봄 김두성을 총독, 이범윤을 대장으로 하는 대한국의군 창설에 성공한다. 그때 안 의사는 참모중장參謀中將으로 선임되어 독립특파대장으로 치열한 한일투쟁을 결행하기 시작한다. 1909년 초에는 단지동맹斷指同盟을 결행하고, 국권 회복과 동양평화 유지를 위해 헌신한 것을 맹세하는 동의단지회同義斷指會를 결성하였다.

러·일전쟁에 승리한 일본은 한국을 병합한 뒤 만주로 침략할 계획으로, 한국 통감에서 일본의 추밀원樞密院(국회와 같음) 의장이 된 이토 히로부미를 하얼빈으로 보내 북만주를 시찰한다는 소식을 접하자 하늘이 준 기회로 생각하고 거사를 결행한다.

1909년 10월 26일, 하얼빈 역에서 의장대 사열 후 외국 영사단 앞으로 왔을 때 브라우닝 권총 3발을 명중시켜 이토 히로부미를 쓰러뜨렸다. 이토의 3국 여행 중 재정 러시아의 조차지역租借地域에서 일어난 국제적인 사건이었다. 저항 없이 러시아 기병대에 의해 체포되었으나 당일 일본 총영사관으로 인계됐다.

일본 만행을 세계에 알리는 계기가 되고, 중국 침략에도 중국인이 해내지 못한 일을 안 의사가 해냄으로써 중국인들의 존경을 받았다.

여순감옥으로 이관 후 공판 과정에서 의거 사유 등 안 의사의 당당함은 일본 관원들까지도 경외감을 가질 정도로 논리정연하고 의연했다고 한다.[27]

안 의사는 위대한 평화론자다. 공판에 임해서도 "전쟁에 패배한 전쟁포로이다. 한국 의군 참모중장의 자격으로 조국의 독립과 동양평화를 위해서 행한 것이니, 만국공법萬國公法에 의하여 처리하라."고 주장했다.

사형선고를 받고 순국하기까지 옥중에서 쓴 『동양평화론』을 통하여 '합성산패 만고정리合成散敗 萬古定理'라는 불멸의 철학사상을 남겼다. 동양평화론을 옥중에서 완성하지는 못했으나 한·중·일 3국이 분쟁지역인 뤼순旅順을 영세중립지대로 만들고자 했다. 3국 공동은행 설립, 공동 화폐 발행, 나아가서 공동 군대 편성까지도 구상했다.

『동양평화론』은 서문으로, 전감前監, 현상現狀, 복선伏線, 문답問答으로 되어 있다. 그 중 평화론의 서문과 전감만을 집필하고 나머지는 미완성으로 남았다. 그러면서 안 의사의 정론은 재판관들도 감동케 하고 두렵게 했던 의연함이다. 관동도독부 고등법원장과의 면담(1910. 2. 7.) 내용인 청취서에 동양평화에 대한 안중근 의사 이상의 대강이 담겨 있다.

동양평화회의 조직, 3국 공동은행, 뤼순의 영세중립지 안, 3국 청년들의 군단 편성, 일본의 지도 아래 한·청·일 공동의 상공업 경

<hr>
27) 이상, 『대한의 영웅』, 안중근의사숭모회(기념관) 자료 참조.

제발전, 한·청·일 황제 합동으로 교황으로부터 대관을 받는 것 등의 구체적인 구상이 제시되어 있다.

안 의사는 침략의 원흉이며 평화의 교란자를 몸 바쳐 처단하고, 동양평화론으로 오늘날에 비추어도 손색없는 미래 구상과 세계 평화의 섭리를 제시한 것이다. 단순한 의지나 자국만을 위한 국수주의적 행동이 아니라 지역 평화와 인류의 장래를 내다보는 미래지향적인 위대한 사상을 보여준다.

최근 발견된 중국 학자 예텐니가 1914년경 발간한 『안중근전』이 발굴 공개되었다(2010. 12. 22. 동아일보). 그는 이토 히로부미의 저격을 세계사적 의미로 높이 평가한 것이다.

하얼빈의 의거는 정의, 인도人道, 공리公理가 지배하는 세계 평화 시대를 여는 계기로 평가한다. 특히 안 의사를 구분하여 '세계의 위인'으로 칭하고 있다. 애국지사는 자기 나라를 구한 사람이다. 그러나 안 의사는 일국의 테두리를 넘어서 널리 세계에 통한 것이니 구별하여 "세계 위인"이어야 한다는 것이다.

맞는 말이다. 안중근 의거를 세계 위인의 반열에 올리는 조치가 필요하다. 또한 일본 학계에서도 안중근에 대해 새로운 평가를 했다. 안중근(1870~1910) 의사 순국 100주년을 맞아 일본이 독일의 비판철학의 대가 칸트(1724~1804)와 안 의사의 사상을 비교하는 연구가 활발히 진행된 것이다. 이들은 이제까지 이토를 처단한 행동가로 이해하는 데서 한 걸음 더 나아가 동양평화론을 주장한 보편적 사상가로 보는 시도다.

철학자인 마키노 에이지牧野英二 호세이대法政大 교수가 안중근의 동양평화론과 칸트의 영구평화론의 유사성에 주목한 데 이어, 헌법학자인 사사가와 노리가쓰斷川紀勝 메이지대 교수가 두 사람

의 사상을 법학적 측면에서 검토한다.[28]

국내에서는 안중근 일대기나 독립운동사 연구에서 벗어나지 못하는 것과 대비된다. 서울대 이태진 명예교수는 일본학자들의 안중근 연구에서, 국내에서는 보지 못한 새롭고 보편적인 시각을 보여주는 것에 큰 자극을 받았다는 것이다.

상반되는 위치에 있는 중·일 학자들의 시각에서 보듯, 안중근 의사의 무한한 철학사상의 기반을 넓혀 세계사상가(예 : 칸트)와의 비교 연구를 통해서 자국만의 애국이 아닌 세계 평화와 인류 공영의 사상을 가진 '세계의 위인'으로 격상하고 노력을 해나가야 한다.

3·1운동은 세계사적 무저항 운동이었다

칭제건원稱帝建元, 즉 황제라고 칭하고 연호를 사용했던 힘없는 대한제국은 20년을 채우지 못하고 일제의 침략세에 병탄 당하는 역사 이래 민족 초유의 암흑기에 들어선다.

영원한 성자 안중근 위인이 원흉을 주포하고 그 위대한 동양평화론을 남겼지만, 1910년 경술국치庚戌國恥의 강제 병합으로 민족 최악의 질곡의 시대를 이어간다. 일제의 강압 통치는 경찰로는 감당키 어려워 전국에 헌병파견대를 설치하는 등 헌병경찰제라는 군사 통치를 감행해왔다. 이러한 일제의 폭거는 국내 동포들에게 반항 의식을 더 불러왔다.

세계 1차대전의 종전을 앞둔 1918년 1월, 미국 우드로 윌슨이 14개 항의 강화 원칙을 천명함에 따라 민족자결주의를 주창하기에 이른다. 이에 고무되어 국내·외에서 독립운동 의식이 고조된다.

28) 조선일보, 「日 학계는 안중근에게서 칸트를 보다」 제277756호.

그해 12월, 만주·연해주에서 나온 '대한독립선언서'를 들 수 있다. 조소앙이 작성하고, 김좌진·안창호·김규식·이시영 등 39명의 재외 독립운동가들이 서명하여 1919년 2월 1일 반포했다. 기미년 선언서와 구별하여 작성연도인 '무오戊午 독립선언서'이다.

이 선언서의 특징은 무장투쟁으로 독립 쟁취를 외치며 독립군의 궐기를 촉구하는 내용이다. 한편 동년 2월에는 미주에서 이승만이 월슨 미 대통령에게 3개 항으로 된 대한독립청원서[29]를 제출하는 등 국내·외의 정세 변화로 독립운동의 분위기가 최고조에 달했다.

3월 3일, 고종의 인산因山을 맞아 국내에서는 천도교와 기독교, 불교 등 종교단체, 지방 유림 학생들을 연대하여 3·1운동 합류를 결정한다.

기미년(1919년) 1월 20일경 권동진·오세창·최린이 천도교주 손병희를 찾아가 독립선언과 독립운동을 일으킬 것을 요청하여 손병희로부터 허락을 받고, 그 자리에서 세 가지 독립운동 원칙을 정하였다. 독립운동의 대중화·일원화와 비폭력으로 할 것을 합의했다.

거사일을 3·1일로 잡고 기독교·천도교·불교계의 요청으로 육당六堂 최남선이 기초했고, 손수 조판까지 한 사실로 뒷날 긴 옥고를 치른다. 이광수가 교정을 보았고, 한용운이 공약 3장을 추가하면서 완성했다.

기미독립선언문은 무오선언의 육탄 혈전과 독립 쟁취와는 대조적으로 온전한 질서 유지 등 반항 투쟁보다는 조선의 독립국임과 자주국임을 세계만방에 고하는 만세운동을 전개한다.

"吾等은 玆에 我朝鮮의 獨立國임과 朝鮮人은 自主民임을 宣言하노라"로 시작되는 국한문체의 선언문은, 장엄한 세계 조류에 맞

---

29) 신용하, 『3·1운동과 독립운동의 사회사』, 서울대출판부, 2001.

는 평화와 인류 복지를 추구하는 유구한 민족정신을 고양하는 한편 당당하게 조선의 독립 결의를 표방하였다.

손병희, 이승윤, 오세창, 이갑성, 한용운 등 민족지도자 33인이 서명한 날이 4250년, 지금으로부터 100년 전 3월 1일 파고다공원과 태화관에서 독립선언서를 낭독하였다.

서울 주변 산봉우리마다 횃불이 올라가고 만세운동은 전국으로 확산되었다. 당시 전국 211군에서 1540 차례에 걸쳐 각계각층 200여 만 명이 참여하는 거국적 만세운동이 전개되었다.

손에는 오로지 태극기뿐인 철저한 무저항 비폭력 만세운동이 삼천리 방방곡곡에 퍼져 나갔다. 엄청난 피해와 탄압이 뒤따랐지만, 대한독립의 확고한 의지는 온 누리에 각인시키면서 영향을 끼쳐갔다. 당시로써 3·1운동은 세계사적 사건이었다.

3·1운동은 일제의 식민통치를 정면으로 부정하면서 비폭력 무저항 운동으로 전개된 세계사적 의의가 있을 뿐 아니라 대내외적으로는 엄청난 파문을 일으킨 대사건이었다. 미 윌슨 대통령의 선언과 함께 피압박 민족의 독립에 대한 새로운 가능성과 소망을 갖게 하는 도화선이 되었다.

대내적으로 3·1운동의 첫 번째 목표는 독립선언을 한 이상 주권국가의 독립 정부 수립이 당연한 과제였다. 3·1운동이 일어난 뒤로 서울·러시아·상해 등지에서 임시정부가 세워졌다.

그 중 국내에서는 서울에서 국내 독립운동가들에 의한 1919년 4월 23일 '한성정부'가 수립되었다. 러시아에서 '대한국민회의 노령露領 임시정부'를 1919년 3월 21일 발족한 러시아 한인 최대의 정치조직으로 수립되었으나 1919년 9월 단일 상해 임시정부를 중심

으로 통합 출범하였다.[30]

상해 임시정부는 초대 대통령으로 이승만 박사와 국무총리 이동 휘를 중심으로 대한민국 임시정부가 출범하였다. 한편 3·1운동은 미국 월슨 대통령의 민족자결주의와 더불어 세계 약소민족의 독립 투쟁 운동에 막강한 영향을 준 것이다.

그 첫째가 1919년 4월 인도에서 마하트라 간디를 중심으로 일어 난 비폭력·비무장의 '사티아 그라하'(인도어로 '진리, 수호'의 뜻) 독립운동을 유발한다. 3·1운동처럼 전형적인 비폭력 운동으로 유 명하다.

두 번째로 1919년 북경대학 중심으로 일어난 5·4운동에 결정적 인 영향을 미쳤다. 제1차 세계대전이 독일의 패배로 승전국이 된 일본이 독일의 중국 이권을 승계한다는 내용의 '21조 요구'에 반대 한다는 반제국주의운동으로, 파리강화회의 결과에 분노하는 학생 중심의 시위가 대규모 대중운동으로 번진 것도 3·1운동과 유사한 점이다.

다음으로 1919년 6월, 미국 식민지 필리핀의 마닐라 대학생들과 영국 식민지인 이집트 카이로 대학생들의 독립운동에 영향을 끼칠 파장을 볼 수 있겠다.

3·1 독립운동과 현대사의 재해석

기미년 3·1운동은 국내에서의 철저한 비무장 운동과는 대조적 으로, 독립 투쟁의 배후지인 만주와 연해주에서는 독립군 등의 무 장투쟁이 꾸준히 전개되었다.

---

30) 이연복, 『대한민국 임시정부 30년사』, 국학자료원, 1999.

그 중 대표적인 것이 1920년 6월 홍범도 장군이 지휘하는 봉오동전투와 김좌진·이범석 장군이 지휘하는 청산리전투(1920년 10월 21~26일)에서 대승하는 등 독립군의 무장투쟁은 1940년대까지 만주와 연해주에서 치열하게 전개되었다.[31]

국내의 비무장 3·1 만세운동과 더불어 간도와 연해주 지역에서 조직적인 무장투쟁으로 일본의 만행을 설욕하는 독립군의 승전보는 고통 속의 민족에게 희망의 엑스타시스였다.

3·1운동의 대내외적인 영향은 매우 컸으나, 더 중요한 것은 3·1운동의 첫 번째 열매로 '대한민국 임시정부 탄생'의 직접적인 계기가 된 것이다.

3·1운동이 현대사의 기점으로 간주하고 역사의 분기점이 된 것으로, 광복 후 독립은 대한제국의 복권이 아니라 역사상 초유의 공화정 체재인 '민주공화국 수립'이 민족적 합의를 전제로 한 역사적 대사건이기 때문이다.

오늘의 대한민국 헌법 전문前文 첫머리에 "대한민국은 3·1운동으로 건립된 대한민국 임시정부의 법통"을 승계한다는 역사적 정통성을 확인하고 있다. 나아가 '평화통일의 사명'을 적시함으로서 한반도 유일 합법 정부의 통일사관을 확립하고 있다.

지난해 3·1절은 기미년 만세운동 100주년을 맞는 역사적인 날이자 감격의 날이었다. 사상 초유의 국권 상실과 타국 압제의 고난을 이겨내고 광복의 날을 맞았다. 그러나 남북 분단으로 민족 이산의 수난이 다시 시작되었다. 열강의 대치 중 북한의 남침으로 6·25 내전이 국제전이 되고, 휴전 상태가 된 지 70년이 되면서 남과 북이 봉합하려는 노력이 가시화되는 듯 보인다.

31) 박윤식, 대한민국근현대사 시리즈 1『구한말-일제강점기』, 휘선, 2012.

3·1절 100주년 기념사에서 대한민국 대통령은 다자안보체제를 주요 내용으로 하는 희망의 '신한반도체제' 구상을 밝히고, 남북 경협을 위한 '남북경제공동위원회'를 제안했다.

북한은 4반세기에 걸쳐 핵무기를 개발해 놓고, 이의 폐기를 위한 유엔의 제재가 진행 중이다. 핵 폐기 협상이 표류하는 상황에서, 즉 남북 경협의 전제조건이 복원되지 못했는데 제대로 진행될 것인지 우려되기도 하다.

또한 3·1 운동 100주년은 항일抗日 항쟁과 분단과 전쟁 그리고 피와 땀으로 이룬 민족의 힘과 경제성장 발전으로 세계 열강 수준에 오른 대한민국의 역사다. 민족의 장대한 역사 속에서 1919년 대한민국 임시정부 초대 대통령과 1948년 대한민국 건국 대통령을 지낸 이승만 전 대통령의 이름이 빠져 있다. 3·1운동 100주년 행사를 같이 하자는 제안에 북측은 응대도 없었다.

중국을 보자. 모택동毛澤東 전 주석의 대형 영정이 오늘날에도 천안문에 높이 걸려 있다. 정부 수립 과정과 문화대혁명 와중에 수천만의 아사자와 수많은 인명 피해가 있었으나, 그의 정부 수립 과정에 공을 인정한 것이다. 과過보다는 공功이 더 크다는 것이다.

이승만은 한말 젊은 나이에 단신으로 미국으로 건너가 명문 하버드와 프린스턴 대학에서 수학한 뒤, 평생을 독립 마니아로 조국에 생애를 바쳐 왔다. 그가 노후에 실수가 있었다 해서 그의 모든 공이 지워지는 것은 아니다. 그는 대한민국 독립투쟁의 살아 있는 역사다. 이념에 경도된 행위로 자라나는 어린 학생들에게 틀린 역사를 가르칠 수는 없는 일이다.

4 독특한 문화자산과 명품 관광

UNESCO 문화유산 공인받은 세계인의 문화자산

유네스코 세계유산/UNESCO World Heritage은, 유네스코가 인류의 소중한 문화 및 자연유산을 보호하기 위하여 세계유산으로 지정한 것이다. 1972년 11월, 제17차 정기총회에서 채택된 '세계 문화 및 자연유산 보호협약'에 따라 세계유산 목록은 세계유산위원회가 관장한다.

협약에 규정한 탁월한 보편적 가치를 가진 유산으로써 그 특성에 따라 문화유산, 자연유산으로 분류한다. 인류유산은 선조로부터 이어받은 유산을 앞으로 후손들에게 물려주어야 할 소중한 자산이다.

유네스코 유산은 나아가 성상에 따라 세계문화유산, 인류무형문화유산과 세계기록유산으로 나누어 지정된다.

세계문화유산의 형태는 독특하면서 보편적 가치 위에 다양한 모습을 갖는 인류의 문화자산이다. 역사적으로나 민족 인류학상 탁월한 유적지, 기념물 그리고 독특한 형태의 구조물이다. 자연미와 과학적 시각에서 뛰어난 가치를 지닌 자연 지역이나 자연 유적지를 포함한다.

세계문화유산은 아프리카 잠비아 킨테긴테 섬에서 이집트의 피라미드, 그리스의 아크로폴리스, 밧새의 아폴로 신전, 미주의 그랜드캐년까지 특정 소재지와 상관없이 모두 인류의 문화유산이다.

우리나라의 문화유산 등재목록을 보면, 면면히 수준 높은 유산으로 세계가 공유하고 공감하는 데 모자람이 없다.

등재 연도순으로 보면, 1995년 등록된 합천 해인사에 소장된 팔만대장경과 이를 750년 완벽하게 보관해 온 장경판전이다. 고도로 정교한 목판 인쇄술의 극치를 보여주는 세계 불교 경전 중 오래되고 완벽한 경전이다. 특히 오탈자 없는 8만4000장의 대장경판의 온전한 보관을 위해 15세기에 만들어진 장경판전은 자연의 기氣의 순환을 최대한 이용한 과학적인 보관 방법으로 유명하다.

우리나라 세계문화유산은 1995년 세계적으로 독특한 건축양식을 가진 종묘, 신라 전성 시대의 걸작품으로 수리·기하학·종교예술의 건축술이 완벽한 세계 초유의 인공 돔dom인 석굴암과 신라 불교문화의 대표작인 불국사가 있다.

1997년에 창덕궁, 비정형적 조형미를 간직한 대표적 궁전은 자연환경과 완벽한 조화를 이루는 비원Secret Garden을 소장하는 아름다운 쉼터다. 수원 화성, 고인돌유적지(고창, 화순, 강화) 선사시대 3만 여 개의 고인돌이 한반도에서 집중·발굴되고 있다.

그리고 천년 역사를 가진 경주역사지구, 조선 왕릉(40 Royal Toms), 한국의 역사 마을 하회와 양동, 세계적 자연유산인 제주 화산섬과 용암 동굴 등이 있다. 산성 성벽이 온전히 보존된 남한산성과 백제역사유적지구, 그리고 2019년 한국의 서원(9곳)이 등재되어 14개소의 세계유산 보유국으로 전국 곳곳에서 뛰어난 우리의 문화유산을 발견할 수 있다.[32]

---

32) 세계문화유산 목록/부록.

이 중 수원성은 개혁의 군주 정조 때 쌓은 평지의 계획적인 도성이다. 평산성平山城 형식으로 군사적 기능과 상업적 기능을 동시에 수행할 수 있게 축조되었다. 뒤주에서 죽은 사도세자의 묘를 수원 화산花山의 현륭원으로 옮기고, 수원읍을 옮기면서 수원성을 축조했다.

당시 약관의 다산 정약용을 기용하여 10년 걸릴 것으로 예상했던 공사를 3년이 넘지 않는 기간에 완성하였다. 오늘의 기중기와 같은 거중기 등 건설장비를 사용하여 작업 능률을 4~5배나 높이는 등 첨단 과학기술이 적용되었다.

수원 화성의 축조 기록의 상세함도 놀라운 것일 뿐 아니라 화성은 미국의 워싱턴과 러시아의 상트페테르부르그와 더불어 근대사의 3대 인공수도의 반열에 오르기도 한다.

정연한 4대문과 화포에 견디게 낮고 튼튼한 성곽은 48개의 시설물을 갖는 수려하면서도 당시의 전쟁 양상에 맞도록 축조되었다. 서울에서 가까운 수원 화성은 당일 코스로 관광할 수 있고, 성곽을 밟아보고 화성행궁을 둘러보는 역사 탐방도 가능하다.

두 번째로는 인류무형문화유산Intangible Culturl Heritage이다.

무형문화유산은 보이지 않지만, 전통문화인 동시에 살아 있는 문화다. 유네스코는 산업화와 지구 변화 과정에서 급격히 소멸하고 있는 인류무형문화유산은 보호해야 한다는 인식으로 1997년 제29차 총회에서 '인류 구전 및 무형유산 걸작제도'를 채택하였다.

다시 2003년 총회에서 무형문화유산보호협약을 채택하여 무형문화재의 가치를 높이고, 국제적으로 공인하는 보호장치를 마련한 것이다. 협정 발효 이후 기존의 걸작으로 선정된 무형자산을 포함하여 협약에 따라 인류무형문화유산 대표 목록에 등재된다.

종묘는 그 건축양식이 독특함에 따라 문화유산으로 지정되었다. 조선시대 역대 왕과 왕비 등 신주를 모셔놓은 사당으로 가장 정제되고 장엄한 건물이다. 종묘제례악은 종묘에서 제사를 지낼 때 의식을 장엄하게 하려고 연주하는 기악과 노래, 춤을 말한다. 조선 세종조에 궁중 회례연에 사용하기 위해 만들었던 가악(保太平과 定大業)에 연원을 두고 있다.

보태평과 정대업 제례악의 간결하고 힘찬 노래는 위대한 국가를 세우고 발전시킨 왕의 공덕을 찬양한 내용이다. 타악기와 대금, 아쟁, 현악기 등 수많은 악기가 등장한다.[33] 세종 때의 용비어천가龍飛禦天歌가 250여 명의 악단으로 연출하는 방대한 오케스트라와 함께 대단히 중요한 유산으로 특히 외국인에게 자랑할 만하다. 우리는 다시 한번 문화민족임을 확인할 수 있게 된다.

한국의 인류무형문화유산 대표 목록으로는 판소리(2003년), 강릉단오제(2005년), 강강술래(2009년), 남사당, 영산재, 제주칠머리당영등굿, 처용무, 가곡, 대목장, 매사냥(2010년 다국적 유산), 줄타기, 택견, 한국의 전통무술(2011년), 한산모시짜기, 아리랑(2012년), 김장문화(2013년), 농악(2014년), 씨름(2018년 남북 공동) 등 2018년 말 현재 20건을 등재했다.

2012년 등재된 아리랑은 대표적인 한국의 민요다. 오늘날 방탄소년단/BTS를 통해 세계의 젊은이들이 애창한다. 아리랑은 형식은 간단하나 지역이나 시대에 따라 다양한 리듬과 선율, 사설이 발달하여 여러 세대에 걸쳐 구전으로 전승되어온 우리의 전통 가락이다.

특히 2013년에 등재된 김장문화는 김치를 주축으로 하는 한국식

---

33) 유네스코 인류무형문화유산.

저장 채소의 전형일뿐 아니라 가장 잘 숙성된 식품으로 점차 세계인의 사랑을 받고 있다. 김치는 어느덧 다국적 상품처럼 되어 등재경쟁이 있었으나, 우리의 숙성문화가 완벽한 승리로 이끈 것이다.

그리고 국내에서도 잘 알려지지 않은 인간문화재 등 유산이 너무많다. 조기 등재로 문화유산 보호는 물론 우리의 우수한 무형문화재가 향기 높은 품격 있는 관광의 초석이 되리라 의심치 않는다.

세 번째가 세계기록유산Memory of the World이다.

이 부분에 와서 대한민국의 유산은 단연 두각을 나타낸다. 등재목록 순위에서 1위 독일이 23건, 한국이 16건으로 4위이다. 아시아 지역에서 1위를 차지하고 있다. 중국 13건, 일본 7건을 능가하고 있을 뿐 아니라 그 내용이 뛰어나다.

그 첫 번째가 1997년에 등재된 한글이다. 1446년 세종 28년 새로 창제된 문자체계의 해설서가 '훈민정음訓民正音' 한글 해례본이다. 유네스코는 한글을 『환단고기桓檀古記』에 나오는 고조선의 전자篆字인 '가림토加臨土' 문자와 함께 세계문화유산으로 등재했다. 단기 153년 단군(가륵단군 BC 2180)이 삼랑 을보에 명하여 만든 '정음正音 38자'가 가림토 문자이다. 특이한 것은 유네스코가 4천여 년 전(BC 2180) 단군세기의 세계 최고 문자를 인정한 것이다.

한글과 같이 독창적인 새 문자를 만들어 공용 문자화한 사례는 유례가 없을 뿐 아니라, 과학적이고 간결한 문자로 누구나 2시간이면 배울 수 있는 간결한 문자이다. UN에서는 위대한 세종대왕의 업적을 기리기 위해 매년 각국의 문맹퇴치공로자에게 '세종대왕문화상Sejong Literacy Prize'을 수여하고 있다.

기록문화의 백미인 『조선왕조실록』(1997년), 금속활자 영인본

'직지심체요절直指心體要節',『승정원일기』(2001년), 팔만대장경판(2007년), 조선왕조 의궤(2007년),『동의보감』(2009년), 국왕의 일기로 공식적인 국정 기록이 된『일성록』(2011년), 5·18 민주화운동기록(2011년), 임진왜란 기간 중 이순신 장군이 군중軍中에서 쓴 친필본으로 23전 23승의 전투상과 지형지물의 상세한 기록을 남긴『난중일기』(2013년)', 새마을운동기록물(2015년) 등 고도의 가치를 지닌 기록유산은 대단히 자랑스러운 세계인이 공유하는 기록유산이다.

이 중에서도 '직지심체요절'은 세계 최초의 금속활자로 인쇄된 금속활자본이다. 직지는 부처와 고승들의 가르침을 정리하여 쉽게 선법의 핵심에 이를 수 있도록 하는 선禪 불교의 요체를 담고 있는 세계 최고最古의 활자본이다.

이 책의 상·하권 중 하권만이 프랑스 국립도서관에 소장되어 있다. 전권이 모두 보전되지 못하였으나 '직지심체요절' 하권 간기에 "고려 우왕 3년 1377년 7월 청주 흥덕사에서 금속활자로 책을 만들었음"을 명기(宣光 七月 日 淸州牧外 奧德寺鐵字印也)하고 있다.

직지는 우리가 알고 있는 독일의 구텐베르크(1450~1453)의 42행 성경(42Line Gutenbery Bible)보다 70여 년 앞선 것이다. 간기의 연대기와 인쇄 장소까지 명기되었을 뿐 아니라 한국의 인쇄술이 세계 인쇄사에 지대한 영향을 끼친 점들을 검증 절차를 거쳐 2001년 유네스코 세계기록유산에 등록된 것이다. 우리의 전통문화의 우수함을 다시 한번 과시할 수 있는 위대한 증거다.

2001년 초 러시아 소치에서 열린 동계올림픽의 개막식과 폐막식의 그 장대함, 러시아 역사와 전통문화예술의 감동, 톨스토이 등 12명의 러시아 문호들을 등장시키고, 차이콥스키 피아노 협주곡에 맞춘 퍼포먼스는 웅장했다는 평가다.

이에 비하여 한국이 주최한 2018 평창동계올림픽 홍보 영상이 빈약한 것으로 보여 평창동계올림픽을 걱정했다.

요즘 올림픽 등 빅 이벤트에는 역사와 문화예술이 자주 등장하고 있다. 가까이는 소치올림픽에서 보인 장엄한 러시아의 역사와 예술, 그리고 2012년 런던올림픽은 산업혁명을 내세워 세계의 근대화 산업화를 이끈 대영제국의 리더십을 자랑했다. 그 바로 앞의 2008년 베이징올림픽은 중국의 긴 역사와 그들 문화의 장엄함을 선포했다. 나아가 그들의 제지술, 만리장성 그리고 공자를 내세워 역사를 선도했음을 자랑한다.

평창은 이들 강대국의 역사 능력에 비하여 대한민국은 힘이 아니라 평화적이고 창조적인 유산 그리고 오랜 역사 문화민족임을 수십억의 지구인에게 선언할 수 있는 절호의 기회였다.

먼저 5천 년의 역사 속에 고조선과 고구려의 역사 영상물로 시작하여 한때 만주 벌판을 달리던 대륙국가 조상들의 기상을 드높인다. 우화 같은 동북공정에 대응하여 영토보다 고대 역사에 한민족의 지분持分을 선언해야 한다.

인조 석굴인 기하학적 석굴암, 세계 최초의 금속활자(직지심체요절)를 확인하고, 훈민정음 한글로 문맹 퇴치 가능성, 세종 때의 용비어천가를 실외악 오케스트라로 울려 웅장함과 고전적 감동을 재생한다. 그리고 난중일기와 최초의 철갑선 거북선을 앞세운 한산대첩(세계 4대 해전) 등 수없이 많은 세계의 관심거리가 있다. 오늘날의 분단 비극 DMZ 등 헤아릴 수 없이 많다.

88올림픽 때처럼 태곳적 정적을 깨는 굴렁쇠 소년과 같은 새로운 아이디어가 첨가되면 금상첨화다. 특히 고조선의 건국이념인 홍익인간弘益人間 정신의 전파 기회로 온 지구인이 절실히 요구하

는 평화의 이념 평화平和 DNA를 선포할 수 있는 지혜를 첨가한다
면 새로운 대한민국의 상징을 각인시킬 것이다.

평창은 위대한 대한민국의 오랜 역사와 문화 창조의 힘을 세계에
일괄해서 알리는 절호의 기회였다. 우리는 경제적 성공이 아니라
이제는 문화와 역사로서 대한민국의 정체성을 세계를 향해 확실하
게 하는 기회가 필요하다. 평창올림픽 이벤트 책임자에게 여러 번
건의했으나 타악하는 머리로는 용납되지 못한 듯했다. 언젠가 다
시 글로벌한 이벤트 기회가 온다면 베이징이나 소치처럼, 대한민
국의 도도한 역사와 찬란한 문명으로 세계인을 놀라게 할 수 있을
것이다.

살아있는 문화유산 명품 관광 자원의 소재

우리 뜻과는 무관하게 한반도 분단의 상징처럼 되어버린 경계가
또 하나의 인류유산이 되어 간다. 서해 어구에서 시작하여 반도를
가로질러 동해까지 248km(155mile), 폭 4km, 넓이 907㎢의 긴 회
랑이 남북을 가로막고 있다.

6·25 한국전쟁이 시작된 지 1년 만에 시작된 휴전회담이 1953
년 7월에 이루어진 정전협정에 따라 군사분계선에서 남과 북이 2
km씩 물러나서 만들어진 것이 DMZ(Demilitaized Zone)이다. 여기서
는 말 그대로 군대가 주둔할 수 없고 군사시설도 만들 수 없다.

이처럼 잠정 휴전이 67년을 맞이하면서 세계 유일의 생태공원으
로 인류유산으로 되어 가는 아이러니가 여기에 있다.

분단의 아픔과 막힘의 지연, 중무장 대치 상태의 완충지Bufer
Zone 기능을 해온 지역을 뚫어내는 막강한 힘이 필요하다. 다시 말

해 휴전협정 당사국인 중국과 북한, 유엔의 힘이 필요하다. 단순한 남북 문제가 아닌 동북아 지역의 지맥地脈을 트는 지역 평화의 발제이며 세계 평화의 상징성으로 접근해야 한다.

대통령의 미국 방문 시 미국 의회 상·하원 합동회의 연설에서 DMZ 내 세계평화공원계획을 선언하고, 방중 시에도 시진핑 중국 국가주석의 지지를 얻은 것은 중요한 절차이다. 유엔 반기문 사무총장의 지지와 지원도 중요했다.

2019년 5월, 남북 화해와 더불어 고성과 철원에 'DMZ 평화길'이 공개되어 동해선과 철원 백마고지 전적비와 감시초소/GP 등 수십 킬로미터 구간이 열렸다. 궁극적으로 평화시에 이르면 DMZ 전체에 걸친 생명 벨트를 구상함에서는 여러 모델을 생각할 수 있다.

독일의 평화공원은 베를린을 가로지르고 있었던 베를린 장벽이 있던 자리에 만들어진 마우어평화공원Maure Park 장벽 공원이 있고, 동·서독 국경 지역에 만들어진 그뤼네스반프Grunes Band 그린벨트를 들 수 있다.

그리고 스웨덴으로부터 90년간 지배를 받았던 노르웨이는 1814년 8월 스웨덴과 마지막 전투를 모로쿨리엔에서 불과 15km 떨어진 칼스타드에서 치렀는데, 1910년 7월 북유럽평화회의는 양국간 100년 평화를 기념하기 위해 두 나라의 국경에 모로쿨리엔 평화공원Morokulien Peace Park을 조성한 사례가 있다. 그러나 이들 공원은 분단국가의 통일 후 또는 전쟁이 끝난 후 국경에 조성되어 평화적 활동무대가 된 예이다.

우리의 경우는 이와는 다르다. 휴전 중 중무장 대치 상태에서 완충지역인 비무장지대(DMZ)를 평화 목적으로 활용함으로써 대치 국면의 긴장 상태를 완화하는 동기에서 출발하고 있다.

휴전 당사국의 동의와 평화조약이 아닌 휴전협정 아래서 가능할 것인지 남북 간 신뢰의 밀도가 상호 믿을 만한 것인가, 세계인들이 관심을 가질만한 보기 드문 독특한 생태 서식지가 개방으로 인하여 온전히 지켜질 것인가 등 매우 어려운 장애물을 극복해 낸다면, 새로운 세계 평화를 위한 승리 가도에 살아 숨 쉬는 인류문화유산이 추가될 것이다. 그러기 위해서는 궁극적으로 또 하나의 유네스코 유산으로 추가하는 길이 열려 있다.

Green tourism의 정수가 여기에 있다

녹색관광이라는 용어가 생소하게 느껴질지 모른다. 그러나 우리나라만큼 이 말이 적절하다고 느껴지는 곳도 없다는 아이러니가 있다. 수십 년간 인간의 발길이 닿지 않아 잘 보전되어 자연생태 공원화가 진행되며, 한편으로는 자연과 산업이 결합하여 청정에너지를 공급한다. 세계가 인정하는 자연생태계와 공인된 문화유산들도 정말로 훌륭한 관광명소가 된다.

●람사르 등록 습지와 자라나는 해안갯벌(습지)

람사르협약Ramsar Convention은 습지 보호와 이용에 관한 국제 협약이다. 우리나라가 협약에 가입하면서 제일 먼저 등록한 습지가 강원도 인제에 있는 대암산 용늪(1997년 3월)이다. 대암산 정상(1316m) 부근의 해발 1280m 지점에 자리 잡은 용늪은 한국 유일의 고층高層 습원일 뿐 아니라 세계적으로도 보기 드문 고산 습지로 알려져 있다.

1966년 비무장지대의 생태계를 연구하는 과정에 발견되었다. 멸종위기 1급인 산양과 참매와 삵 등 보호동물이 서식하고, 멸종 위기종 2급 식물인 기생꽃과 조름나물 등 200여 종의 다양한 식물이 자생하여 생명 가치가 매우 높아 1989년 자연생태계 보전지역으로 지정된 것이다.

용늪은 겨울이 길고 추워 여름에 자란 식물이 제대로 분해되지 않은 채 진흙과 함께 물 아래 이탄층痍炭層이 되어 겹겹이 쌓여왔다. 놀랍게도 이탄층에서 추출한 꽃가루를 분석한 결과 습지 생성 연대가 4500년 전으로 밝혀졌다.[34]

신비로운 습지 용늪은 DMZ에 인접한 민통선 안의 군사보호구역 지역이라 생태의 보고寶庫로서 자연사박물관의 별칭을 지켜나갈 것이다. 대암산 용늪 다음으로, 그 이듬해인 1998년 3월 우리나라 최대의 자연습지 우포늪이 등록된 이래 '대한민국의 람사르 등록 습지'는 총 18여 개소로 늘어났다.[35]

우포늪은 원래 소벌(牛浦)이라 불리면서 1억4천만 년 전 이미 공룡이 살았던 쥐라기 시대에 생성된 자연 늪지다. 나무벌, 모래벌, 사지포, 쪽지벌 등 네 개의 크고 작은 늪이 모여 있는 지역으로 축구장의 200배가 넘는 넓이다.

람사르 습지 등록 이후 완벽하게 보전되고 있는 사계절, 그리고 천의 얼굴을 가진 국내 최대의 내륙 습지다. 1500여 종의 생명체가 서식하는 야생 동식물의 낙원이다. 이처럼 우포의 가치는 무엇보다도 원시적인 생태계를 그대로 간직하고 있는 국내 최고의 원시 자연 늪이라는데 있다.

---

34) 대암산 용늪/한국관광공사 자료.
35) 대한민국의 람사르 등록 습지.

순천만 갯벌은 연안 늪지로 등록된 1호 람사르 늪지다. 우리나라 생태관광 1번지는 당연히 순천만이다. 순천만에서 람사르를 강조하는 이유는, 2006년 1월 등록 이후의 맹렬한 변화를 강조하기 위해서다. 한때 쓰레기처리장이 될 위험 속에서도 순천시와 환경단체들의 공적이 크다.

순천만 갯벌의 정비로 철새의 종류도 획기적으로 늘어나고, 갈대밭 면적도 늘어나 자연의 생태계 보상은 위대하다는 것을 보여주고 있다. 습지는 자연과 인간이 공존하는 순천자존順天者存, 즉 '하늘에 순응하는 자는 산다'는 것이 곧 순천만이다. 그 끝없이 펼쳐진 갯벌과 갯벌군락지는 세계적으로 보존 가치가 인정되는 희귀철새도래지이다.

대표적인 세 곳을 예로 들었으나 람사르에 등록된 한국의 습지는 모두 18개소이다. 모두 각기 특징을 가진 녹색관광의 진수를 보여주는 데 부족함이 없다.

녹색관광과 더불어 느리게 살기, 즉 슬로 시티Slow City 운동이 한때 화제에 올랐다. 우리나라에서 최초로 신안군 증도가 2001년 12월 아시아 최초 슬로 시티로 지정되었다.

신안 증도의 드넓은 갯벌은 자연상태의 원시성을 잘 보전하고, 생물의 다양성과 지질학적 가치 등이 인정되어 습지보전지역으로 지정된 후, 2011년 9월에 람사르 등록 습지가 되었다. 증도에는 국내 최대의 천일염 생산지로, 이곳 뻘밭 천일염은 특수 미네랄 등 대단히 질 높은 제품으로 장차 명품 소금의 가능성이 있다.

그런데 2010년 증도대교 개통으로 육속화되면서 관광객이 늘어났다. 느림의 멋이 사라진 슬로 시티가 되어 지난해 국제슬로시티연맹으로부터 재인증 보류 판정을 받는 현실에 직면하고 있다. 많은 섬의 연결 등 난개발은 섬 본래의 특성을 잃게 하고, 자동차 진입과 지나친 상업적인 활동은 람사르 등록 습지의 가치 보전을 어렵게 하고 있다. 지방자치단체의 개발 의욕도 중요하나 천사의 섬(1004섬) 자연 생태계 보전이 중요하다. 증도의 뻘소금을 세계의 명품으로 만들면 엄청난 대박 상품으로 보상될지 모른다.

녹색에너지 세계 최대 공급원과 녹색 관광

근세사에 인류의 삶을 바꾸어 놓은 기폭제가 된 것은 에너지 혁명으로, 전기가 보급되면서 새로운 산업혁명이 일어난다. 초기 석탄의 사용과 석유의 본격적인 보급으로 인류 문명은 비약적으로 발전한다. 그러나 엄청난 화석연료 사용으로 점차 지구는 몸살을 앓는다. 지구온난화와 화석연료의 고갈 등 인류의 지속성장이 어렵다는 결론에 따라 금세기 초에는 녹색성장Green Grouth, 녹색에너지Green Energy가 글로벌 키워드가 되었다.

대체에너지로는 지구상 어디를 가든 내리쬐는 태양열과 어느 곳에서도 부는 바람으로 청정에너지를 얻는다. 태양광 발전은 효율이 높은 사막지대의 대량생산이나 도시 가정 건물을 집광판으로 한 소규모 태양 발전은 모두 편리한 청정에너지다.

규모의 경제로 보면 발전을 거듭하고 있는 원자력 발전이 긍정적 대안으로 떠올랐으나 체르노빌, 스지 아일랜드섬, 일본 후쿠시마 원전 피해를 거치면서 반원전의 물결이 거세졌다. 이제 숨은 대양大洋의 힘이 남아 있다. 공해 없이 대량으로 지속적으로 전력 생산이 가능한 시스템이 바다의 힘이다. 조력과 조류 그리고 파력발전이 그것이다. 사실상 우리나라가 가진 바다의 에너지 자원이 세계 최대의 조력발전 후보지다.

● Green Energy 융복합발전의 테마 관광

우리나라는 석유자원이 없는 대신 원자력 발전 의존율이 한때 30%를 넘는 세계적인 원전 대국이다. 그리고 조력발전소가 늘어나는 경우, 대량 전력의 생산과 소비의 시간 차이로 미스매치가 예상된다.

원전은 발전이 시작되면 임의로 조절이 어려워 밤의 시간대에는 잉여전력이 생긴다. 생산과 소비 사이의 잉여전력 및 유효전력을 모두 모아 산정상에 저장하는 에너지 전환장치를 만들어 놓았다. 전력 에너지를 물 에너지로 바꾸어 산정의 상조댐에 물을 퍼 올려 놓았다가 필요한 시간대에 내려보내 전기를 생산한다.

발전용량 규모가 큰 것은 양양 양수발전소가 100만kW로 가장 크다. 그보다 규모가 작은 곳으로 서울에서 가까운 청평댐 부근에 있는 호명호虎鳴湖에서 내려보내는 양수발전소다. 해발 580m의 산정에 만들어진 인공호수에 물을 퍼 올렸다가 필요하면 발전을 시작한다.

상부댐에서 내려다보는 하부댐의 경관은 너무나 아름답다. 이곳은 외국인이 자주 찾는 남이섬이 부근에 있고, 쁘띠 프랑스의 이색적인 마을도 둘러볼 수 있는 아름다운 관광지다. 그 중에서 호명호에서 하부댐(발전소는 지하에 있음)의 경관이 탁월하다.

자동차로 쉽게 접근할 수 있는 곳으로는 무주 양수발전소를 들 수 있다. 무주 적강산 정상 부근에 만들어진 상부댐 적상호에서 하부댐 무주호 지하발전소까지 589m의 낙차로 60만kW의 전력을 생산한다.

이곳에는 사적이 많다. 안국사와 사고史庫가 산 정상에 있고, 적상호의 낙조전망대에서 보는 경관이 멋지다. 자동차로 조금만 가면 덕유산 콘도라로 향적봉(1614m)의 정상에 올라 삼남 일대를 조망할 수 있다.

이 두 곳은 쉽게 접근할 수 있고, 현재 준비된 양수발전소는 7개소에 480만kW에 달하는 양수시설 용량을 자랑한다.

이 지혜로운 설비들은 불안전하고 조절하기 어려운 조력전기와 원전을 묶어서 양수 발전설비와 융합하여 물 에너지와 전기 에너지를 교호 전환하는 꿈의 삼각시설이 가동되고 있다.

대량 원전과 조력전기, 양수발전의 효율적인 가동을 보장하는 새 기술이 실용화하고 있다. 스마트 그리드Smart Grid, 지능형 전력망의 도입으로 콤비네이션을 이룰 것이다.

서해에 부존하는 한계 자원이었던 바다의 에너지는 세계 제일의 가치를 지니고 있다. 조력발전과 원전 그리고 간헐적인 바람과 태양광 발전의 사용 시차 조정 등 유휴전력을 재생하는 양수발전의 3합은 세계 초유의 대단위 청정에너지 융복합 지역으로 부상하면서 Green Energy의 새 표준, 관광 교습장이 될 수도 있다.

건설 코스트는 다른 개념이 된다. 시화호의 경우와 반대로 생각하면 된다. 방조제로 인한 갯벌의 손상을 우려하고 있으나 이것도 시화호가 반면교사다. 통수 이후의 물 정화와 갯벌의 복원은 정상적으로 이루어졌다. '원전이 더 필요하지만 내 집 근처의 핵폐기물 저장시설은 싫다(NIMBY). 조력발전에 대해서는 그래도 괜찮다. 다만 내가 좋아하는 바닷가 뻘밭에 그렇게 큰 조력발전기가 설치되지 않는다면 말이다.'

"그러기 때문에 그린 혁명을 이끌기 위해서는 무엇이든지 두려워하지 않는 대통령이 필요하다."[36]라고 했다. 우리만이 가진 자연의 힘을 활용하는 용기와 지혜, 그리고 결단력이 필요하다. 풍력도 마찬가지다.

만약 강화-영종도의 큰 조지潮池가 만들어지면 그곳에 대량 풍력발전기를 설치할 수 있다. 바다와 바람의 대자연의 힘을 이용한 세계 최대의 시설들이 인천공항 아래쪽에 펼쳐진다면, 진정으로 한국은 최대의 Green Energy의 메카 최고의 교육 관광지가 될 것이다.

36) 토머스 프리드먼, 최정임 역, 『코드그린Code Green』, 21세기북스, 2008, 572쪽.

제3장 | 분단의
역사와
민족
정체성의
회복

1 잃어버린 민족의식, 분단의 고착화

분단의 원인, 소련의 야욕과 미국의 오산

우리 민족은 오랜 역사 속에서 부단한 외침外侵(900회 이상)으로 많은 참화를 입으면서 밀리고 밀어내는 수많은 전쟁을 치러왔다. 하지만 외부 세력의 무력 진주로 분단된 역사는 2차 세계대전 이후 처음 나타난 현상이다.

우리나라는 일제의 압제에서 벗어나 망명 중 중국 대륙에서의 임시정부 수립과 독립군의 군사 활동으로도 2차 세계대전의 전승국 반열에 들지 못하고 나약한 약소국의 모습으로 광복을 맞이했다.

자기 운명을 스스로 알지 못한 채 열강의 바둑알처럼 던져지고 나누어지는 운명을 감수하는 슬픈 역사를 제대로 알고 대처하면서 미래를 내다보는 눈이 중요하다.

진주만 기습(1941년 12월 7일)으로 태평양전쟁이 시작된 이래, 미국은 일본의 후방인 소련의 참가를 생각하고 있었다. 미국이 대일본 참전을 공식적으로 요청한 것은 1943년 10월 모스크바 미·영·소 3국외상회의, 즉 3상회의 때였다.[37] 미국의 소련 참전 요청은

---

37) 이주영, 『대한민국의 건국 과정』, 건국이념보급회출판부, 2013.

그 뒤(1944. 10.)에도 있었으나, 그때도 스탈린은 독일 항복 3개월 후에나 가능하다고 미루었다.

연합군이 소련의 대일전 참가를 요청하는 과정에서 나타난 소련의 참전 대가 문제가 제기되었다. 1943년 11월 테헤란회담에서 그 윤곽이 드러났다.

소련은 먼저 1904년 러·일전쟁에서 잃은 영토와 이권을 되찾은 것이다. 즉 사할린 남부와 쿠릴열도를 되찾고, 대련大連(다롄)이 포함된 요동반도에 대한 조차권租借權 등 만주 일대의 이권을 되찾은 것이다. 이와 같은 소련의 요구는 1945년 3월 알타비밀협정을 통해 미국과 영국으로부터 모두 인정받았다. 중국과는 논의하지 않은 채 비밀리에 합의한 것이다.

소련의 대일전 참전 문제를 논의하는 과정에서 한반도 문제가 제기된다. 1944년 10월, 처칠이 모스크바를 방문했을 때 처음으로 드러났다.

소련은 배석한 주소련 미국대사 해리만에게, 소련이 일본군을 공격하게 될 때 한반도 북부를 작전구역에 넣겠다는 의사를 밝혔다. 만주의 일본군이 본국으로 가는 길을 막기 위해 함경북도의 웅기·나진·청진 등의 항구를 점령하겠다는 것이었다. 이러한 소련의 요구에 대해 미국은 명백히 반대 의사를 표명하지 못했다. 그 때문에 소련군의 한반도 진입을 묵인한 결과가 되고 말았다.[38]

2차 세계대전의 유럽 전선은 1945년 5월 8일 독일의 항복으로 끝이 났다. 1945년 7월 17일부터 8월 초까지 베를린 교외의 포츠담 궁전에서 전후처리 문제 협의를 위한 회담이 열렸다.

미국은 루스벨트 사망으로 승계한 트루먼 대통령이, 영국은 보수당을 물리친 노동당의 에틀리 수상이 참석했으며, 소련은 종전

---

38) 앞의 책 29쪽.

대로 스탈린이 참석했다.

소련은 테헤란회담, 얄타회담 그리고 포츠담회담에 참가하면서 미국과 영국으로부터 1904년 러·일전쟁의 실리뿐 아니라 한반도에 발을 들여놓는 새로운 기회도 확보했다. 소련은 독일이 항복하자 서둘러 군대를 극동으로 이동, 8월 초 극동군은 157만을 넘어 일본 관동군을 압도했다.

1945년 8월 6일 아침, 세계 초유의 원자폭탄(플루토늄탄)이 일본 히로시마廣島에 떨어졌다. 8만 명을 즉사시키는 위력을 본 소련은 서둘러 8월 8일 오후 대일 선전포고를 하고, 만주의 일본군을 공격하기 시작했다.

8월 9일, 다시 원폭이 나가사키長崎에 떨어지자 일본은 8월 10일 항복 의사를 연합국 측에 알렸다. 일본 천황의 항복일이 8월 15일이므로, 소련은 참전 6일 동안 싸워 전승국이 되고 막대한 전리품을 챙긴 것이다.

소련은 8월 10일 항복 의사를 밝힌 무저항의 일본군을 밀어내고 만주 일원과 한반도 전체를 점령할 태세였다. 그러나 미군은 너무나 먼 오키나와(800㎞)에 도달해 있었다. 상황이 다급해진 미국은 소련에 대해 한반도 공동점령共同占領 안을 제시했다.

소련의 남진을 막기 위해 북쪽에서는 소련군이 일본군 무장 해제를 맡고, 남쪽은 미군이 맡도록 제안한 것이다. 38도선은 한반도를 지나고 있을 뿐 아니라 서울이 미군 지역에 있다는 장점이 있었다.

그러나 놀라운 사실은 미국의 공동점령 제안을 스탈린이 받아들였다는 사실이다. 스탈린은 일본 본토의 일부라도 점령하기를 희망했던 것으로 알려졌다. 그러나 미국은 이를 허용치 않았기 때문에 일본은 미국만이 점령하게 된 것이다.

그 결과 일본은 패전국이면서 독일과 달리 국토가 분단되지 않는 행운을 얻었다. 분단의 징벌은 엉뚱하게도 패전국이 아닌 한반도에 내려진 것이다.

미국의 공동점령안은 일본군의 무장 해제를 위한 군사적 편의로 제안한 것이지만 소련의 의도는 전혀 달랐다. 헝가리·루마니아 등 동구권처럼 북한에 단독 정부를 세워 공산화할 계획을 가지고 있었다. 1945년 9월 14일, 평양의 소련군사령부가 발표한 "인민정부 수립 요강"이 그것이다.

1945년 9월 20일, 다시 모스크바로부터 내려온 수정 지령은 남한과 연결된 철도와 전화·전기를 끊고 북한에 단독정부를 세우라는 지시였다. 미국이 소련과 협의하여 남북통일 정부를 세우려는 계획과는 전혀 다른 것이었다.

9월 20일 스탈린의 지시는 비밀이었고, 오랜 시간(50년)이 지난 후 정보 공개에 따라 1996년에서야 그 진실이 밝혀진 것이다.

우리 역사상 한반도 분할 기도의 역사

● 나당밀약羅唐密約

우리는 원래 대륙국가였음을 앞에서 설명했다. 대륙과 한반도에 걸친 광역국가이면서도 주변국과의 부단한 마찰과 전쟁이 끊이지 않았다. 고조선시대를 지나 3국 시대에 와서도 북방의 강대한 고구려와 서쪽의 백제와도 대립하면서 약체 신라의 김춘추는 청병請兵 외교에 나선다.

중국 대륙을 평정한 수나라도 고구려 공략으로 국력이 쇠약해져 무너지고 당나라가 뒤를 이었다. 당시 글로벌 강국인 당 태종도 고구려의 침략을 감행했으나 실패했다. 당 태종을 만나러 간(648년)

김춘추는 당 태종의 심리적 상황과 강력한 고구려 협공을 위해서도 신라의 협조가 필요한 정황 등을 감안하여 간곡한 요청에 따라 출병을 허락한다.

당시 당 태종이 김춘추에게 한 약속이 671년 9월 당나라 총관 설인귀가 문무왕에게 보낸 편지에 나와 있다. 고구려와 백제를 평정하면 평양 이남, 즉 대동강 이남 지역은 모두 신라가 다스린다는 계책이었다. 하지만 김춘추와 당 태종의 밀약은 태자인 고종高宗으로 이어진다.

이 첫 번째 분할 약속은 한국사의 매우 중요한 분수령이 되었다.

태종무열왕(김춘추)과 문무왕은 당의 신라 지배 야욕을 물리치고 신라의 영역을 패강(오늘의 청천강)까지 넓혔다. 신라의 대당 승리는 값진 것이었다. 을지문덕 장군이 수나라 대군을 격파한 곳이다.

안시성 전투에서 세계 강국 당 태종을 물리친 것은 세계사적인 대사건이었다. 여타의 분할 계획 시도와는 달리 당사자인 신라와 외세 당나라가 스스로 분할을 약속한 것이 된다. 공교롭게 그 분할선이 한반도 안으로 들어와 대륙의 영지를 잃어버린 결과가 된다. 그래도 고구려의 유민들을 규합해 뒤를 이은 발해(대진국)와 통일 신라가 수세기 동안 남북국시대를 이어 간다.

● 명나라·일본 간의 밀약 화의 7조

1592년 4월 13일, 동래부 대대포 응봉봉수대應峰峰燧坮에서 왜선 700여 척이 대마도를 출발해 부산포로 향하고 있다는 보고가 경상·전라 감영監營과 도성에 전달되면서 임진왜란이 시작된다.

일본은 내국을 통일한 토요토미 히데요시豊臣秀吉가 대륙 침공을 구체화(1587년경)하기 시작했다. 왜는 외교적인 노력으로 정명가도征明街道, 즉 명나라를 정벌하는 길을 열어달라는 오만한 요구를 해오고 있었다.

이에 조선 조정은 황윤길을 통신사로, 김성일을 부사로 보냈다. 받아 온 답서(1591년 3월)에는 외교 관례상 무례하고 침략 의도가 명백한 어휘를 놓고 조정에서 설전을 벌어졌다. 정·부사의 상반된 귀국 보고 중 전쟁이 없을 것이란 의견을 좇은 것이다.

같은 해 한 달 늦게 일본 사신 일행이 가도입명街道入明 통고에 놀란 조정은 그해 5월 일본의 서계 내용과 왜국 정세를 명나라에 알리는 법석을 떨었으나 그 대비를 제대로 하지 못했다.

전쟁을 시작한 왜군은 파죽지세로 함경도에서 평안도까지 진격했다. 이에 선조는 몽진 중에 명나라에 구원을 요청한다. 명나라는 조선 땅에서 왜군을 격퇴해야 한다는 판단으로 결국 파병을 결정하고, 장수 이여송李如松 등 4만5천 명의 동정군東征軍을 이끌고 평양성 탈환에 일조한다.

한양성을 향하던 명나라군이 벽제관 전투에서 패배함으로써, 고립된 권율 장군이 행주산성에서 배수진을 치고 격전 끝에 왜군을 물리쳐 임전 3대첩의 기록을 세웠다.

임진강을 끼고 조·명 연합군과 대치하고 있을 때 지친 일본 측 제의로 강화회담이 시작된다. 조선의 강한 반대에도 불구하고 명나라의 적극적인 호응으로 회담은 진척되는 듯했다. 그러나 임진년 왜란이 일어난 다음 해 6월, 일본이 명나라에 보낸 강화조건 7가지 중 조선의 분할안이 나와 있다.

조선 8도 중 임진강을 중심으로 북 4도는 명나라가, 남 4도는 일본이 각기 분할 점유한다는 제안이다. 소위 명·왜 간의 "화의 7조의 밀약"이다. 그러나 조선의 극적인 반대와 더불어 이순신 장군의 완벽한 제해권 장악과 살신성인 정신으로 왜군의 퇴로까지 막아

전세를 뒤바꾸면서 일본의 분할 기도는 성공하지 못한다.

● 러·일간 분할 기도의 역사

우리나라는 대륙과 해양의 접속 국가로서 대륙 쪽에 기반을 두고 해양으로 문명을 이전해 왔다. 해양 쪽이 낮은 문명 수준에 머무는 동안 문물과 더불어 많은 유민이 일본열도로 흘러 들어가 사실상의 분국 체제가 이루어져 있었음을 고증하는 학자가 많았다.

그러나 일본은 16세기경부터 부분적으로 개방되면서 포르투갈로부터 소총 등 앞선 서양 무기를 도입하는 등 힘을 길러 거꾸로 대륙 쪽을 넘보게 된다. 임진왜란 때 명나라의 출병으로 마음대로 되지 않자 명·일 간에 조선의 분할론이 나온 것이다.

근세에 이르러 또 하나의 세력이 추가된다. 1860년 10월 체결된 북경조약으로, 중국으로부터 연해주를 넘겨받은 러시아는 만주지역의 이권 개입 기반이 만들어졌다.

1894년 7월 25일부터 다음 해 4월까지 청과 일본이 조선의 지배권을 놓고 싸운 전쟁에서 청이 패해 1895년 4월 17일 강화조약 시모노세끼 조약이 성립된다.

주요 내용은 '청나라는 조선에 대한 종주권을 포기한다. 청은 타이완 섬과 요동반도 등을 일본에 할양한다. 개항과 일본의 통상 특권을 인정하여 배상금 2억 양(당시 일본 예산의 4년 반에 해당하는 거금)을 일본에 지불한다' 등이다. 그러나 조선에서는 명성황후의 요청으로 러시아가 새로운 세력으로 등장한다.

1896년 6월, 재정 러시아 니콜라스 2세의 대관식에 참석한 일본 외상 야마가타山縣有朋와 러시아 외상 로바노프Romanov 간의 회담에서 다시 조선의 분할 논의가 제기된다. 조선 문제에 대한 공동 간섭을 내용으로 하는 로바노프·야마가타 의정서를 체결하였다.이때 일본 외상이 제안한 북위 39도선 국토 분할안을 취소하는 대신, 향후 필요한 경우 러·일 양국이 조선을 공동 점거할 수 있다는 데 합의한 것이다.

조선에서도 민영환 특명전권공사가 축하 사절로 현장에 파견되어 있었으나, 우리 운명을 놓고 비밀협상을 벌이고 있다는 사실조차 알지 못했다. 그러나 몇 차례 계획된 러·일 양국 간의 외상 회담은 끝내 결렬되었다.

고종 황제의 아관파천俄館播遷[39]으로 러시아로서는 굳이 일본의 제안을 받아들일 이유가 없었기 때문이다.[40]

마지막으로 2차 세계대전의 처리 과정에서 1945년 2월 4일 독일처리에 관한 얄타회담에서 연합국 수뇌들이 모여 협의하는 과정에서도 한반도 문제가 논의되었다. 소련의 대일본 참전과 전후 한반도의 신탁통치를 거쳐 독립한다는 내용이 논의된 것이 소련군의 진입과 38선의 분단의 빌미를 제공한 것이다.

임란 때의 명·왜 간의 영토 분할 획책을 비롯하여 청·일전쟁 이후 등장한 러시아와 일본이 주고받은 분할 책동 등이 당시에 성공하지는 못했으나, 우리 조정은 소외된 채 강대국의 흥정이었다는 공통점이 드러났다.

2차 대전의 전후처리 문제로 등장한 얄타회담도 당시 러·일 간의 불가침 협정 아래 있던 러시아 참전은 비밀협정이었고, 한국 문제는 주요 의제가 아니었다. 신탁통치 후 독립선언 형식으로 논의되었으나, 신탁통치의 덫에 걸려 소련 참전이 한반도의 진주로 이어지면서 한반도 분단이 허용된 것이다.

---

39) 1896년 2월 11일 친러세력과 러시아 공사가 공모하여 비밀리에 고종을 러시아 공사관으로 옮긴 사건.
40) 홍일식, 『나의 조국 대한민국』, 동서문화사, 2014, 195쪽.

분단의 책임론과 결자해지

● 일본의 원죄와 국방 포기의 자성론

한민족이 대륙 시대를 지나 통일신라 이후 대륙과 분리된 이후에도 항상 문명적 상류High Stream에서 해양지역을 관리해왔다. 고전적 해양세력인 일본은 문화적 수혜자이면서도 부단히 약탈하고 침략해온 해적 행위의 왜국 근성을 버리지 못했다.

삼국시대 이후 한국의 많은 유민이 일본으로 들어가 왜국 문명의 형성기에 엄청난 영향을 준 흔적이 너무 많다. 그런데도 일본의 후세 역사가들은 이를 뒤집어 한국 경략의 역사를 적고 있다.

그 좋은 예시가 신공황후 이야기이다. 백제 왕녀의 일본 진출과 왕조의 지배를 거꾸로 신공황후를 한국 공략의 전형으로 기록하고 있다. 그들의 침략 근성은 한국 내에 임나일본부任羅日本部를 설정하고 있으나, 실제로는 임나일본부는 일본 안에 있었다는 고증에는 함구하고 있다.

15세기 일본이 수많은 번藩을 통합하고 서양문물에 선접先接하면서 힘을 기른 세력이 드디어 대륙을 넘보는 세勢로 변한다. 이들이 대륙 침략의 전초지로 한반도 공략에 나선 것이 임진왜란이다.

미리부터 10만 양병을 주장했던 율곡 이이의 충언을 듣지 않았다. 일본 정탐 사절의 황윤길과 김성일의 의견 중, 일본을 과소평가하고 전쟁 징후를 눌러버린 김성일 의견을 들은 무능한 조정이 이듬해 대란을 불렀다. 준비 없이 안이한 국방력으로는 나라를 지키지 못한다.

임란을 겪으면서 한반도의 지정학적 중요성이 부각된 것은 역사의 아이러니이다. 해양세가 대륙 진출을 하거나 대륙세가 해양화로 나가는 그 길목이 한반도를 지나가야 하는 곳으로 되어버렸다.

한말의 청·일전쟁과 러·일전쟁이 전형적인 대륙세와 해양세의 충돌에서 일어난 전쟁이었지만, 우리는 주도적인 국방 능력없이 양대 세력에 휘둘리는 모양새가 되었다. 그리고 이들 전쟁의 승자 일본이 강압으로 한반도를 지배한다.

일본제국은 한국을 단순한 식민지보다 그들 국토의 연장(皇土)과 내선일체內鮮一體의 정착으로 한국을 일본 식민화하는 강압적 수단들을 동원했다. 역사를 조작하고, 말과 글을 빼앗고, 창씨개명創氏改名으로 성까지 빼앗는 한민족 말살 정책을 강화했다.

2차대전 말기 독일의 항복으로 유일한 기축 국가이면서도, 오판으로 항복의 시기를 놓쳐 소련의 한반도 개입을 유인하는 결과를 만들었다. 일본은 식민화의 한에다가 국토 분단의 원인을 제공한 무거운 원죄를 면하기 어렵다. 일제 점령과 공산 치하 70년을 질곡 속에서 고생하는 북한 주민에 대한 그들의 죄악에 대한 진솔한 사죄도 듣지 못한다.

한반도 분할의 책임 문제는 일본의 원죄와 남하정책으로 빚어지는 러시아 흉계의 덫 그리고 미국의 병약한 루스벨트 대통령의 러시아 참전 집착에서 오는 실수 등이 복합적인 요인으로 거론된다. 그러나 본원적으로는 우리 내부의 문제가 더 크다. 역사적인 배경과 지정학적 조건의 변화를 읽어내지 못한 무능한 탓이 크다.

전쟁 위기를 말하는 쪽에 민심을 어지럽히게 하는 것이라고 배척하고, 군비 축성 등 대비책에 대해서는 백성을 괴롭힌다는 이유로 실행치 않았다. 1592~1598년의 임진왜란의 참화는 이순신 장군의 완벽한 제해권 장악과 끝까지 왜군을 몰아내는 해전에서 장렬하게 죽음으로 끝났다.

임란이 낳은 또 하나의 영웅 류성룡의『징비록』, 철저한 반성에도 불구하고 무국방·무방비 상태에서 불과 30년도 지나지 않아 또 다시 후금의 침입으로 정묘호란을 맞는다.

임란 과정에서 명나라의 참전으로 약해진 틈을 타고 성장한 후금이, 후방 세력인 친명 조선을 징벌하여 '형제의 의'를 맺고 돌아갔다. 그러나 자주방어 능력 없이 계속해서 친명정책을 답습하는 것을 보고, 다시 1636년(인조 14년) 청 태종이 직접 군사 20만을 몰고 들어온 것이 병자호란이다.

영화 '남한산성'에서 항거하던 인조가 평복 차림으로 나와 잠실벌 삼전도에서 청 태종 홍타이지에게 3번 무릎을 꿇고 9번 머리를 조아리는 '삼궤구고두三跪九叩頭'의 항복 예를 치른다. 외치에 무능한 인조는 목숨을 구하고 왕권을 유지했지만, 친명항청親明抗淸의 벌로 수십만 명의 아녀자가 포로로 끌려갔다. 호족에게 당하면서 우리 강토의 많은 유적이 파괴되고 민족의식이 짓밟혔다. 그러나 거기서 끝나는 것이 아니었다.

영화에서는 가장 중요한 사실史實은 기술하지 않았다. 삼전도의 치욕 이틀 전에 맺은 항복문서 '정축약조丁丑約條'가 있다. 청의 11개 항에 달하는 요구조건에 서약하는 조약이다.

이 약조의 치명적인 부분이 제5항의 신구축성新舊築城을 금지한 조항이다. 성을 쌓지도 고치지도 말라는 요구는 공성전攻城戰을 주로 하던 시대에 나라를 무방비로 내버려 두라는 것이나 다름없었다. 이는 곧 국방을 포기하는 것으로 나라가 망하는 길이다. 그리고 청나라에 포로로 잡혀간 사람들이 도망쳐 조선으로 돌아올 때 되돌려줘야 한다는 조항은 인권의 문제이자 자존심의 문제였다.

이렇듯 국권 포기와 인권을 짓밟은 조약은 유래를 찾을 수 없다. 이때부터 1894년 청·일전쟁으로 청나라가 패퇴하기까지 250여 년간 족쇄를 벗지 못하고 약체 대한제국에 이른다.

거듭 반복되는 외침에도 사대주의와 내부 균열로 국론 합일 없이 튼튼한 국방력을 키우지 못하고 무방비 상태에서 당하기만 하는 역사가 반성 없이 이어진다. 정축약조는 1910년 경술국치庚戌國恥와 더불어 1637년 정축국치丁丑國恥로 부를 만큼 국권을 말살하는 조약이었다.

간헐적으로 북벌론이 있었을 뿐 대륙세나 해양세에 적극적으로 대처하는 자주국방 자강능력이 부족했다는 자책론이 강렬하다. 해방 정국에서도 내부 분열과 민족 내부 싸움을 보아온 열강이 자치 능력을 이유로 신탁통치 안이 나온 것도 우연한 일이 아니다.

● 결자해지, 자강 대비 계획의 제도화

우리나라가 대륙국가였던 시절, 고구려 700년 역사 중에 중국 대륙에는 수많은 왕국이 명멸했지만, 고구려는 인접 국가와 당당히 맞섰다. 수나라와 당나라의 백만대군을 물리친 고구려의 방어 능력과 기백은 이웃 대국들을 두렵게까지 만들었다. 이후 왕조들은 뒤늦은 해양세의 성장에는 매우 취약했다.

해양국가의 진화를 무시한 듯 정보 부족과 내부 분열 상황이 대응능력을 매우 약하게 만들었다. 임진왜란 같은 대륙세와 해양세가 부딪칠 때 전쟁터가 되면서도 참전국 명明은 일본과의 밀담 회담을 계속한다.

이처럼 조선을 따돌리고 분할 밀담을 나누는 모습은, 오늘날에도 미·중, 미·일 그리고 북·미회담까지, 비슷한 현상인 코리아 패싱Korea Passing이 일어나고 있다.

2차 세계대전 마무리 단계에서 한국의 장래 문제를 다루는 데서도 분열 양상을 알고 있고, 열강이 신탁통치 안을 논의한 것도 자주·자강 능력이 부족함을 감안하여 일정 기간 뒤에 독립시킨다는 것이 주제가 되기도 했다.

분단 문제는 명백한 분할 결정이 없었으나 루스벨트 대통령의 대러 집착과 소련의 흉계, 미국의 실수 및 일본의 오판 등이 복합적으로 이루어진 결과였다.

그러나 미국의 의도와 달리 소련 스탈린은 애초부터 동구권처럼 한반도의 공산화 흉계를 치밀하게 진행했다. 한반도 진주 시에 34세의 김영주(김일성)를 앞세우고 진입함으로써 남하정책과 공산 위성국 체제를 완성시킨 것이다.

소련의 한반도 강점 사태를 막고자 한 것이 미국이 제시한 38도선 공동점령안이다. 그런데 스탈린이 이를 받아들이면서 분단의 원인을 제공한 것처럼 되어버렸다. 이처럼 소련의 흉계는 미국의 실수에 일본의 원죄가 더해졌으며, 6·25를 통한 중국의 러시아 대체로 4강이 우리 분단 사태에 자유롭지 않은 모양이 된다.

6·25 전쟁의 내전을 거치며 동족상잔의 상처가 깊어졌다. 분단의 높은 장벽 DMZ는 지구상 최고의 긴장지역으로 남아 남북 간 중무장 상태로 벽을 쌓아 놓고 있다.

거기에다 북은 핵 개발과 대륙간탄도무기/ICBM까지 개발하여 미국과 맞서려는 사태에 이르렀으며, 분단 사태도 단순한 한국의 문제를 떠나 본질적으로 세계적인 이슈가 되어버렸다.

북한의 핵 보유는 한반도의 정세를 완전히 바꿔버린 결과를 가져왔다. 그동안 많은 예산으로 쌓아 올린 첨단무기와 방어적 전략자산도 핵무기와 대응할 수 없는 비대칭 상태가 된 것이다. 이는 공정한 회담이나 담판이 이루어질 수 없는 상태이다. 쉽게 말해 공포의 균형을 회복하는 길은 우방 미국의 핵우산이 있다 해도 그 이용이 용이하지 않을 수 있기 때문이다. ICBM+핵폭탄이 현실화하면 미국 본토가 위협받는 상항에서 우방 방어의 한가한 전략이 가능할지 의심스럽다.

전략 핵과 핵 공유협정 등 여러 방어 목적의 핵 전략이 등장할 것이다. 궁극적으로는 자체 핵무장을 통해 홀로 서는 길을 가지 않을 수 없다. 이는 미국의 전략가인 브레진스키가 남긴 세 가지 옵션 중 하나다. 그러나 북한이 핵을 가진 한 해법 또한 간결하다. 핵은 핵으로만 대응된다는 결론이다.

한때 동독지역에 소련이 스커드 미사일 등 대량살상무기를 들여놓자, 서독은 점령국의 반대에도 미국을 설득하여 대응 첨단장비를 들여와 군사적 평형을 잡은 뒤 대등한 실력으로 회담을 추진하여 동·서독의 통일을 이룬 사례가 있다. 우선은 동맹국 미국에 의존하되 핵무장에 대한 대비 계획을 갖고 조용히 진행하는 길만이 사는 길이라는 것을 알게 된다.

나라의 어려움은 외세도 문제지만 내부의 이념적 편향성에 따라 다툼이나 분열이 더 큰 해악일 수 있음은 역사의 교훈으로 능히 알 수 있다.

앞으로 외교와 국방 그리고 통일 문제는 국민적 합의, 즉 각 정당이 합의하고 국민(국회)이 추인하는 형식으로 정권이나 정부가 바뀌어도 일관되게 추진하는 제도 발전이 이루어져야 할 것이다.

역대 왕조의 분할 저지, 외교적 성취가 빛난다

고구려를 이을 고려가 일어나면서 태조 왕건은 고구려 승계를 국시로 삼았다. 고구려를 이어받은 발해는 거란을 통일하고, 요遼를 건국한 야율아보기耶律阿保技(872~926)가 발해를 침공해 멸망케 한 것으로 기록되었다. 고려 태조 왕건은 발해의 복원을 기도하며 이때부터 북벌정책이 옛 고구려의 승계 의례가 되었다. 태조, 혜종 그리고 3대 정종에 이르기까지 광군光軍조직으로 북방정책을 유지해 왔다.

● 서희徐熙의 담판 외교

고려 초기 만주지역에서 점점 강성해진 요(거란)의 소손녕이 이끄는 대군이 쳐들어 왔다(성종 12년, 993년). 전세가 불리해지자 항복하거나 거란의 요구대로 할지론割地論이 대세가 되었다. 할지란, 거란의 요구대로 서경西京 이북의 땅을 떼어주고 화해하자는 주장이다.

고려 조정의 의견이 할지로 기운 상태에서 서희는 싸워보고 뒤에 협상해도 늦지 않다(先投成後協商)는 대안을 제시하고, 성종의 재가를 받아 대담한 외교 담판에 들어간다.

서희는 중군사中軍使로서 적장 소손녕과의 담판을 통해 할지가 아니라 오히려 강동 6주 280리를 할양하고 철군하는 사례는 역사상 유례없는 사건이었다. 이 어려운 강자를 상대하여 어떻게 가능했는지를 살펴보자.

먼저 서희는 배포와 국제 감각이 뛰어난 상상력을 근거로 상대를 꽤 뚫어 보는 협상 능력을 발휘한다. 거란은 중원 송末과의 전쟁을 위해서 후방세력을 정비하는 것이지 복속을 위한 침공이 아님을 간파한 것이다.

서희가 소손녕에게 요구한 조건은, 송과의 관계는 단절 후 거란과의 사대 관계를 받아들이고, 고려는 옛 고구려 땅 강동 6주는 고려가 승계해야 사대 우호 관계가 지속된다는 논리로 소손녕을 설

득한 것이다. 즉 명분과 실
리로 협상을 성공적으로 이
끌었다. 또한 고려 왕건 이
래 고구려 계승의 북방정책
은 꾸준히 추진함으로서 탄
탄한 국방력을 확보하고 있
었다.

3국 통일 후 국호를 고려
로 정하는 국가 비전을 실천

외교안보교육원 앞뜰의 서희 동상

하는 고려군에 대한 서희의 신뢰가 협상 성공의 기반을 이루었을
것이다.

이후 송나라와의 교류 등을 이유로 3차례나 침입해 왔으나 강감
찬 장군은 서희가 할양받은 강동 6주를 지켜내면서 오늘날의 압록
강 국경 모양이 나온 것도 이때부터라는 평가다. 또 고려의 인재
등용과 성종의 양론 분열 중에서도 '항전 후 협상'을 택한 용기도
빛난다.

서희의 대담한 외교적 담판의 성공은 1000년이 지난 지금에도
외교관의 사표가 되어 외교안보교육원 앞뜰에 당당하게 동상으로
남아 후진들의 존경을 받으면서 신선한 상상력을 보내고 있다.

● 외교정책의 대가 광해군

광해군은 파란 많은 군주로서 여러 각도의 평가가 따르는 조선
15대 임금이다. 그는 임진왜란의 전란 중에도 세자로서 분조分朝
(조선 선조 때 임진왜란에 의하여 임시로 두었던 조정朝廷)를 이끌
어 전쟁을 수습하면서 6년간 현장을 누볐다. 그리고 조선을 제외
시키고 명明과 왜倭가 그들만의 물밑 종전 협상을 보아 왔다.

특히 한반도에서의 전쟁을 틈타 성장해온 누루하치가 후금(뒷날의 청나라)을 건국하면서, 기우는 명나라와 떠오르는 청나라 사이에서 구국의 균형 외교를 펼쳐 온 광해군의 업적이 평가받는다.

선조의 뒤를 이어 즉위한(1608년) 광해군은 임진왜란의 고통을 누구보다 잘 아는 군주다. 전란 복구 등 내치 개혁에 몰두하고 있을 때 후금의 침략을 받은 명나라가 조선에 원군 요청을 해옴으로써 깊은 고민에 빠지게 된다. 임란 때 파병해준 명의 요청을 거부할 수도 없고, 조정의 중론에 따라 재조지은再造之恩의 명분으로 1619년(광해군 11년) 파병을 결정한다.

명의 요청을 받아들여 도원수 강홍립이 이끄는 1만 3000명을 보내면서 강홍립에게 밀명을 내린다. 전투에 참여하면서 정세를 보아 향배를 정하라는 내용이었다. 한편 후금에는 명의 요청에 따라 부득이 파병한다는 사실을 통고했다. 일부 전투에 참가한 강홍립은 새로 일어난 후금의 위세를 파악한 뒤 적진에 알리고 후금에 항복하게 된다.

그 뒤에도 명이 요청하는 지원을 하면서도 한편으로는 후금과 친선을 도모하여 전쟁을 예방하는 중립적인 외교정책을 펴왔다.

광해군의 중립 외교정책은 사대주의 유림과 당쟁의 주제에 가리어 오랑캐(후금)을 도왔다는 배명친금排明親金으로 비하되었다. 인목대비 유폐와 영창대군의 살해사건 등 패륜 행위를 자행했다 해서 인조반정으로 폐위되어 제주도에 유배된다.

국제 정세 그리고 백성의 고초를 잘 아는 군주로서 강대국의 틈에서 보기 드문 균형 외교를 펼치면서 급진적인 개혁으로 국력 신장을 기했다. 당시 정파 간의 당쟁과 조선조 성리학의 명분론에 매몰되어 도덕 패륜으로 몰아버린 아쉬움이 남는다.

대를 이은 인조의 무모한 친명정책은 불 보듯이 새 재앙으로 나타난다. 바로 정유재란과 병자호란이다. 임진왜란이 끝난 지 30년 동안 무방비·무위의 정책이 불러온 대재앙을 부른 사태의 책임은 누가 져야 하는가. 오늘날의 주변 강자 외교와 답답한 국방정책을 보면서 타산지석이 된다는 생각이 든다.

● 대·내외 정치개혁을 외친 개혁파, 김옥균

조선왕조 5백 년 후기는 세계 정세의 급변 속에서 요동을 쳤다. 안으로 봉건 왕정체제와 폐쇄적인 수구세력으로는 개혁적 대응이 어려웠으며, 대외적으로는 열강의 무력 개항 압력 등 개방 통상 요구가 거세지고 있었다.

왕정 하에서도 고종 친정 이후 개혁의 기운이 돌았으나 사대적 수구세력의 점진적 개방으로는 당시의 급박한 정세에서 살아남기 어렵다고 느낀 급진 개혁세력이 자라나고 있었다.

1870년대 초 세칭 백의정승이라 불리는 유대치, 박규수 등의 문하생들이 외국도서를 탐독하면서 김옥균, 고종의 매제 민영익, 박영호, 유길준, 박정양, 서재필 등과 동문수학을 하면서 많은 토의를 거친다.

1876년 강화조약 체결이 불평등 조약임을 인지한 개화파 청년들은 자주독립과 근대화된 조국에의 신념을 모토로 개화에 뜻을 함께 하는 정치 단체로서 동지 규합이 필요했다.

신분을 초월한 비밀결사단체인 충의계忠義界를 조직하여 폭넓은 동지를 구하는 한편 해외 문물 흡수에 적극적으로 참여하였다.

1880년 이래 조선 정부의 신사유람단 파견, 일본 수신사 그리고 청나라 영선사 파견 등에 김옥균·박영효 등 개화파 청년들이 참여하면서 세계 정세를 파악할 수 있었다.

1982년(고종 20년) 6월 임오군란의 발발로 귀국한 김옥균은

승정원·우부승지·호조참판·외아문협단外衙門協團 등 정부 요직을 거치면서 내연을 넓힌다. 이때 『기화근사箕和近事』를 저술해 고종에게 바쳤다. 즉 일본이 동양의 영국이 되려 하므로, 조선은 동양의 프랑스처럼 근대 문화국가를 만들어 완전 독립하고, 이를 위해 정치 전반에 걸쳐 대갱장개혁大更長改革을 단행해야 한다고 주장했다.

그러나 임오군란으로 조선에 출병한 청은 진압 뒤에도 군대를 주둔시켰고, 수구세력 민씨 정권은 청에 의지하여 정권 유지를 꾀하면서 개화파의 입지가 좁아지기 시작했다.

민씨 정부에 참여하면서 평화적인 개혁을 추진하던 급진 개혁세력은 때가 오면 친청수구親淸守久 세력을 타도하기로 결정한다. 마침 베트남에 청과 프랑스 사이에 전운이 일자(1884년 8월), 청이 조선에 주둔하던 병력을 빼가는 때를 이용하여 정변을 일으킨다.

1884년 12월 4일(고종 24년), 우정총국 낙성식날을 거사일로 잡고, 수구세력 혁파로 시작된 정변은 일단 성공을 거둔다. 12월 5일 김옥균 주도로 승정원을 설치하고 영의정 이재원, 병조판서 이재완(고종 근친), 우의정 홍영식, 형조판서 윤웅열, 호조참판 김옥균, 병조참판 서재필, 승정원 도승지 박영효 등 개화파와 국왕 종친의 연립정부를 구성 제안하고 각국 공사관에 전달 지지를 요청한다. 그리고 12월 6일 아침 개화파 정부는 14개 조항의 정강정책을 발표한다.

그 주요 골자는 청의 속방정책 반대로 청과의 사대 관계 단절, 문벌과 양반제도 폐지 및 인민평등권 제정과 세제 개편 등 독립과 근대화로 향하는 최고의 지침이 나왔다.

그러나 3일이 되던 12월 6일, 명성황후 측의 요청을 받은 청군

(遠世凱)의 공격으로 무너지고 말았다. 자력능력 부족으로 외세(日) 의존과 허점은 민중의 폭넓은 지지가 없었다는 것이 패인이었다.

정변 실패 후 김옥균·박영효·서재필·서광범 등은 엄청난 파란이 몰아쳤다. 그러나 평생을 바쳐 개화와 독립을 위해 분투했던 청년 김옥균의 투철한 개혁정신과 계몽성 혁명을 이끌고 사라져간 풍운아 그리고 천재 같은 그 열정은 재조명되어야 한다.

박은식 선생도 그의 저서 『한국 독립운동 혈사血史』 1장에서 갑신정변을 혁명으로 규정하고, 갑신독립당의 실패는 한국독립운동의 시발점이라고 규정한다. 민중의 폭넓은 지지가 없었다는 점에 대해서도 윤치호·유길준 등은 민중들이 혁명을 이해할 만큼의 지적 수준이 미치지 못했기 때문이라고 했다.

여러 평가가 있다 해도 오래된 중국과의 조공하례를 폐지하고, 완전한 독립과 인민의 평등권 제정 및 3권 분립, 입헌군주제를 표방한 점은 5천년 이래 처음 있는 민족 염원의 절규였다.

갑신정변은 위로부터의 혁명 그리고 계몽성이 가미된 국가 대계의 개혁 방향을 제시하였다. 뒤이어 터진 동학농민혁명은 아래로부터의 혁명으로 이어지면서, 우리 민족의 끈질긴 개혁 의지를 확인하는 역사적 대사건, 그리고 유구한 민족의 대서사시였다.

2 역사의식의 혼돈과 민족 정체성 회복

홍익인간 사상의 재수렴

고대 조선사의 복원은 건국 통치이념인 홍익인간 철학의 복원에 있다. 세계 최고의 통치 이념의 존재를 확인함으로써 한민족의 뿌리인 정체성을 확립하고 겨레의 자긍심을 높이게 된다. 식민사관의 범죄적 고대사 말살 행위와 그 추종자들에 의해 신화 처리된 고조선의 실체와 그 건국이념의 핵심 가치인 홍익인간을 되살려 놓아야 한다.

단군조선까지 믿지 않는 풍조를 만들어 역사의 뿌리가 없는 민족인 듯 호도하고 있으나 실은 여러 전설적인 기록으로 보면, 단군조선 이전의 긴 세월 동안 선행하는 나라(배달국·환국)로부터 이어온 정신세계가 있어 온 것으로 나타나고 있다.

홍익인간은 인간 단군으로 규정된 왕검이 조선을 건국한 것을 말하며, 그 전 왕조에서 전래된 정신문화 자산을 건국 이념화한 것으로 보인다. 다시 말해 단군조선이 갑자기 하늘에서 떨어진 것이 아니다.

선사시대에도 수천 년의 문명이 존재하였음이 홍산문화를 포함하여 중국사로 점령된 요하문명으로 확인되고 있어 신석기와 청동기시대의 단군조선 임재는 의심의 여지가 없다. 오랜 세월 전승되어 온 인간 존엄 사상인 홍익인간의 인류 보편 사상이 단군조선의 건국이념이 된 것이다.

홍익사상은 인류 문명의 놀라운 진화로 현대 세대가 갈구하는 평화사상과 일치한다는 점에서 세대를 뛰어넘는 문명 공존의 사상적 바탕을 제시하고 있다.

단군조선에 초점을 맞추어 보면, 여러 역사 기록으로 만주 전역과 2천 여 년의 고대국가가 중국 역사와 별도로 존재했다는 것을 알 수 있다.

이 사실을 바꾸어 말하면, 중국 역사로 그려진 중국의 여백인 만주지역이 고조선 영역으로 된다. 사마천의 『사기』 첫머리에 백이와 숙제의 「백이열전伯夷列傳」을 쓰면서도 그의 고국인 고죽국孤竹國의 기록이 없다. 고죽국은 고조선의 거수국渠帥國, 즉 제후국으로 고조선의 국경인 난하 동부지역에 있었다.

중국 최고의 정사인 『사기』에서 「백이열전」을 쓰면서도 고죽국을 운위하지 않은 것은 사마천 자신이 만든 편한 기준에 충실했다는 역사 기록의 행간을 읽게 한다. 열전에 포함한 것은 고죽국의 왕자 백이와 숙제가 중국의 서주에 와서 일생을 마쳤기 때문일 것이다.

이 거대한 고대국가를 통치할 이념적 기반이 홍익인간弘益人間, 즉 인간을 널리 유익하게 하는 인간 존중 사상에 담겨 있다.

긴 세월 민족의 얼이 누적되어 온 신화적 건국이념으로 숙성된 인간 존중과 평화사상은 오랜 정신적 되삭임(反芻) 현상으로 볼 수 있다.

오늘날 유럽연합/EU의 이념을 방불케 하는 안중근 의사의 옥중 강론인 '동양 평화론(1909. 10)'의 위대한 발상과 4해 동포 세계 평화사상은 우리 민족의 얼인 홍익인간 사상의 정통성 계승 의식이 아닐 수 없다.

일제 강점 10년 만에 일어난 3·1운동(1919)은 일제의 억압에 폭발한 특유의 민족혼으로, 철저한 비폭력 반제反帝의 평화적인 독립운동이었다. 3·1 선언서는 당당하게 조선의 독립국임을 선언하고, 세계 평화와 인류 복지를 추구하는 민족정신으로 유구한 역사를 자랑하는 평화사상인 홍익철학을 고양하였다.

한편 고대국가들의 건국신화는 한결같이 천손강림天孫降臨의 이야기로 엮어져 닮은 점이 있다. 그러나 일본의 경우 천손강림 신화를 천황 신격화로 돌려 자기 민족의 이기적인 역사를 만들어 침략전쟁으로 인류에 큰 피해를 줬다.

광활한 영지를 가진 고대 조선은 수많은 거수국(중국 표현 제후국)을 거느리면서 동아시아 지역 최초의 왕국으로 건국되었다. 중국 중원에 건국된 첫 왕조인 하夏나라 보다 수백 년 앞서는 것이다. 가장 중요한 역사적인 근거로 청동무기의 개발을 들고 있다.

최근 고고학적 발굴 결과 요서지역의 청동기문화인 하가점하층문화가 방사선탄소측정에서 BC 2400년 전후로 판명되었다. 하夏왕조의 발상지보다 200년 앞서 청동기시대에 진입한 사실이 밝혀진 것이다.

하가점하층문화는 홍산문화를 승계한 단군이 발해만을 중심으로 이룩한 고조선 왕국의 문화이다.[41]

---

41) 역사협의회, 『미래로 가는 바른 고대사』, 유라시안네트워크, 2016, 23쪽.

고조선을 이은 대륙국가 고구려는 고조선의 고토 회복에 나섰으나 영토 침략은 없었다. 강력한 고구려는 수·당의 침략을 막아내는 강성한 국가였다. 고구려 700년, 신라 1000년, 고려와 조선조 모두 500년을 넘는 역사를 가진 왕조가 2~3백 년 존속한 대륙국가의 지방정부가 될 수 없다.

　이처럼 명백한 근거에도 동북공정 등 역사 왜곡으로 마치 중국의 영지인 듯, 중국 시진핑 주석이 미국 대통령에게 운위한 것은 난센스가 아닐 수 없다. 우리는 남과 북이 모두 고대 역사에 무관심하며 무능하다. 동북공정은 미래 역사를 마름해 놓은 것으로, 영토 침략의 야욕을 드러내고 있으나 제대로 대응하지 못하고 있다.

　중국 고대 왕조를 능가하는 고조선의 존재를 확인케 하는 수많은 자료를 집대성하여 고대사 복원을 국가적 자원(시간과 재정)을 동원해서 바로 세워야 한다. 중국의 역사 독점과 일본의 식민사관으로 찢긴 역사를 복원하여 그 속에 들어 있는 보배를 찾아내야 한다.

　"동북아의 고대사에서 단군조선을 제외하면 아시아 역사를 이해할 수 없다. 단군조선은 아시아 고대사다. 그런데 한국은 그처럼 중요한 고대사를 왜 부인하는지 이해할 수 없다. 일본이나 중국은 없는 역사를 만들어내는데, 한국인은 어떤 이유에서인지 엄연히 존재하는 역사를 없다고 그러는지 알 수 없는 나라이다."라고 한 러시아의 사학자 UM 푸틴의 말은 우리의 무능력함을 찌르는 듯하다.

　우리가 여러 면으로 뛰어난 민족임을 인정하지만, 역사 문제에서만은 결코 존경받지 못한다. 무엇보다도 역사의 뿌리 민족의 정체성을 되찾는 것이 한국 문명의 르네상스 위에 인류 보편 사상인 홍익사관을 확인하면서 평화와 공존의식을 세계에 전파하는 길이다.

오늘날 과학문명의 급격한 발전과 또 다른 산업혁명의 전개에 따라 인간 주권의 상실이 예상되는 마당에서 정신적 지주가 무엇인지 찾아야 한다.

위기가 기회이듯 지구상의 분쟁지역 분단과 인권 문제 등 인류의 가장 중요한 보편 가치인 평화·화합·관용이 실려 있는 위대한 인본주의를 향해 홍익인간 사상의 복원과 보급이 중요하다. 무엇보다도 한반도 위기를 풀어가는 지혜도 홍익철학의 재수렴에서 찾아야 한다.

중국 정부 1세대 毛澤東과 周恩來의 역사 인식

강성해진 중국이 그들의 역사를 다시 강자의 논리로 정비하기 시작한 것이 역사공정이다. 단대공정斷代工程과 지역공정이다.

그들의 강역으로 편입한 티벳과 서강 등에 지역공정을 마치고, 동북공정東北工程으로 요하문명을 편입하면서 2천 여 년간 존속했던 실체를 그들의 역사 영역으로 흡수해 부여·고구려·발해까지 그들의 역사로 편입했다.

고구려 고주몽의 도성이었던 졸본성(중국명, 오녀산성五女山城과 찬란했던 즙안의 고구려 유적은 중국 문명으로 하여 유네스코에 등재했다. 많은 왕조의 명멸에 따라 땅의 소유주는 변해도 역사의 존재는 지워버릴 수는 없다. 역사의 실재는 인정되고 공유되어야 하기 때문이다.

아시아권 특히 동북지역의 역사 문제가 매우 미묘하고 중요하나 고대사와 이웃 나라에 대한 역사 인식은 주변국의 인식이 매우 중요하다.

이와 관련하여 최근 세종연구소가 발간한 이종석 연구원(前 통일부장관)의 보고서에서 중국의 최고 지도자 마오쩌둥毛澤東과 저우언라이周恩來 총리의 어록을 보기로 하자.

1958년 11월 마오쩌둥은 베이징을 방문한 김일성과 그 대표단에게 한 담화의 내용 일부다.

"역사상 우리 조상들은 당신들 조상에게 빚을 졌다. 중국인들은 당신들을 침략했고, … 당신들 선조는 조선의 영토가 요하를 경계로 한다고 말했으며, 당신들은 현재 당신들의 압록강변까지 밀려서 쫓겨왔다고 생각한다. 첫 번째 침략은 수 양제의 조선 정벌인데 실패했다. 당 태종도 실패했으나 그의 아들 고종과 측천무후 때에 이르러 조선을 정벌했다. … 역사를 기술할 때 이것을 써넣어야 한다. 이것이 역사이다. 그것은 봉건제국 시대이고, 우리의 인민정부가 아니다."라고 하여 고구려와 그 선조들의 요하지역 임재를 말하고 있다.

1964년 10월, 북·중 국경 획정이 끝난 직후 베이징을 방문한 최고인민회의 상임위원장 최용건이 이끄는 북 대표단에게 더 분명한 대화록을 남겼다.

毛澤東 : 당신들의 땅에 대해서 우리(공산당, 정부)가 점령한 것이 아니다. 수 양제, 당 태종, 측천무후가 그랬다. 봉건주의자가 조선 사람을 압록강변으로 내몬 것이다. 그래서 우리가 동북지방 전체를 당신들의 후방으로 삼아야 한다는 것이다. 이것은 요하유역을 뛰어넘는 것이다.

최용건·박금철 : 양국 간 국경은 1962년에 이미 해결되었고, 우

리는 현재의 국경에 만족한다. … 동북을 후방으로 이용하는
것과 국경 문제는 별개의 사안이다."

라고 답하여 당시로서도 국경과 동북 후방 배후 지역에 대한 개념
이 존재한다는 사실을 확인케 하고 있다.

한편 1963년 6월 28일, 저우언라이 총리는 조선과학대표단을
접견하는 자리에서 한 말을 들어보자.

周恩來 : 과거 일부 중국학자들의 관점은 정확한 것도 아니었고
사실과도 맞지 않았다. "조선 민족은 조선반도와 동북 대륙에
진출한 뒤 오랫동안 거기서 살았다. 요하, 송하강 유역에는 모
두 조선 민족의 발자취가 남아 있다. … 경박호 부근에는 발
해시대의 옛 자취가 남아 있고, 발해의 도읍지도 있다. 출토된
문물이 그곳도 조선 민족의 한 가지였다는 것을 말해 준다. …
진·한 이후 더욱더 관내에서 요하지역까지 가서 정벌했는데
실패해서 돌아왔지만 그것도 분명히 침략이다. … 그렇더라도
당신들의 땅을 너무 좁게 내몰았던 것에 대하여 '중국 땅이었
으며 심지어 예로부터 조선은 중국의 속국이었다'하는 것은 터
무니없는 말이다."[42]

이처럼 중국의 최고지도자들이 명백하게 고구려와 발해를 조선
민족이 세운 고대국가로 인식하였으며, 그 역사를 조선의 역사로
규정하였다.

고대시대 때 요동을 비롯한 동북지방의 상당 부분이 조선 민족의
삶의 터전이었다는 것은 한국과 북한 역사학자의 인식과 동일하다

---

42) 周恩來 接見 '朝鮮科學院代表時的談話' 1963. 6. 28. 外事工作通報 1963年 第10期.
北京.

는 것이 확인된 것이다.

북·중 간의 국경 획정 과정에서 치열한 역사적 공방이 있었을 것으로 추정하면서도, 국경 협정 체결 전후 과정에서 두 지도자가 동일 주제를 언급하면서 같은 용어와 문구를 구사한 것으로 보아 당시 중국 정부의 정리된 공식 입장이었을 것으로 추정한다는 세종연구소의 보고서는 정확한 것 같다.

한국전쟁 뒤 북·중국경획정조약 체결 전후의 중국 정부 고위층의 역사 인식과 우리 역사학계의 인식 그리고 구한말의 사정과 최근 중국이 돌변한 역사공정의 진행을 정밀하고 차분히 대응해 나가는 것이 중요하다. 강대해진 중국의 힘보다 역사적 진실이 더 중요하고, 저우언라이 총리의 말대로 역사는 왜곡할 수가 없다.

다만 우리의 역사 한국사를 제대로 정비하지 못한 부끄러움을 딛고, 우리 역사의 복원 장정에 나서야 한다. 강단, 재야, 사학계와 정부 연구기관, 각계각층의 의견을 규합하여 바른 역사의 사적과 사실史實을 찾아 동북아의 역사를 함께 바로 세워야 한다.

이 과정에서 감성적 판단이나 과잉 반응보다는 과거가 아닌 미래 역사 창조에 맞서 대승적이고 전향적인 열린 자세로 임해야 한다. 특히 그들이 건국의 조상들과 전혀 다른 역사 인식으로, 중국이 진행중인 역사공정과 그 하위 공정인 동북공정 등에 의연하게 대처해야 한다. 저들의 지역 공간과 미래 영역을 투망식으로 엮어 가는 역사 수정주의적인 모든 책략을 제대로 읽고 대응할 필요가 있다.

특히 1962년 체결한 북·중국경획정조약 과정을 보면, 북한 역사학계도 상당한 역사 자료의 축적이 있었던 것 같다. 지역적인 접근성으로 보아 남한의 역사학계보다 더 민감한 고민이 있었을 것으로 보인다. 남·북사학계의 힘을 합하면 상고사의 복원과 아울러 홍익인간 이념의 확고한 토대 위에 그동안 잃어버린 역사 주권을 복원하면서 중국의 역사 왜곡에는 사실에 근거한 당당한 대응이 그들의 마음을 움직일 것이다.

역사 공유, 공유 가치의 발굴

분단이 길어지면서 통일에 대한 당위성이 흔들릴 수도 있다. 그러나 이럴 때일수록 남북 간의 역사 공조로 새로운 공유의 틀을 만들고, 나아가서 역사의 초점을 통일에 맞추어 상호 공유의 공간을 넓혀가는 노력을 기울여야 한다.

우리는 말과 의식, 역사와 혈연, 지정학적 응집력 등을 포괄하는 오랜 문화공동체에 살아왔다는 귀속의식을 확인함으로써 하나 되는 민족의 동질성을 찾아야 한다.

역사가 같고 혈통이 같다면 한민족이란 의식을 쉽게 복원할 수 있다. 예를 들면 남북의 역사학자들이 교류하면서 평양 교외의 단군릉을 답사한 이야기는 그 가능성을 보여준 것이다.

단군을 신화로 처리한 왜곡된 역사관에 매몰된 상태에서 단군의 존재를 부인하는 일반적인 생각에 실증적인 실험이 될 수 있다. 그러나 단군왕검의 고대 조선 건국이 한반도 안內이 아니라는 설이 힘을 얻어가는 과정에서도, 다행히 평양 단군묘는 5대 단군 구을丘 乙 단군릉으로 비정되어 있어 단군과 고조선의 역사 공조 가능성을 무르익게 한다.

우리나라뿐 아니라 중국의 역사도 문자가 없던 고대사의 기술을 후대에 와서 구전체나 상형문자 그리고 기타 사료 때문에 쓰인 것이다. 그런데 "고대사에 대한 고고학적 연대年代는 유동적인 것이다. 과거와 달리 지금은 방사선탄소연대측정법 등 여러 가지 과학적 방법을 사용하면서 우리 상고사 연대가 빨라진 것이 확인된다.

기원전 2333년의 구체적인 단군의 고조선 건국을 근거 없는 신화로 처리해버렸지만, 한반도 남부와 중부지역을 거쳐 만주지역에서 출토되는 청동기문화는 그 연대와 유적의 내용으로 보아 고조선 기원을 확실하게 뒷받침하고 있다. 뿐만 아니라 청동기시대의 전개 과정을 보면, 우리가 동아시아에서 제일 먼저 나라를 세운 나라가 된다. 세계 어느 지역에서나 금속문화인 청동기문화 이전에 국가 출현이 없었기 때문이다.

우리의 청동기문화가 기원전 2500여 년 전으로 확인된 것이므로, 황하유역(기원전 2200년)보다 앞선 것이다.[43]

우리는 이 엄청난 전통과 역사 가치를 공유하지 못해 남과 북은 오늘의 성공과 낙후의 양극단에 놓여 있다. 긴 역사를 놓고 보면 찰나일 수도 있다. 그러나 분단이 다른 체제의 선택에서 온 결과, 즉 표적이 다른 시스템을 추구한 결과를 민족의 공유 가치로 만들어 통합의 묘를 찾아야 한다. 지금까지의 추적자에서 선도자의 지위에 가려면, 그들과 다른 정체성과 독자적인 지식과 사상(철학)이 뒷받침되어야 한다.

새로운 역사 시대를 맞아 민족의 바른 정체성은 고대사의 복원으로 시작되며, 남과 북의 진정한 공유 가치로 통합의 기초로 삼아야 하는 이유다.

이곳에는 단군조선이 있고, 인간을 널리 이롭게 하는 평화사상의 공유로 남과 북의 지성이 홍익인간 정신에서 인권 문제 공조로 통일의 목표로 삼아야 하는 것이 우리의 명제다. 인류의 보편적 가

---

43) 윤내현, 『우리 고대사, 상상에서 현실로』, 지식산업사, 2014.

치인 인권 문제는 UN이 관심 두는 세계적 이슈다.

　선도자의 지위는 정체성과 독자적인 축적된 역사 기반이 있어야 한다. 우리는 이미 그 기반을 갖추고 있다.

　예를 들면, 1950~60년대 한국은 세계에서 가장 가난한 나라였다. 국민소득은 소말리아와 비슷한 수준이었다. 한국은 한국전쟁 이후 잿더미에서 경제개발 계획의 성공으로 오늘에 이르렀다. 한국 사람들은 그 가난으로부터의 탈출은 자랑스럽게 여기며 소말리아와 비교하고 있다. 그러나 이 비유는 아주 잘못된 비유로 지적되고 있다. "1950년대 한국이 소말리아와 같은 문화 수준이었다는 말인가"라는 의문을 갖게 하는 것이다.

　여기에서 우리는 매우 중요한 역사적 사실을 간과하고 있다. 물론 한국은 당시에도 소말리아와 비슷하지도 않았지만, 한국에는 수천 년 동안 내려온 숙성된 문화와 전통 그리고 넘치는 향학열과 쉬운 한글로 문맹도 없었다.

　이제 우리의 경제발전만을 자랑할 일이 아니다. "긴 역사와 위대한 고전의 전통을 바탕으로 조성된 현재 문화의 깊은 뿌리"를 과시해야 한다는 것을 꽤 뚫어 본 외국인 지성 임마뉴엘 페스트라이쉬 교수의 논리다. 그는 한국인이 모르고 있는 한국의 위대한 정체성을 보고, 아시아에 등장한 또 다른 1등 국가는 바로 한국이라고 주장한다.[44]

　우리가 이룩한 기적의 바탕에는 수천 년 동안 축적되고 지속되어 온 지식과 전통이 있다. 우리가 아무런 통찰없이 간과해온 물려받은 역사와 전통을 찾아 올라가면 진한 민족 공유의 하나 되는 귀속

---

44) 임마뉴엘 페스트라이쉬(이만열), 『한국인만 모르는 다른 대한민국』 21세기북스, 2013, 서문에서.

의식에 다다르게 될 것이다.

중국을 보면 문화혁명 때 퇴행으로 몰았던 공자를 다시 살려내 세계를 향해 포용과 평화 공세를 펼치고 있다. 기원전 6세기(BC 551~)의 공자를 앞세워 중화의 부흥과 중국의 꿈中國夢을 실현하 겠다는 시진핑 주석主席의 통치관을 엿볼 수 있다.

세계 전략으로는 민주와 인권적 가치를 앞세운 짧은 역사의 미국 패권에 대응하여 공자의 오래된 유교적 인본사상을 앞세운다. 상 대적으로 젊은 미국에 대하여 중국의 장구한 역사를 주축으로 하 는 그들의 정체성으로 대응하고 있다. 역사론법으로 맞대응하면 중국을 능가할 나라가 없기 때문이다.

우리도 남과 북이 새시대 정신으로 올바른 정체성으로 대응해야 한다. 민족의 정체성은 고대사의 복원으로 시작되며, 남북의 진정 한 공유 가치로 통합의 기초로 삼아야 하는 이유다. 그곳에는 단군 조선이 있다. 여기에는 너무나 큰 생각, 세계 인류를 품을 수 있는 인본주의 평화이념인 홍익인간 사상이 담겨 있다.

G2로 커진 중국, 때로는 거칠고 고압적인 중국의 외치에 평화 의 사상인 공자 사상보다 앞선 홍익인간적 가치를 입힌다면, 세 계를 평안케 하는 리더십과 책임의식을 갖는 세계의 리더가 될 수 있다.

모든 인간을 널리 이롭게 하는 평화사상의 공유로 남과 북의 지 성들이 합일하여 홍익인간 정신의 인본주의를 구체화함으로서 통 일의 목표를 삼아야 하는 것이 우리의 명제다.

북한도 평양 교외에 단군릉을 성역화하는 정성으로 보아 단군조 선의 실재를 인정하고, 그 건국이념을 현대화하는 일에 반대할 이 유가 없을 것이다.

우리는 고조선의 건국이념인 홍익인간 사상을 공유하면서 해결의 실마리를 찾아가는 민족의 긍지로 승화해 나가야 한다.

민족국가와 국가 이익

미·중 간의 패권전쟁으로 온 세계가 경제적 소통 장애의 그림자가 덮쳐오는 것일까. 한때 우리 정부를 둘러싸고 있는 강대국들과 외교적 마찰이 위태롭게 진행되고 있다.

가까운 중국에 대해서는 사드 문제 때문에 '사드 3불' 정책으로 주권 포기 수준의 고통을 감내해야 했고, 한·일 갈등은 심각한 수준이다. 그뿐만 아니라 중국과 러시아는 이 틈에 공공연히 우리 영공을 침범하고 있다. 우리 안보의 힘줄인 미국에 대한 외교나 동맹국 간의 서운함이 상호 신뢰를 떨어뜨려 대한민국 안보 상황은 사면초가 상태다.

북한은 핵 문제 진전 없이 연일 미사일과 장사정포 등 신무기를 과시하면서 남북대화에도 먹구름이 일고 있다. 군사 대치에도 경제 협력의 대상이 되는 북한도 제멋대로이다. 저들은 동족인가 적인가.

신채호 선생의 아我와 비아非我의 구분으로 보면 어느 쪽일까, 동족이며 협력 대상이 되나 非我인 것 같기도 하다. 판단 기준은 주관적 위치에 서 있느냐는 것이다. 당연히 我이어야 하는데, 군사적으로 대치하며 내국 경계를 국경 이상으로 쌓아 놓고 이념 차이로는 분리된 상태에 있기 때문이다.

민족·민족국가 개념은 서양의 'Nation'을 번역하는 과정에서 개념 차이가 있었던 것 같다. 일본의 번역본이 '민족, 국가, 국민' 그리고 '주의ism'로 가면서 민족주의·국가주의 등으로 쓰여 개념 차이가 확장된 듯하다. 그러나 그보다 앞서 우리는 같은 용어로 겨레라는 말을 써오고 있다. 한겨레·배달겨레라는 친숙한 말이 있어온 것으로 보면, 한민족이나 배달민족의 용례用例는 오랜 역사적 연고를 연상케 한다.

겨레의 한자어는 '族', 즉 '겨레 족'이 되므로 '민족'으로 한자 표기를 하는 것은 자연스러운 것으로 보인다. 문제는 한반도가 분단되면서 한겨레(민족)가 분리되어 두 개의 국가가 됨으로써 민족과 국가가 다른 개념이 될 경우다. 여기서 민족은 '종족種族/Ethnic Group' 그리고 '민족주의Ethnic Nationalism'가 된다. 민족 감정과 국가 이익의 불일치가 올 수 있다는 것이다. 민족적 자긍심과 국가적 긍지가 다를 수 있다.

민족은 상상의 공동체 명분이 앞서고, 국가는 현실 공동체로 실리가 중요하다. 이 모순과 불행을 종식시키는 방안이 남북의 통합이요 궁극적 통일이다. 두 개념을 하나로 하면 최선의 방책이다.

그런데 세계의 지도자들이 자국 이익의 수단으로 오용誤用하는 듯한 행적이 많아지고 있다. 세계 최강국인 미국 대통령조차 'America Fist'를 내걸면서 민족주의자라 자칭하는 사례다.

일본 아베 정부는 한국 때리기로 이민족을 외적으로, 혐한 감정으로 몰아 헌법 개정 등 정치적 목적에 활용한다. 이에 맞서 우리 정부는 왜국의 침략과 일제 식민통치 등 민족적 기억을 불러일으켜 동원된 민족주의로 맞대응하고 있다.

일본의 경제 제재에 맞서 군사정보보호협정/GSOMIA 폐기 통보 과정에서, 당초 미국의 의도대로 만들어진 협정을 사전 협의 없이 폐기한 것에 대한 미국 조야의 실망감이 큰 것으로 보도되었다.

동맹국 한국이 중국 경사傾斜에까지 오게 될 정도면 동맹국으로서는 할 수 없는 이야기가 나온 것은 예사롭지 않다.

민족 감정을 동원하는 과정에서 19세기 전봉준이 일으킨 농민봉기 때 부르던 '죽창가'를 앞세우는 자들의 발상을 의심하게 된다. 아무리 일본과 대립각을 세우더라도 이렇듯 낮은 수준으로 국민을 반일 감정으로 몰아붙여서는 극일克日이 어렵다.

기술 일본, 일본의 Global 대기업[45]의 세계적 네트워크와 그리고 정보위성(6개)의 이용과 해외 정보력을 활용하는 길을 막고는 발전할 수 없다.

죽창을 든 농민혁명군이 일본의 조총부대를 앞세운 관군에 수만 명이 전멸한 사실을 알고 하는 일인지, 시대를 빗나간 이런 사고방식으로 '지지 않은 나라'의 대표선수라니, 아마도 아베처럼 다른 목적으로 이용하려는 것인가. 그렇더라도 민족 감정을 앞세워 국익을 해치는 일은 역사의 배반에 가깝다.

민족주의 정서와 국가 이익이 일치하지 않을 경우의 우선순위는 정해져 있다. 관념적인 민족주의보다는 현실적이고 구체적인 국가 이익이 앞선다.

분단된 우리나라는 같은 혈족민족이면서 두 정부(국가)를 가지고 있어 민족주의의 개념 차이가 심하다. 역사적으로도 어려울 때 민족을 찾고 남북문제에서도 '우리 민족끼리'라는 혈연적 국수주의적 종족 민족주의를 동원하여 남북 현안과 평화체제까지 나아가려 한다.

그러나 같은 말을 쓰는 혈족이지만 '우리 민족끼리'의 함의가 엄청나게 다르다. '김일성 민족'임을 강조하는 북한 민족주의와 한민

---

45) Fortune : Global 500 대기업 수. 일본 52기업, 한국 16개 기업.

족을 내세우는 한국 민족주의가 함께 하기 어렵기 때문이다.

100주년을 맞이하는 3·1절 행사와 상해 임시정부수립 100주년을 함께 하자는 남측 정부의 호의적인 제안을 거부한 것이 사상적 간극을 말한다. 뿐만 아니라 김일성 나이로 보아 그 당시는 유년기에 있어 그들 말대로 김일성 장군의 독립운동 과정이 없기 때문일 것이다.

해외 독립운동가들의 집결체인 상해 임시정부에는 모든 계열, 즉 공산주의자를 포함한 애국지사들의 모임임에도 어떻게 보면 '우리 민족끼리'와 부합하지 않는 것이 된다.

우리가 흔히 쓰고 있고 북한 매체들이 즐겨 쓰는 '우리 민족끼리'는 남과 북이 같은 말로 쓰고 있으나 뜻과 해석 차이를 알고 써야 한다. 우선 우리 민족끼리가 한민족 모두를 말하는 것으로 보이지만, 북한에서는 생각이 다른 사람을 배제하는 의도가 담겨 있다.

북한의 '주민등록 사업 참고서인 현 안전부 소관 지침[46]에 따르면, 출신 가정에 따라 25개 성분으로 분류하고, 또 수령에 대한 충성도에 따라 크게 3개 층으로 분류한다.

① 수령을 무조건 따르는 핵심 계층
② 월남 가족, 군 포로 가족, 기업가 가족 등 감시 관리 대상인 동요 계층
③ 격리 정치수용소에 보내 격리하는 적대 계층으로 분류한다.

북한에서는 제1분류인 '핵심 계층' 사람들이 '우리끼리'를 형성한다. 정치 성향이 다르면 우리 민족끼리로 취급하지 않는다. 당의 정책이나 수령에 반反하는 사람은 종파분자로 처단한다. 고모부인 장성택, 이복형인 김정남은 수령의 권위에 도전할 위험이 있다는

---

46)「북한의 '우리 민족끼리'에 한국의 보수·우파·중도는 없다」, 조선일보 2018. 11. 1.

이유로 처단되었다. 북한에서는 민족이나 친족보다 이념이 더 중요해서다.

북한 당국은 '우리 민족끼리' 기준으로 한국 국민도 가르고 있다. 2000년 6·15 공동선언에 '우리 민족끼리'가 들어갔고, 2007년 10·4 공동선언에도 "우리 민족끼리 정신에 따라 통일 문제를 자주적으로 해 나간다."라고 했다. 한민족이 같은 언어, 같은 글을 쓴다고 해서 생각이 같다고 하면 큰 착각이다. 다시 한 번 '우리 민족끼리'의 함의를 제대로 알고 제대로 사용해야 한다.

이제는 종족 민족국가나 우리끼리 민족주의 함정을 피하고, 폐쇄적이고 전 근대적인 종족주의도 시대의 변화에 따라 선진국형 민족주의로 진화해야 한다. 이성적인 공동체 의식으로 미래지향적 열린 민족주의를 지향해야 한다. 세상이 바뀌고 있는데 80년대 운동권적 시각이나 과거 위정척사식 도덕적 원리주의적 행각으로는 앞으로 나가기 어렵다.

식민시대 나라가 없을 때는 나라가 없으니 국익 개념이 없었다. 이 시절에는 종족적 민족주의가 막강한 위력을 발휘했다. 그러나 나라를 찾은 지금 국가의 이성으로 국익 우선이 판단 기준이 되어야 한다. 이념보다는 실용으로 국익 위주의 대전환이 필요하다.

그동안 평창동계올림픽에서 시작된 화해 분위기가 4·27 판문점 회담, 9·19 평양정상회담 그리고 싱가포르, 하노이 등 북·미 정상회담 등 우여곡절을 겪은 '문재인 프로세스'의 이행을 보아 왔다.

비록 3·1운동과 임시정부 100주년을 함께 하지 못하는 남북이지만, 과거 추념보다는 미래지향이 더 중요하다. 어려웠던 과거를 딛고 나아가는 새로운 100년의 설계도가 필요하다. 과거의 고난을 미래 발전의 정신적 동력으로 삼느냐, 아니면 과거를 적폐청산으로 인식해 미래 에너지를 낭비한다면 이는 또 다른 역사의 적폐를 남기게 된다.

이웃 일본이 혐한 감정을 키우고, 일본 때리기가 반일감정을 부추기는 민족 감성에 호소하는 유혹을 받는 정치·외교 양태로는 양국 관계나 미래 전략이 어렵다. 양국이 다 편협한 동족 민족주의로 자행되는 상호 자해행위를 거둬야 한다.

북측의 우리 민족 실체는 김일성 민족주의다. 우리 민족끼리는 바로 특정 계층을 말하는 고유명사가 되어 있는데, 우리는 통상의 보통명사로 사용하고 있다는 점을 명심해야 한다.

3 북한 일탈 행위의 교정과 봉합

북핵 망령을 넘어 자주국방의 상상력을 키워야

북한의 핵무기 개발 역사는 길다. 3대에 걸쳐 반세기가 넘는 동안 대륙간탄도미사일/ICBM을 완성하고, 2017년 9월 3일 마지막 6차 핵실험을 했다. 3세대 핵무기인 수소탄에 가까운 핵탄의 실험으로 한반도의 안보 구도가 큰 변화를 맞게 되었다.

핵탄의 운반 수단인 ICBM(대륙간탄도미사일 화성15호 등)으로 태평양을 건너 미국을 겨냥하는 사거리를 확보했다. 다시 말해 미국 본토 공격이 가능한 핵무기(핵탄두+운반 수단)로 진화한 것이다. 이것이 우리의 안보지형을 확 바꿔 놓았다. 현재 우리 국방은 미국의 핵우산과 더불어 확장 억지력의 보호 아래 있다. 그러나 미국이 북핵의 위협을 받게 된다면, 그 위협 아래 동맹국 보호가 가능한 것인가 하는 문제가 야기된다.

전 미국 대통령 안보보좌관이었던 즈비그뉴 브레진스키(1928. 3.~2017. 6.)가 남긴 유지로는 3가지 방안이 있다.

먼저 미국의 영향력이 줄어들고 미국이 제공하는 핵우산에 대한 신뢰성에 위기가 온다면, 첫 번째 방안은 다른 핵 파워의 그늘에 들어가는 것이다. 두 번째 방안은 북핵과 베이징에 대응하기 위해서는 적어도 민주적 가치를 공유할 수 있는 일본과 역사적 반감을 접어두고 관계를 강화해야 한다. 마지막 방안은 스스로 핵무기를 갖는 독자노선으로 가는 길이다. 그러면서도 지정학적 조건으로 보아 중국의 영향력이 커질 때보다 미국의 영향 아래 있을 때가 더 유리할 것이라고 첨언하고 있다.

공론적 통설로 보면, 비대칭 무기에 대응하는 길은 마지막 방안이 맞다. 브레진스키의 유지도 바로 제3안 방안인 자체 핵 개발 옵션을 버리지 않았다.

그 중 군사적 대응 조치로 한·미 군사 자산의 확장 억제력과 특히 앞에 논의한 제3방안이 준비되면 북핵 망령을 꺾는 길이다.

여기서 유념해야 할 부분은 중국의 음험한 계략이다. 그들은 비핵화를 주장하면서 언제나 한반도의 비핵화를 말한다. 이는 남한의 비핵화를 뜻하는 것이다. 6·25 전쟁과 북핵 개발의 기술과 자원을 지원해 놓고서 하는 말이다.

한때 대한민국도 핵무장을 시도한 일이 있었다. 월남 패망의 역사를 보면서 미국의 철수와 공약 불이행을 본 박정희 전 대통령은 미국의 의존에서 벗어나 자주국방의 기치를 내걸고 핵무장을 결심했다. 자주국방과 무관하지 않을 그의 죽음과 함께 염원하던 자주국방의 꿈은 사라졌으며, 당시의 홍능핵연구소도 정변 중 사라졌다고 한다.

그러나 북핵 완성 이후 핵 개발의 당위성은 여러 곳에서 감지된다. 국내 여론뿐 아니라 미 정부의 안팎에서도 전술핵을 포함하여 한국의 핵무장론이 등장하고 있다.

우리는 자체 핵무장을 할 수 있는 능력을 가지고 있다는 공지의 사실에도, 여러 여건으로 보아 자제하는 마당에 탈원전脫原電 정책의 등장으로 핵 능력의 원천 기술을 상실하게 해서는 안 된다. 원자력의 평화적 이용과 군사적 이용 사이에는 칸막이가 없다. 원전 파기 정책도 안보 측면에서 재검토되어야 한다.

임진왜란 때 명과 왜가 화의 7조로 남북 4도씩을 나누는 시도가 있음을 위에서 정리해 보았다. 6년간의 임진왜란을 치른 지 30년 만에 또다시 청의 침략으로 병자호란이 일어났다. 이때 서약한 축성금지 조규(丁丑約條)가 두고두고 문제가 되었다. 조선의 국방은 이 조약으로 무장 해지, 즉 국방 포기 선언을 한 것이 되었다. 당시 성에 의지하여 싸우던 시기에 축성은 고사하고 성이 무너져도 보수조차 못하니, 이로부터 안보의식이 허물어진 나라가 된 것이다.

이렇게 약화된 조선의 국방은 한말까지 이어져 국내 소란을 정비하지 못하고 청국군을 불러들였다가 국가 최고통치기구인 섭정 대원군이 중국으로 압송되는 수모를 겪었다. 그로부터 청나라 위안 스카이遠世凱의 통치를 받다가 청·일전쟁과 러·일전쟁으로 이어지면서 자력 국방의 힘이 없는 대한제국이 지도상에서 사라졌다.

선각자들은 중국 대륙으로 망명하여 상해 임시정부를 수립해 망명정부를 이끌면서 중국인도 해내지 못한 공로를 쌓아 왔다. 그러나 중국 정부는 대한민국 임시정부를 끝내 공인하지 않았다.

전후 패전국이 아니면서 전승국 반열에도 오르지 못했다. 패전국 일본은 온전히 두고 한반도가 분단되는 악몽이 덮쳐왔다. 중국은 수세기에 걸쳐 화의 조공체제로 관통하면서 지정학적 핸디캡에 놓인 한반도를 관리해 온 것이다. 청·일전쟁 이후 중국이 물러가면서 대한제국이 빛을 보았지만, 자존自尊과 자강自强이 안 된 제국은 수명이 길지 못했다.

한때 중국 대륙이 문화혁명 와중에서 헤맬 때 잠시 중국을 앞선 영광의 순간들은 역사상 처음 있는 기념비 같은 것이었다. 최근 힘이 강해진 중국의 양태는 위에서 보아온 종래의 복고적 습성을 보는 듯하다. 우리의 생존이 걸린 북핵 방어용 사드를 가지고 꽃놀이패 쓰듯 힘자랑을 하더니, 외교적으로도 본 궤도를 벗어난 무례함이 엿보인다.

2017년 10월 말에 한·중 사드 갈등 마무리 단계에서 나타난 3불 정책(3NO : 사드, 미 MD, 한·미·일 군사동맹부정 등)이 알려지고, 안보 주권을 담보로 한 한·중 간의 갈등 해소 과정을 보면서 청과의 정축약조丁丑約條를 연상케 한다. 다시 말해 사드의 추가 배치를 하지 않는다는 것은 현재 성주 사드기지 체제로는 서울 방어가 불가함에도, 추가 배치 부인은 북핵에 대하여 서울의 방어 포기와 같은 뜻이 된다.

돌이켜 보면, 중국의 마오쩌둥과 시진핑 주석과의 대 한반도에 대한 시각 차이는 상당하다. 모 주석은 고구려와 발해를 역사적으로 만주지역에 존재했던 나라로 인정하였으나, 시 주석은 한반도를 그들의 영역(속방屬邦의 뜻)으로 인식한 듯한 발언이 트럼프 대통령과의 마라파트 별장 회담 기록에 나타나 있다.

중국 1세대 주석과 5세대 주석 간의 인식 차이는 동북공정의 진전에 따라 중국의 역사 왜곡을 넘어 자의적 역사 만들기의 결과처럼 보인다. 어딘가 화의 질서로 착각하는 듯한 모양새다. 정부의 대응도 너무 한가롭고 굴종적이면서도 미래를 그리지 못한 불안감을 지울 수가 없다.

벌써 3NO+알파(기존 사드 운용 간섭)로 나오고 있다. 중국은 갈수록 공세적이다. 영국 〈이코노미스트〉가 빗대어 "중국이 한국을 굴복시킨 전략을 Doghouse approach(개집 방식)"이란 이름을 붙였다. 이웃 나라 약점을 잡아 동네 개 다루듯 한다고 한 것이다. 중국의 행태 자체가 수모에 가깝다.

이상 여러 사항을 종합해 보면 답은 간단하다. 지금 당장 핵무장을 추진할 수 없다는 것도 잘 인식하고 있다. 그러나 북핵 완성 앞에서 비대칭 무기는 무장 현대화만으로는 안 된다는 것도 자명한 이상 핵 보유는 불가피하다. 적어도 핵 개발에 대비한 기술 수준, 군사 계획, 외교적 준비를 철저히 하여 마음만 먹으면 언제든 개발 가능 상태로 해 놓아야 한다.

드골의 핵 상상력이 프랑스를 열강 수준의 강대국으로 키웠듯이, 우리도 핵 상상력을 말살시키는 탈핵脫核, 탈원전 조치는 폐기해야 한다.

중·러·일 등 강대국 속에서 살아남으려면 통일 한국도 자주국방自主國防의 상상력이 필요하다. 북핵 위기 넘기와 통일 국가의 지속적 생존 능력을 위해서도 핵의 상상력은 필수사항이 되어야 한다.

북한의 독자 노선의 일탈 행위

미국의 참전 권유를 미루어오던 소련은 1945년 8월, 최초의 원자폭탄이 히로시마에 투하되자 갑자기 이틀 후 대일본 선전포고를 했다. 전의를 상실한 관동군을 무장 해제하면서 승전국이 된 것이다. 소련은 지리적으로 연접한 한반도 전역을 점령할 기세였다.

미국은 한반도를 하나의 정치 단위로 보고 편의상 일본군의 공동 무장해지로 본 것인데 소련군의 생각은 달랐다. 폴란드·헝가리 등 동유럽 국가들처럼, 처음부터 북한 지역을 위성국으로 공산화 일정을 밟아 갔다.

그들은 서둘러 남한과 연결된 철도, 도로와 전기, 전화를 끊었다. 소련은 군표軍票를 사용케 하는 등 남한과 분리된 독자 단위를 만들기 시작했다. 1945년 9월 14일, 평양 소련군사령부도 '인민정부 수립 요강'을 발표한다. 그리고 9월 20일, 북한에 단독정부 수립을 위한 스탈린 지령 전문이 내려왔다(1996년 공개로 확인됨).

이 와중에 작은 스탈린 김일성(당시 33세)은 9월 20일경 평양에 나타나, 북한 지역이 단독정부 수립이 급속히 진행되면서 일탈 행위 분단화가 시작되었다. 이렇게 시작된 스탈린 체제에 함몰된 한반도 북반부는 극동 지역의 마지막 위성국으로 편입되어 전후 냉전시대 최일선에 서는 비극이 시작된 것이다.

남북정부가 대치 중인 1950년 1월, 미 국무장관 딘 에치슨Dean Acheson이 미국의 태평양 방어선을 선포한다. 갑자기 발표된 이 에치슨 라인Acheson line은 한국이 에치슨 라인 밖에 놓여 있어 북이 남침할 수 있는 결정적 빌미가 된 것이다.

김일성의 남침 야욕으로 유발된 6·25 전쟁은 수백만의 사상자를 내고 분단의 고착화를 가속했다. 김일성의 최고 일탈 행동은 전후 최대의 상처를 남기고 국토를 중무장 긴장지대로 되돌려 놓았다.

핵 진전과 장마당 세대 등 약간의 경제적 개선으로 자신감을 가지자, 김정은은 또다시 새로운 일탈을 한다. 남북 차별화의 일환으로 2015년 광복절을 기해 평양시간을 30분 늦게 북한의 표준시로 정한다.

대남 의존이 줄어들자 각자 도생하는 두 개의 한국Two Korea 정책으로 선회하면서 일본과 같은 표준시를 쓰지 않겠다며 독자적인 평양 표준시를 채택했다. 이는 남북 차별과 표준시 이탈은 개방

사회의 전개와 배치되는 일탈을 통하여 분단을 일상화로 끌어들여 민족의 통합 의도와 배치되게 해 놓았다.

분단 관리체제로 남북한이 UN에 동시 가입함도 긴 통합과 과정의 진화로 보면, 서로 상대를 인정하고 교합하는 대도大道임이 분명하다. 표준시의 이탈이 분단의 일상화, 반통일 행위가 민족의 이름으로 규탄되자, 2018년 4·27 남북회담에서 통큰 모양새로 다시 남북한 표준시로 되돌려 정상화하는데 합의했다.

또 하나 국가를 상징하는 나라의 꽃이 있다. 무궁화는 오랫동안 우리나라의 꽃이었다. 그런데 만주의 조선족 동포들이 진달래로 알고 있는 나라의 상징 꽃을, 어느 날 수령이 아름답다고 해서 목란(함박꽃)으로 바꾸었다. 이처럼 북한은 편의에 따라 나라꽃도 바꾸는 일탈을 서슴없이 하고 있다.

지난 2017년 11월 8일, 트럼프 미 대통령의 방한과 국회 연설은 한·미 동맹과 한국방위공약을 재확인했다. 한편 국회 연설에서는 놀라울 만큼 한국의 발전상과 폭정에 신음하는 북한 동포의 참상을 대칭적으로 강조했다.

그는 "번영하는 한국의 존재 자체가 북한 독재체제의 생존을 위협한다"고 선언했다. 한반도 정세의 정곡을 찌른 동맹국 대통령의 정확한 판단 위에 방위 공약과 더불어 강력한 대북 경고 메시지를 보낸 것이다.

북한 주민들의 출신 성분을 분류하는 '우리 민족끼리'에 대하여 NYT는 북한식 카스트 제도라고 했다. 즉 핵심 계층, 동요 계층 그리고 천민시 당하는 적대 계층으로 분류하여 식량 급여와 일자리, 교육 등 각기 다른 처우를 한다는 것이다.[47]

47) 〈New York Times〉 2017. 12. 5.

북한은 핵과 강성대국 등 특정 체제를 지향하면서 민족 통합의 당위성보다 유일 체제를 유지하기 위한 목적의 국가 이익에 치중해 두 개의 한국, 즉 분리 공존 전략을 구사한다. 말로는 평화통일을 말하지만 한 꺼풀 속을 벗기면 숨겨 놓은 적화통일이 나온다. 이제 핵무기의 유무를 달리하면 남한을 깔아뭉개는 위협적 행동이 수면 위에 떠오를 것이다

솔직히 말해서 중국도 궁극적으로는 북한 위협에서 자유롭지 못하다. 그런 그들이 대외 매체인 〈환구시보〉를 통해서 한반도 전쟁 시 가장 먼저 북의 공격을 받는 곳은 한국이고, 이어 일본 및 아태 지역의 미군기지일 것이라고 했다.

북 핵무기는 남쪽을 향함이 제일 목적이고, 중국이 전화를 입을 가능성은 후순위라며 자국민을 안심시킨다. 멀리 하와이나 도쿄에서는 30년째 반공훈련을 하고 있는데, 우리는 위협을 느끼지 못하는 묘한 아이러니 속에 살고 있다.

북한이 어떤 여건에서도 분단의 고착과 분리, 각자 도생하고자 하는 어떤 시도도 그리고 민족적 동질성에 대한 인식에 반하는 일탈 행위를 막는 것이 통일로 가는 것이다.

북 정권과 주민 별도 관리가 중요해진다

북한 체제는 수많은 미사일 도발과 병행하여 2017년 9월 3일 제6차 핵실험으로, 일본의 히로시마 폭탄의 17배 규모의 수소폭탄 실험에 성공했다. 뿐만 아니라 그 해 11월 29일 ICBM/대륙간탄도미사일 화성-15호 발사로 미국 전역을 겨냥하면서 세계의 안보 지형을 확 바꾸고 있다.

북한 정권은 주민의 생활상과 상관없이 체제 유지를 위한 모든 역량을 쏟아부어, 그들의 선군先軍주의 체제를 최선의 목표로 하고 있다. 북한의 개정 헌법에는 놀랍게도 공산주의 용어를 모두 없애고, 공식적으로 그들의 체제를 선군주의로 하고 핵 개발과 경제개발을 병진한다고 해 놓았다. 선군과 주체 이데올로기로 가는 별난 독재 체제를 위해 북한에는 3만 개에 이르는 김일성 부자父子 동상과 혁명 구조물에 막대한 투자를 했다.

민생경제는 장마당에 맡기고 중앙공급경제의 부담을 줄이면서 시장경제의 이점을 살려 일부 영농 인센티브를 조정하는 방법으로 기아상태를 벗어나는 모양새다. 그러나 선군과 주체 체제에서 3부자 우상화 조치가 진행되는 등 통제사회의 겉모습을 하고 있으나 내부적으로는 상당한 변화를 예상할 수 있다.

판문점 귀순 병사를 통해 추론할 수 있는 것은, 대북방송과 USB 등 한류의 영향력은 북한에도 불고 있는 듯하다. 보도대로라면 북한에도 700만 대의 모바일 보급시대에 들어선 듯 대량 정보전달의 인프라는 갖춰진 듯하다.

BBC나 BOA 등 다양한 해외 공중파도 중요하다. 사실상 500곳이 넘는다는 장마당과의 결합도 연상해 보아야 한다. 없는 것이 없다는 장마당은 북쪽 주민들 삶의 터전인 동시에 정보의 교환시장이기도 하다. 재정이 어렵고 중앙집중적 배급 체제가 무너져 자연발생적으로 생겨난 장마당이 늘어나면서 제도화되고, 세수원이 확보되면서 권력이 기생하는 일면도 보인다.

북한 주민과 정권의 분리정책이 필요하다. 당국 간 접촉은 계속하되 이와는 별도로 민간 교류 방식 채널을 가져야 한다. 지금까지 여러 장벽에 의해 중단된 민간 교류 상태를 정경 분리처럼 정권 차원이 아닌 순수 민간 협력을 구상해야 한다. 대만의 경우는 양안 민간 협력이 양국 간의 싸움 속에서도 민간협력기구의 가동이 계속되어 왔다.

남북 간에는 일방이 돕는다는 개념이 아니라 상호 협의 교환방식의 교섭 창구를 개설하여, 북한의 장마당 운영방식처럼 순수 민간 차원의 남북장마당(가칭)을 열어 서로 남는 물건을 교환하는 길 Root을 만들어 주는 것이다.

예를 들면, 남한의 남는 보관용 쌀과 북쪽의 희귀식품 한약재의 교환을 통하여 자유로운 거래를 터주는 것이다. 나아가 북한 기업이 생산하는 희토류 등도 남한 보관 쌀의 교환증(바우처) 등과 교환하는 방식으로 진화해야 한다. 시세 변동도 장마당에서 자유롭게 형성되는 교환비율에 따라 무간섭 민간 베이스 소규모로 시작하는 것을 연구해야 한다. 아니 장마당에서 필요로 하는 물품은 최우선으로 서로 공급하는 신뢰도 쌓아가야 한다.

남북 간에 사실상 열려 있는 곳이 개성 지역과 동해안 루트이다. 철도와 도로가 연결되어 있으므로, 먼저 개성공단의 미개발지역에서 남북장마당을 열어보는 시연을 할 수 있다.

북핵과 규제 등 첨예한 문제들로 남북 교섭 문제를 거론할 시기 선택의 문제가 있다 해도, 풀뿌리 민간 교류를 준비하면서 시장화를 통한, 정부가 아닌 민간 중심의 교환체계를 통해 교역의 패러다임을 전파하는 것이 중요하다.

우선 민간단체 또는 인접 지역의 지방자치단체를 활용할 수 있을 것이다. 장마당세의 연결 시도로 그들과의 진솔한 교환거래를 시작하는 것이다. 문제는 북한의 수용 여부다. 통제사회의 민간 세력이 있느냐는 것도 하나의 걸림돌이다. 그러나 말단 조직의 결합이 상호 이득이 있다는 경협 법칙을 살려내는 것이 중요하다. 정보 능력의 증가나 장마당과 같은 시장세(시장 질서)의 살아남에 따른 북한 기반 기층의 변화를 느긋하게 기다려야 한다.

다음은 대북한 인도적 지원 문제다. 그전부터 이 문제는 정권의 차원을 넘어 주민의 건강과 위생 안위에 관한 대민사업이다. 북 정권의 무모한 행위에 따른 세계평화 위협에 따라 자연스러운 인도적 지원마저 막혀 있다. 그러나 때가 오면 적극적으로 북한 주민 위주의 관리 정책으로, 국제기구나 인접국 지원과 더불어 가까운 곳에서부터 연결하는 모든 인적·물적 지원도 잘 엮어 도움이 되도록 해 나가야 한다.

우선 급한 전염병원성 위험에서 안전하게 하는 예방 차원의 지원부터 시작해 난치병에 이르는 의료 지원이 중요하다. 환경 정화와 영양관리 특히 영유아에 대한 비타민 등 영양 공급에 대해서도 정교한 지원을 아끼지 말아야 한다.

식량증산 차원에서는 이미 일부 민간 베이스로 시행해 온 강냉이 개량사업 등 농민이 원하는 농경기술 지원이 효과적이다. 북한의 산림 문제는 잘 알려진 일이나, 최근 급속히 진행되는 북한 지역의 사막화 현상은 심각한 문제임에도 제대로 대응하지 못하고 있다. 그 진행 속도가 빠르다고 하니, 바로 이 문제부터 치유하는 방안을 수립해 시행토록 공적기관이 관심을 가지고 대처해야 한다.

한편 압록강과 두만강 변의 우회 진출(투자 등)로 북한 동포와 세포 접합하는 기회도 생각할 수 있다. 한반도 내 경계인 DMZ에 비해 훨씬 장벽이 낮은 국경지대가 더 효과적일 수 있기 때문이다.

연해주나 옛 연고 지역인 만주·간도 지역 조선족의 존재는 배후 지역 활동공간으로 볼 수 있다. 조선족과 탈북 동포의 실존도 민간 접촉의 중요 인자가 될 뿐 아니라 이들과의 스킨십은 매우 중요한 감성적 거울이 될 수 있기 때문이다.

지난해부터 시행에 들어간 북한인권법 시행도 다시 연계해서 주민과 이반된 정권과 동일선상에 두지 말고 주민 위주의 정책 요소를 정비해야 한다.

우리도 과거 권위 정부 시절 많은 인권 문제를 안고 왔지만, 오늘날 대한민국의 민권民權 문제는 높은 수준으로 개선되었다. 국가도 개인처럼 국가이성國家理性이 있다. 과거 국권이 민권에 앞선다는 국가 우선주의 시절을 뒤로 하고, 이제는 국권과 민권이 조화를 이루는 우월적이고 결정적인 새 국가 이성을 창출해낸 민주국가로 우뚝 서고 있다.

북·중의 인권은 하찮게 다루거나 아예 무시 말살하는 독재적인 체제에 대한 대한민국의 도덕적이고 민권 우선적인 체제의 강점을 자랑스럽게 활용해야 한다.

최근 중국이 '화평굴기和平崛起'에서 '유소작위有所作爲' 등 실력을 과시하면서 패권적으로 진화하는 이웃을 둔 것이 유감스럽다. 특히 북한의 유일 체제에서 1인 독재 기반 국가 이성의 낡은 틀과 정면으로 비교되는 논리의 전달 과정도 매우 중요하다고 생각된다. 이와 더불어 우리의 대내적 분쟁과 갈등에 관해서도 단호히 도덕 비교우위에 서 있는 대한민국의 민권 우선 국가 이성의 보편적 강점을 선언적으로 전달해야 한다.

4 분단 이전의
역사의식으로 돌아가야

우리 역사는 하나, 보기 드문 한 핏줄

우리 역사는 분단과 민족상잔의 6·25 비극을 거치면서 동족의 식에 엄청난 상처를 입고, 북한의 의도적인 일탈 행위 등 동질성의 훼손이 매우 심각한 상태다. 우리 민족이 하나라는 것은 분단 이전의 역사로 돌아가 보면, 우리 역사는 하나로 이어져 왔다는 것을 알 수 있다.

인구만으로 보면, 남과 북 합한 인구가 7500만 명 그리고 190여 개국에 퍼져 있는 750만 명의 교포를 포함하면 8200여 만 명으로 열강 수준의 규모다. 고조선으로부터 5천년의 역사를 가진 역사 대국이다.

단군 이야기가 신화든 사실이든 모르는 사람이 없을 뿐 아니라, 통칭 우리 역사를 반만년 또는 5천년 역사로 이야기한다. BC 2500 년에서 3000년 사이라면 신석기시대와 청동기문화가 꽃피던 시대 이다. 고고학자들이 말하는 고대 왕조 정부가 생성되던 때와 맞아 떨어진다.

중국의 사가들이 우리 역사를 깎아내려도, 일본이 아무리 우리 역사를 축소해도 그리고 기록문화가 희소하다 해도 유적 문명의 발굴로 우리의 반만년 사적이 입증되었다.

당시 한반도와 만주 일원에 많은 종족의 사람들이 살고 있었고, 그 중에서 단군왕검이 나라를 세워 이 지역 사람들과 더불어 한민족 한겨레를 형성한 것이다.

이 겨레 모두를 단군 혈연의 후손으로 입증할 수는 없으나, 단군이 고조선을 건국함으로써 비로소 한겨레의 울타리를 만들어 민족을 형성한 것이다. 따라서 단군들은 건국의 시조이며 겨레의 조상이다.

고조선시대의 단군은 정교 양면의 통치자이며 지도자로서 신성시되는 상징으로, 하늘과 연계된 천손족天孫族의 후예로의 권위가 더해졌다. 환인(하느님)을 최고 정상으로, 환웅 천제를 지상으로 보내 능족(곰족)과 통혼으로 얻은 인간 왕검을 단군으로 삼았다. 그러나 천손인 단군왕검의 탄생과 건국 과정에는 신화적인 요소가 전혀 없다는 것이 역사학자들의 견해다.

민족의 시조인 단군왕검의 후예라는 의식이 같은 민족, 같은 피로 정리되면서 이것이 우리의 의식이며 정서로 굳어져 과학의 영역을 넘어서는 것이다. 이렇게 단군 민족으로 수천 년을 엮여 오면서 한 핏줄의 정서가 역사가 된 것이다.

한때 남북이 "단군 및 고조선에 관한 역사학자들의 공동 학술토론회"가 평양에서 열렸다. 우리 쪽에서는 정영훈(정신문화연구원), 최광식(고려대), 윤내현(단국대) 등이 다녀왔는데, 상호 논문 발표와 열띤 토론 뒤에 공동 보도문까지 내놓았다.

다섯 가지 사항의 요지 첫째가 "단군은 실재한 역사적 인물이며, 우리 민족의 첫 국가인 단군조선을 세운 건국 시조다." 셋째, "고조선은 오늘의 한반도와 동북아시아의 넓은 지역을 기본 영역으로 한 강대국이었다." 그리고 마지막으로 민족사 연구로 심화시켜 조국 통일 위업에 이바지한다는 기본 인식에 합의한 것이다.[48]

한반도 안에서 처음 시도된 남북 역사학자들의 모임이라는 의의도 컸지만, 남한 단군학회 회장인 윤내현 교수의 감회가 중요해 보인다. "오찬이나 만찬 장소, 학술회의나 간담회에서 우리는 이질감을 거의 느낄 수 없었다. 이념이나 정치를 대화의 내용으로 하지 않았기 때문이다."라고 술회하고 있다.

남북대표단은 공동 학술토론회 기념으로 묘향산과 구월산을 다녀왔다고 했다. 개천절인 10월 3일, 북한이 1994년 재건한 단군릉에서 개천절 기념식에 참석했다.

북한에 의하면 1993년 단군 유골 발견으로 거대한 단군릉을 재축조(전체 면적 45정보, 기단 넓이 450m)한 바 있다. 다행히 단군왕검릉이 아니고 5대 구을단군이라는 것으로 확인되고 있다. 남이든 북이든 단군조선의 실재를 인정하고, 이를 매개로 민족의 동질성을 느꼈던 것은 당연하지만 이를 서로 확인하는 것이 중요하다고 생각된다.

오랜 세월 함께 살면서 같은 말과 풍속, 종교의식을 함께 하는 문화공동체를 이루면서 같은 피의 의식이 첨가되면 민족에 대한 귀속의식이 더 커질 것이다. 체제가 다르고, 자유냐 전체주의냐의 이데올로기 차이가 있다 해도 한겨레 한 핏줄의 모습은 지워지지 않는다. 피는 물보다 진하기 때문이다.

어떤 상태에 놓여 있던지 갈라지기 전의 역사의식으로 돌아가 남과 북이 연대하여 민족사 연구를 심화시켜 나가기로 한 것은 미래

---

48) 윤내현, 『우리 고대사』, 지식산업사, 2007. 남북 역사학자 공동보도문 21쪽.

지향적인 인식의 합일습—로서 중요하다.

중국이 우리 고대사, 즉 대륙 지배의 역사 왜곡에 대해 공동 대응하는 것을 반대할 사람은 없다. 분단 이전의 역사가 하나인 것처럼 고대 역사도 하나이다. 따라서 민족의 뿌리인 민족사 연구 심화는 민족 통합의 확실한 기반이 될 것이다.

우리는 한 나라, 한 핏줄에 관한 의식도 매우 드물지만, 우리 민족은 오랜 세월 동안 수많은 침략 속에서도 기개와 백의민족의 명맥을 잘 이어 왔다.

우리 문명과 생각·사상의 줄거리를 우리 겨레의 집단 이성에 체화되어 남을 해치지 않는 마음가짐, 고난을 견뎌내는 원동력 그리고 뛰어난 창의력의 원천이 홍익인간의 보편성에 기반한다고 생각한다.

홍익인간 사상은 위대한 통치 이념이며 평화사상인 점은 현대적 후생과 평화 이념의 실현으로 정확히 부합한다. 다시 강조하지만, 우리가 고대 단군조선시대의 평화사상을 살려내기 위해서도 단군조선의 역사를 여러 고증을 거쳐 소생케 해야 할 소명의식을 가지고 있다.

인류 문명사를 '도전과 응전'의 개념으로 본 토인비는, 소멸하지 않고 오늘날까지 존속하는 문명권으로 기독교문명, 동유럽 비잔틴문명, 힌두·이슬람과 극동문명 등 16개 문명으로 분류했다. 그리고 극동문명은 중국·한국·일본 문명으로 확연히 구분하고 있다. 이들 문명은 그 시대적 도전의 응전 방법에 따라 독자적인 문명권을 형성했다는 것이다.

그 이후 다른 학자(헌팅턴)들의 문명권 분류에서 한국이 사라진 바 있으나 지극히 잘못된 관찰로 보인다. 한국의 식민화와 분단의 역사가 있다 해도 일본은 본원적으로 한국과 같은 뿌리에서 파생된 역사관으로 본다면, 일본은 한국문명권에 포함되어야 맞다. 일본의 자국 황국사관으로 타민족을 리드할 수는 없다.

이에 비하여 한국문명의 세계성과 평화사상인 홍익이념의 보편성은 바로 인본사상을 근본으로 평화·공존의 기반이 된다. 따라서 홍익인간 사상을 문명의 한계를 극복하는 새로운 비전으로 평화의 세기를 이끌 시대정신으로 승화시켜야 한다.

분단, 일제 침략 이전의 역사 복원이 시급하다

중국과 일본 역사는 고대사로부터 현대에 이르기까지 국가가 다듬은 역사였다. 기원전 5세기 중국의 사가 사마천司馬遷이 쓴 『사기史記』가 중국의 정사 위치에 올라 있으나, 많은 부분이 가공되고 국가 목표에 따라 정리되었다.

일본 또한 기원후 8세기경에 쓰인 『고사기古事記』(712년)와 『일본서기日本西記』(720년) 두 권의 고대사를 보면, 진무神武천황이 기원전 660년 즉위하므로 시작된다고 기술되었다.

그 시기의 진위는 별론으로 하고라도, 식민지배를 통해 조선사를 만들면서 그들의 역사 이전에 해당하는 조선의 역사를 인정하지 않았다. 그들의 황국사관을 옹립하고 피지배 지역에는 철저한 식민사관을 심어왔다.

쉽게 말해서 우리 상고사, 즉 한국 최초의 국가인 고조선의 단군조선을 신화로 처리함으로써 정통 역사에서 탈루시키고, 한사군을 한반도 안으로 비정比定하여 사대주의와 고대 식민의 역사로 기술했다.

삼국 역사도 삼국이 정립하여 싸우는 과정부터 기술함으로써 역사 초기부터 분열과 싸움으로 표현된 왜곡된 역사를 만들어 놓았다. 단군조선 2000여 년을 지우고도 모자라 초기 삼국사마저 전설의 시대로 만들어, 사실상 기원전 고조선과 삼국의 초기 역사까지 말살했다.

이유는 간단하다. 일본 고대사를 포함하여 2600년(기원전 6세기)의 역사에 비해 한국은 4300년의 역사를 이어온 나라다. 식민지배를 합리화하기 위하여 제일 먼저 일본보다 앞선 문명인 우리의 고조선과 삼국의 역사를 왜곡한 것이다.

총독부 주관으로 조선사편수회(1925년)를 만들어 10여 년에 걸쳐 철저한 식민사관에 따라, 일본인 손으로 일본말로 된 조선사(35권)를 편집해 놓았다. 편수회는 일인들이 주도했으나 많은 조선인 역사학도들이 동원되었다. 그 중에도 이병도·신석호 등이 광복 후에도 요직에 앉아 일본인이 만든 조선사를 역사 대관으로 둔갑시켜 국사로 만들었다.

물론 일인들이 우리 역사를 만들 정도로 우리 스스로 정사正史 자체를 제대로 정비해 놓지 못한 통한이 남는다. 고려시대와 조선조에 와서도 사서의 금서 목록을 보면, 우리 스스로 민간에 남아 있던 역사서를 수거하여 없애는 일을 계속해왔다. 더욱이 임란이나 병자호란을 거치면서 민간이나 정부에 수장되었던 주요 역사유적과 사료들이 나라 밖으로 반출되었다.

민족사학자인 박은식·신채호 선생은 식민통치 조직이 쓴 조선사를 제대로 된 역사서로 믿지 않았다. 우리 역사는 우리가 써야 한다는 신념으로, 일제 통제 하에서도 『조선상고사』를 써나갔다. 이처럼 열악한 환경 속에서도 피나는 노력을 해온 이들 선각자의 역사관을 민족사학자 운운하며 폄하하는 강단사학자들의 오만은 받아들일 수 없다.

식민사관과 사대주의 사고로 오염되고 왜곡된 우리 역사는 지금부터라도 우리 손으로, 우리 정부 예산으로 다시 정리해야 한다. 그동안 많이 보충된 우리 사적을 통합하여 새 한국사를 반드시 재정비해야 한다.

중국의 역사관에 관해서도 할 말이 많다. 우리 고대사는 문자가 없던 시대여서 상당수의 역사 자료는 중국사 쪽의 사료가 중요하다. 그러나 역사 기록은 그들의 역사를 중심으로 쓰이기 마련이어서 그대로 받아들이기 어려운 경우가 많다. 특히 고대사의 경우는 고대 조선과 고대 중국의 교호 관계로 보아 우열을 가리기 어렵게 중첩되었던 부분이 많다.

세계 문명은 황하문명을 포함하여 통상 4대 문명이라고 하는데, 중국 중원의 황하문명을 말해왔다. 그 후 20세기 후반에 발굴된 요하문명의 출현으로 속지주의 개념에 따라 4대 문명의 막내였던 중국(황하) 문명이 천 여 년 앞당겨져 세계 최고의 문명이 되었다.

그런데 요하문명의 중추 문명이 적봉赤峰 지역 문명으로, 이는 중국의 중원에서 보면 그들의 문명이 아닌 오랑캐 지역의 문명이다. 그 주요 유적은 고조선 지역 문명의 유적이 대부분이다. 비파형 청동기문명과 옥玉 문화유적이 그 전형이다. 그 지역이 중국 땅이어서 그들의 역사로 편입하고 있으나, 땅의 영유권보다 역사 발상지의 명제가 더 중요하다. 당연한 역사 공유를 당당하게 주장하여야 한다.

우리 건국 성조 단군을 그들 지방 부족의 수장이라 하는 것은 받아들일 수 없다. 그들의 조상 황제를 고조선 거수국의 수장이라 함과 무엇이 다른가.

고조선에서 시작되어 고구려·발해에 이르는 우리 민족의 역사를 말살할 뿐 아니라 고조선과 고구려 영토를 원래부터 그들의 영토라고 주장한다.

우다웨이武大偉의 동북공정 발언과 달리 국책연구사업인 동북공정에서 역사 왜곡에서 나아가 옛 고구려 영토인 만주지역과 대동강 이북의 북한 지역까지도 중국 일부라는 근거를 마련하고 있다. 플로리다 미·중 정상회의에서 나온 한반도의 속령설도 사실상 영토적 야심을 공공연히 표출하는 태도로 볼 수 있다.

중국 제1세대 정부의 마오쩌둥 주석이나 저우언라이 총리는 만주지역에 고구려·발해국의 존속을 인정했다. 그러나 현실적 경계인 두만강과 압록강을 국경으로 획정 합의했다. 그들 조상이 한민족을 너무 많이 밀어냈다면서 그 지역을 배후지역으로 활용할 수 있다는 의사 표시도 했다는 기록을 보았다.

동북공정은 의도적으로 인접국의 역사까지 왜곡함으로써 영토분쟁 소지를 남기는 것은 용납되어서는 안 된다. 민족사의 고난 속에 왜곡된 역사관을 바로 세우는 길을, 먼저 분단과 일제 식민지배 그리고 예부터 깊이 뿌리박힌 사대사상을 제거하는 것이다. 중화주의적 세계관으로 스스로 예속되는 역사관에서 벗어나는 것이다.

한편 일제는 우리 고대사 부분을 시간 계열에서 삭감할 뿐 아니라, 우리 역사를 한반도의 테두리 안에 가두어 공간 영역을 제한하는 반도사관을 도입해 왜곡했다.

원래 한국인의 진취적인 대륙국가의 기풍을 삭제하고, 반도사관으로는 역동적인 해양성마저 상실하게 한 것이다. 우리는 하루속히 잃어버린 역사 복원에 나서야 하며, 그 한국사 복원의 시작은 상고사에부터 시작되고 집중되어야 한다.

중국 고대사도 고조선 동이족의 앞선 문명을 의식한 고의적 폄하다. 더불어 중국 고대사의 조성 과정이 가공된 부분이 많은 것은 여러 사료에 나타난다. 우리나라 최초의 정사인『삼국사기』는 김부식에 의해 작성되면서 귀중한 역사서들이 수거 폐기되었다.

일연에 이르러 고대사 단군왕검의 건국사화建國史話가 중국 사서의 기록을 인용하면서 자세히 기록하였다. 그러나『삼국사기』에도 고구려와 그 이전 역사를 기록한『유기留記』등이 서기 1세기경 편찬한 것으로 기록되어 있으나 이들 모두가 남아 있지 않다.

조선조에 와서도 수서령收書令 등 수많은 사서의 유실은 통탄할 일이지만, 유적의 누적과 과학적 조사 방법 등의 발전으로 높은 가치가 확인되고 있다. 앞으로 남북학자들의 소통이 가능하게 되면 더 많은 사적을 공유하면서 이견 없는 합일이 가능한 고대사부터 최선의 복원 작업을 시작해야 한다.

역사는 단순한 과거사가 아니라 미래로 연결되는 통로라는 인식을 같이 한다면, 새 역사의 장이 열리면서 하나 되는 소명의식을 높일 것이다. 일제가 말살하려는 고대사의 부당성에 저항하면서 열악한 환경에서『조선상고사』를 집필했던 단재 신채호 선생의 기개를 다시 생각한다.

소통 대책과 봉합의 대도大道

우리가 관심가지고 추진해 온 남북 교류 정책의 본질은 소통 문제가 될 것이다. 소통의 형태는 교섭·접촉·왕래·교류 협력 등이 공식적이든 비공식적이든 민간 간의 교섭이 발전 축으로 이어질 것이다. 지금은 무엇 하나 시원하게 터진 것이 없다. 정부 간 교섭도 양 정상회의를 위시하여 고위층의 교류도 단속적으로 이어져 왔으나 어느 것도 지속적으로 진행되지 못했다.

비공식 교류도 대만의 양안 교섭처럼 상설기구가 없다. 북北의 성격상 특정 목적을 위한 사전 조율 등의 비공식 접근 외에는 한계가 있다.

순수 민간 교류는 허용되지 않을 뿐 아니라 정부의 허가사항인 경우도 대북 인도적 지원 등 매우 제한된 범위 안에서 의료 지원이나 농경기술, 식량 지원 등이 일방적인 북한 지원 형태로 이루어져 왔다.

역대 북한정권이 북한 전 지역에 경제특구개설을 선언했지만, 그 어느 곳도 활발한 외국인 투자가 이어진 지역이 없다. 개방에 대한 알레르기성 반응과 외부인에 대한 의구심으로 감시 대상이 되는 등 그들의 배타적 체질이 외국인 투자의 많은 기회를 날려버렸다. 물론 유엔의 중첩된 규제 이전의 이야기지만, 중국 기업의 일부 진출 외에는 실적이 없다.

지구촌은 여러 번의 산업혁명을 거치면서 중상주의·제국주의 전쟁 패러다임을 벗어나 교역과 상호 의존의 협력 시대에 살고 있다.

그러나 오늘의 북한은 이러한 세계의 발전 추세에 반대되는 폐쇄적인 체제 속에서, 모든 것에 우선하여 투자해 온 핵무기를 완성했다. 반세기 동안 황폐해진 경제와 가난의 연속을 방치한 채 장마당에 던져 놓고 감시 체제를 계속하고 있다.

그러나 그들이 바라던 핵과 미사일의 완성은 강력한 유엔 제재 등 외부의 압력으로 내부 체제가 붕괴될 이중적 사태를 맞이할지 모른다. 이러한 위기는 김정일 지휘로 일어났고, 이를 이어받은 김정은 체재의 책임에도 불구하고 모든 실책을 충성스러운 간부들에 떠넘겨 가혹한 처벌을 하는 아이러니가 이어지고 있다.

북한 상층부의 불꽃놀이와 상관없이 자생적으로 발생한 장마당은 곧 시장경제의 실습장이 될 수 있고, 길게 보면 앞날의 통일을 대비한 소통의 마당이 될 수 있다.

공산당 간부들도 이용한다는 장마당은 스마트폰이나 무선 수신기와 결합 정보 소통의 대도大道를 열고 있어 소통의 인프라가 깔리고 있다. 북한 주민의 생계 터전인 장마당에서 정상적인 장사를 할 수 있도록, 자유시장으로 진화하도록 지원하는 방안을 마련해야 한다.

DMZ 부근의 개성공단이나 국경 넘어 간도 지역과 연해주의 조선족을 연계하여, 민초들의 기초 조직으로 장마당과 자연스레 교류하는 자연 발생적 소통 루트를 넓혀가야 한다. 그것이 북 주민을 도와 삶을 윤택하게 하는 방식이다. 물론 북에는 백성도 시민사회도 민중도 없는 북한 주민에게 무엇을 할 수 있느냐의 자성론도 있으나, 북한 당국이 가장 두려워하는 것은 외부로부터의 바람이다.

외풍으로 개화되는 과정을 거치면서 진실을 경험하는 사례가 많다. 어떻게 보면 핵 강국으로 포장된 허구 뒤에는 많은 구멍이 난 배처럼 장마당과 수신장비 보급이 큰 역할을 할 수 있다. 누가 막는다고 해도 외부 세계를 알리는데 더 많은 문화 콘텐츠, 즉 UBS와 터진 하늘을 통한 대량의 정보를 꾸준히 보내야 하는 이유다.

평창동계올림픽은 국제 제재에 어려움을 겪고 있는 북한에 하나의 돌파구가 될 수 있다는 희망이 있었다. 그러나 생각이 같은 일부 고위층의 교합은 있었지만, 북한의 바닥 사정은 여전히 꽉 막혀 있는 듯하다.

북한이 핵무기를 완성하는 순간 핵 버튼의 크기를 다툴 수는 있어도, 사용할 수 없는 무기임을 인식하는 때 경제의 낙후성과 모순이 점차 드러나면서 그 체제의 실용성 문제가 현재화할 수도 있다. 북한도 때를 놓치지 말고 진솔하게 협상 테이블로 나와 핵과 번영의 기회 분기점을 인식하여 현명한 선택을 해야 한다. 때를 놓치면 주변국의 핵 도미노가 핵 체제의 퇴색으로 이어질지 모른다.

어느 경우든 우리의 목표는 남북 바다 조직의 소통과 봉합이 중요하다. 어떤 어려움 속에서도 분단 이전의 역사의식으로 돌아가 미래를 대비한 큰 그림을 그려 놓고, 실현 가능한 기본 소통 수단을 진지하게 준비해야 한다.

남북 여건의 변화 속도를 조절하면서 핵 완성 뒤에 새로운 변화를 추론해야 한다. 북한 정권의 신년사에서도 핵과 더불어 경제 주민에 관한 표현이 늘어나는 것으로 보아 민생을 외면했던 문제들에 관심을 두게 된 것 같다.

이제 선군체제의 구 전쟁 패러다임에서 벗어나 경제 민생 교류의 새로운 패러다임을 찾아 생존의 대전환기를 열어나가야 한다. 그나마 굶주림을 피해 버팀목이 된 장마당 세대의 시장주의나 사유재산의 부활 등이 감지된다. 남북의 시장세를 연결하는 기초 단위의 교역으로 연결되도록 소중히 관리해 나가야 할 것이다.

점진적으로 낮은 단위의 교역을 통한 대북교류정책Engagement Policy으로 나가는 봉합의 큰길을 가야 한다.

UN의 테두리 안에서 상대방을 인정하고 경제적 소통으로 교역에 나서면서 차차 인적 교류로 이어지는 정상 국가화를 모색해야 한다. 이제 구체적으로 보통 비자Visa로 왕래하는 일상의 관계를 맺어야 한다. 보이지 않는 길도 멀리서 보면 보인다. 같은 핏줄의 민족이 걸어온 길과 가야 할 길이 보인다.

먼 장래 희망의 지형을 만들어 그 위에 큰길을 같이 가는 꿈을 실현해 보는 것이다. 빠르게 덮쳐오는 새로운 산업혁명의 시대에 늦었지만 백지에서 뛰어넘는 세대 단축世代短縮으로 공진共進의 기회를 엮어보는 것이다. 부정에서 긍정의 시대, 공감과 소통의 시대를 대망待望하는 꿈을 가꾸어 보자는 것이다.

제4장 | 봉합의
기회,
북한은
뉴프런티어

1 민족 통합의
큰길 위에

통합사관과 분열 축소사관의 비교

후세 사가들이 역사 기록이 없다는 이유를 들어, 우리 고대 역사
영역을 신화로 처리하거나 무시해 우리 민족의 긴 역사를 머리 없
는 기형아로 만들었다. 3국의 초기 역사를 지우고 싸우는 시기를
강조한 것들이 바로 사대주의로 시작되어 식민사관으로 가공된 역
사이다.

중국사는 사마천司馬遷(BC 145~86)에 의하여 통사로서 정비되
었다. 그는 한나라 전성시대에 태어나 중국의 상고사로부터 한 무
제에 이르는 3000년 역사를 기술했다. 중국 상고시대 신화의 인물
들, 즉 황제로 시작되는 오제五帝를 통합적 역사관으로 일사불란
하게 정리했다. 5제 중에는 동이족의 조상으로 통칭되는 자손으로
설정했다.

그러나 사마천이 가장 존오경했던 공자(BC 551~479)의 저서인
『상서尙書』나 『춘추春秋』에는 황제의 기록이 없다. 하지만 사마천
은 한족 자존의 역사관으로 한漢민족이 가장 위대한 역사로 체계화
하여 오늘날까지도 한족을 묶는 통합의 상징이 되게 해 놓았다.

우리나라 삼국시대의 정사로 남아 있는 김부식이 편찬한 『삼국사기三國史記』는 고려 인종(1145년) 때 신라·고구려·백제 3국의 역사로 시작된다.

『삼국사기』에도 고구려 역사 『유기留記』 100권을 편찬한 것이 서기 1세기경의 일이다. 백제의 『서기』, 신라의 『국사』 그리고 고려의 『왕조실록』을 편찬하였다는 기록이 분명히 있다.[49] 그런데 이들은 현재 남아 있지 아니하고 다른 사서에서 인용한 것이 남아 있다는 것을 강조한 바 있다.

『삼국사기』는 50권으로 작성되었는데, 본기 28권 중 신라(통일신라 포함) 12권, 고구려 10권, 백제 6권, 그리고 지志 9권, 표 3권, 열전 10권으로 되어 있다.

김부식이 살던 12세기 초반이면 국초의 역사 기록이 담긴 고구려 『유기』 등 귀중한 사서를 보았을 것으로 추정된다. 그럼에도 『삼국사기』는 1권 첫머리에 단군이 아닌 박혁거세朴赫居世를 신라의 시조始祖로 하여 우리 역사의 시원을 그리고 있다. 당시(12세기)보다 3000여 년 전에 건국한 단군조선(BC 2333년)을 빼버리고 BC 57년 신라의 건국을 첫머리에 다루고 있다. 우리 민족의 뿌리, 활동 영역 특히 대륙국가를 반도에 밀어 넣었다. 형제국인 선비·거란·말갈·발해 등을 번속 처리하고, 민족의 활동 범위를 압록강 유역으로 축소했다. 철저한 유교적인 사대주의 역사관으로 동이족인 조상을 둔 것을 부끄럽게 생각하고 고조선과 의도적인 단절을 시도한 듯하다.

오랜 세월 대륙을 지배했던 우리 민족과 형제국들의 역사를 분리하여 무관한 이민족의 역사로 취급하고, 축소사관으로 대륙국가(고구려)를 반도국가(고려)로 축소하는 역사를 만들었다.

---

49) 최태영, 『한국 고대사를 생각한다』, 눈빛, 2019.

대륙과 반도가 하나의 국가였던 때와 현저히 다른 여건이 생긴 것이다. 반도국가의 모습으로 대륙과 해양세의 연결 지점에서 양 세력의 바람을 받게 된다. 지정학적 취약점을 노출하기 시작한 것이다.

중화 사대주의와 민족 분열적 역사관이 스스로 민족의 정체성을 잃고 대륙에 예속되는 시대의 시작이다. 인접 국가의 정권 교체기에 소중화小中華 주의에 갇혀 혁신적인 대응을 하지 못한다.

김부식과 동시대의 묘청은 단지 불교의 승려가 아니라 전래의 신교神敎와 불교를 융합시킨 인물이다. 신채호는 묘청의 칭제건원稱帝建元의 사건을 조선 역사상 일천 년의 대사건이라 했다. 묘청은 화랑의 전승인 낭가파로 보고 대립하는 김부식을 유가파로 보았다. 민족주의와 사대주의 관념의 대립으로 이해한 것이다.[50]

중국의 역사관과 비교해 보면, 사마천은 황제(헌원)를 한족의 시조로 설계해 놓고, 역대 왕조에서 모두 시조를 받드는 구심점이 되게 하고 있다.

우리는 교과서에서 단군조선을 신화로 처리하여 머리 없는 역사를 가르치고 있음은 처음 정사正史를 만든 김부식의 사대주의 망국 사관의 원초적인 뿌리가 되고 있다. 『삼국사기』에서 단군조선을 지워버린 것이 인류 문명의 숭고한 평화사상인 홍익인간 정신마저 잃게 함으로써 역사 오류의 원죄가 된 것이다.

기록에 『삼국사기』 연표상年表上으로 보면, "해동에 국가가 있은 지 오래되었다. 기자箕子가 주周 왕실로부터 책봉을 받았고, 한나라 초기 위만이 스스로 왕을 잠칭하였다(海東有國家久矣, 自箕子受封於周宝, 衛滿 於初)"라는 기록을 보면, 김부식은 오래된 단

---

50) 앞의 책 52쪽.

군조선을 국가로 알고 있었음이 증명된다.

'단군왕검 조선'을 없는 것으로 하고, 연표 첫줄에 '海東有國家 久夷'로 대체해 넣고, 주나라에서 온 기자를 앞세워 기자조선이 우리 민족의 조상, 시원 국가처럼 표기해 놓았다. 기자는 은나라 왕자지만 은이 망한 뒤 왕검 조선으로 망명해 온 자로, 주나라에서 가엾게 여겨 주 왕실로부터 분봉을 받은 자로서 우리 시조일 수가 없다.

『삼국사기』에서 신라·고구려·백제를 건국한 국조를 시조始祖로 하여 「신라본기」에서 신라 시조 박혁거세, 「고구려본기」에서는 시조 동명성왕 고주몽 그리고 백제 시조를 온조왕으로 기재하여 각기 시조가 다른 민족이듯 분리하듯 기록했다.

중국 역사는 황제가 시조이며, 한족들은 나라가 바뀌어도 한나라 고조, 당나라 고조, 송나라 태조로 하여 역대 왕조가 달라져도 시조는 변함이 없다. 오늘날 세계 최대 인구를 가진 나라지만 염황지손廉黃之孫이라 하여 황제를 시조로 통합된 역사의식으로 결속되어 있다.

김부식은 처음 나라의 정사를 기록하면서 민족의 시원인 단군왕검의 고조선 역사를 지워버리고, 삼국을 정립鼎立시켜 민족 분열의 역사로 적어 통합사관을 훼손한 원죄를 피할 수 없다.

우리 조상들이 대륙국가 고조선을 경영할 때의 대륙 혈족을 분리·축소함으로써, 민족 분열과 민족 범위를 좁히는 민족사 축소사관을 구사했다. 철저한 사대주의자 김부식은 한족漢族의 역사를 중심으로 세워 놓고, 광의의 동이족인 주변의 요·금·원·청의 이민족 오랑캐를 동화시켰다. 민족 통합과 확대 역사관으로 한족의 자존의식을 높여 오늘의 중국 민족의 중심 세력으로 만들었다.

고려 때는 인쇄술이 발달되어 많은 도참서와 역서·의서·지리지 등이 간행되었다. 고려는 건국 초기부터 이전 시대보다 더 구체적인 금서조치를 시행했다. 특히 각종 비기류祕紀類의 열람 및 소지를 국가 차원에서 금지시킨 것으로 보인다.[51]

일제가 조선사를 만들 때도 사대 유교적인 『삼국사기』를 최고 사료로 채용한 데서 역사의 비극이 시작된다. 결론부터 말한다면, 우리 역사에 식민사관을 덧씌우기에 가장 적절한 역사서가 고려시대 정사인 『삼국사기』로 본 것이다.

일제가 한국인의 역사의식을 말살시키기 위해 수거령에 의해 20만 권의 사서를 없앴다고 하는데, 일제가 왜 『삼국사기』와 『삼국유사』를 남겨둔 사유를 알 만하다.

일제는 우리 역사의 머리 부분을 부정하면서도 기자箕子를 내세워 중국 종속을 시도하는 한편, 고조선의 일부였던 낙랑을 부풀려 고대부터 중국의 지배 지역으로 만들었다. 삼국 역사도 초기 부분을 신화 처리해 일제보다 늦은 문명을 만들었다. 사대사관에 일제의 식민사관을 맞춤형으로 활용한 충분한 가치가 인정된 것이 『삼국사기』의 존재였다.

적폐청산 대상은 사대주의와 식민사관이다

치욕의 일제강점기 민족사적 피해는 어디에도 비교할 수 없을 정도로 처참했다. 일본제국의 확장을 위해 한반도의 병합과 내선일체화內鮮一体化 작업으로 시작된 탈조선, 황국신민 동화정책을 병행했다. 나라뿐 아니라 말과 글과 성姓을 빼앗고, 역사를 뿌리째 말살함으로써 그들 사관에 맞게 개조해 왜곡했다.

---

51) 김길연, 『한국 금서의 시대별 양상 연구』, 서경대 박사 논문, 2013.

1894년 청·일전쟁의 승리로부터 강점 기간 반세기의 긴 세월을 준비하고, 침략 후 동화정책까지 의식의 변화와 퇴폐의 굴레를 씌워 놓았다. 일제의 마지막 총독이 물러가면서 조선인은 100년을 가도 깨어나지 못한다고 했다는 이야기가 헛되지 않은 것 같다.

신라의 3국 통일은 우리 역사의 큰 전기를 가져왔다. 광활하고 위세 당당했던 대륙국가 고구려를 통괄하지 못했을 뿐 아니라 외세에 의한 나당羅唐연합군으로 고구려와 백제를 제압했다.

또한 고구려 유민을 근간으로 대조영에 의한 발해(국)의 성립으로 통일신라와 발해가 남북국시대를 열었지만, 수세기 뒤 발해가 사라진 뒤 대륙의 고토를 회복하지 못했다. 신라의 삼국통일은 우리 민족의 순수성을 이루었으나 대륙 영지를 상실하는 대전환의 전기가 된 것을 부인할 수가 없다.

한반도로 축소된 고려와 조선조로 이어지는 과정에서 대륙의 무게를 받으면서 사대사상이 자라날 뿐 아니라 불교나 유교의 전래, 특히 유교 특유의 사관에 따라 사대주의에 묻혀 스스로 소중화를 표방하는 대륙 종속의 유가사상이 번져갔다.

고려의 불교문화 속에서도 과거제도가 도입되었다. 과거科擧 과목은 모두 대륙 사상인 유가의 사유체계로 구성되어 선비 관리와 고위직이 모두 대륙, 즉 한족의 중화사상을 숭모하게 되었다.

고려 중기 이후 한족 밖의 오랑캐로 일컬어지는 몽골·거란·여진 등이 만주지역과 중원 진출이 이어지자, 한족의 유가 천하에 길들여 있던 사대부와 조정들은 중원의 중화사상에 몰입하여 사대의 길을 자청한다.

역성혁명으로 조선 왕조를 이끈 정도전은 개국과 개혁정치를 주도하면서 조준趙浚과 더불어 『조선경국전朝鮮經國典』을 찬술한다.

『조선경국전』의 총론편 국호國號에서, 조선의 국호는 기자조선箕子朝鮮에서 기원한 것으로, 조선은 스스로 동주東周임을 강조한다. 조선 왕조에서는 항차 국조까지 바꾸어 기자箕子를 문명적 조상으로 받드는 사대주의의 뿌리 깊은 만행이 이어진다.

여기에 일제의 한민족 말살의 역사관이 더해지면서 우리의 역사, 특히 상고사 고조선의 정체성은 파괴된다. 오늘날 한국의 교과서는 단군조선을 신화로 가르치고, 대륙 조선은 거론조차 하지도 않는다.

중국이 신화인 황제黃帝를 한족의 시조로 만들어 통일왕조의 13억 인구를 통합하는 원동력으로 삼는 것과 너무나도 대조적이다. 시조始祖(=國祖) 없는 나라, 뿌리 없는 역사, 민족의 구심점 그리고 우리만의 정체성 확립 없이 어떻게 통합하며 자긍심을 갖겠는가.

30-50 클럽(소득 3만불, 인구 5천만)에 들어가 선진국의 모습을 갖추어 가면서, 이제는 당당한 민족의 장구한 역사 속 한국의 정체성을 확인할 필요가 있다.

"세계 역사상 완전무결한 평화정치를 2000년간 펼친 단군시대가 있었음을 압니다. 그래서 나는 동양사상의 종주국인 한국을 좋아합니다."[52]라는 독일의 실존주의 철학자 하이데거의 말을 되새겨 보면, 세계의 석학들이 단군조선과 홍익인간을 평가하는 기록이 많은데 우리 스스로 부정하는 폐단은 이해할 수 없다.

적폐청산이란 말이 정권이 바뀔 때마다 등장한다. 잘못된 일, 생각, 사관이 오랫동안 쌓여 누적된 폐단이다. 맞는 말이다. 누적된 적폐 뿌리를 뽑아내지 않고는 미래의 비전이나 새로운 역사 창조

---

52) 박상은, 『홍익인간과 평화 DNA』, 이미지북, 2016, 부록 1. 단군과 홍익정신에 대한 해외 석학들의 평가.

는 어렵다.

새 세기, 새 시대를 맞아 독특한 역사와 차별성을 가진 정체성 확립을 통하여 선진문명의 선도자가 되기 위해서다. 그 적폐 1호가 사대주의와 식민사관이 되어야 한다.

먼저 사대주의 풍조는 너무나 오랜 세월 대국 의식에 익숙해져 그 청산이 쉽지 않아 보인다. 스스로 자처해왔던 소중화 사상이 대표적이다.

황국사관〈 중화사상〈 사대주의 사조로 되면 무릎 꿇고 사대 의존적 평안(평화)을 누린 안일함이 자주 선택되는 사실을 보아왔다.

일제는『삼국사기』의 단군조선 말살과 삼국 정립을 그들 식민사관에 멋지게 활용했다.

정사인『삼국사기』의 방대한 사적의 기록을 모두 폄하하는 것이 아니라 결정적인 역사 근원을 잘라버린 죄과를 면할 수는 없다는 것이다. 김부식은 단군을 시조로 모시기를 부끄럽게 생각해 한족(周)인 기자를 차용하여 우리 조상으로 기록한 것이 사대사관의 기초가 된 것이다. 유교 이념으로 개국된 조선조에 와서 발전된 성리학으로 도색된 역사 기록은 사대주의에 젖어 17세기의 국제 정세 변동기에도 대륙 복원의 큰 기회를 놓쳤다.

임진왜란 때 한양이 함락되자 명나라에 구원을 요청하는가 하면, 임진왜란 후 30년도 못 되어 정유·병자 호란을 겪게 되는 것도 사대의 망상 속에 안주하면서 자주국방 의지를 키우지 못했다.

한말의 일제 침략도 외교권마저 행사하지 못한 조선이 청나라에 사대주의 사조로, 자력갱생 없이 사대 의존의 역사를 되풀이한 것이 원인이다. 역사의 정체성을 잃고 혼자 서지 못하는 사대주의 사조 숭유모화崇儒慕華 사상의 의존의식에 뿌리를 두고 있다.

우리 역사의 사대주의 분열적인 기록을 일본이 그대로 인용하여 식민사관으로 접목했다. 오늘날 교과서로 가르치고 있는 한국사에도 역사 기록의 적폐를 걷어내지 못했다. 진정한 역사를 파괴하고 왜곡하여 민족혼을 병들게 하고 있다.

대중 역사 문제에 대한 조치로 중국이 진행시킨 동북공정東北工程에 대응하는 구체적이고 실증적인 사료를 준비해야 한다. 역사는 과거사가 아니라 현재와 미래를 열어가는 기록이다. 특히 동북공정은 중국의 역사 영토 등 민감한 사안이 미래 진행형으로 계획되어 있다.

우리 역사도 고대사 복원으로 앞선 고대문명과 대륙 경영의 역사복원을 통하여 원초적인 고조선의 지위를 되찾아야 한다. 그래서 우리 민족의 역사적 정체성을 확립하는 것이 요체일 것이다.

중국의 중화사상은 이민족을 폄하하고, 중심부에서 배척하는 편협한 한민족 자존의식의 사관이다.

일본의 과대망상적 식민주의에 기반한 황국사관은 부국강병의 일환으로 침략을 정당화하는 반평화적 역사관이다.

국조 단군의 건국이념인 홍익인간 사상은 이웃 대국의 역사관과는 다른 위대한 평화 메시지를 가졌다. 물질문명의 진화에도 점차로 퇴색되어 온 인간의 존엄사상 이념의 복원이 간절한 시대다. 홍익인간 사상인 재세이화의 유장한 인본주의에 입각한 위대한 평화사상의 전파 창달은 인류의 최대 희망사항이다.

민족 통합의 원천, 역사 복원과 인본사상

● 인권 개선과 민족 통합의 원천
북쪽을 바라볼 때면 늘 가슴이 답답하다. NASA가 제공하는 인공위성사진을 보면 남쪽의 밤은 대낮같이 밝으나 DMZ 근방을 지나면 칠흑같이 어둡다. 평양 일원을 제외하면 거의 불빛이 없다가 한만 국경을 넘으면 밝게 변한다. 밤 사진은 북한의 실상을 상징적으로 잘 나타낸 것 같다. 북한 주민을 생각하면 가슴이 아프다.

일제의 35년 압제도 부족해서 다시 70년 이데올로기적 분단으로 통산 100년을 훌쩍 넘어 어둡고 암묵적인 체제에서 반인륜적인 압제 아래 놓여 있다.

유엔에서는 북한인권결의안이 2016년 이래 전원 합의 만장일치로 처리되었다. 이로써 유엔에서 15년 연속 결의로, 북한 인권 문제는 보편적 인권 유린으로 국제사회의 주요 아젠다가 되었다.

우리 정부가 북한 인권에 관해 침묵하는 사이 미국은 북한 인권 문제를 집중 거론하면서 북한 공격의 명분을 쌓고 있다. 북한의 잔혹한 독재 정권하에 신음하고 있는 북한 주민들에게 "지구촌의 마지막 노예가 해방될 지역"을 주장하면서, 제2의 링컨이 되고 싶다는 트럼프 대통령의 외침은 호소력이 있어 보인다.

북한은 지구촌에서 가장 잔혹한 독재 병영국가로 잘 알려져 있다. 자유민주 세계는 금지되어 있지 않은 모든 자유와 권리는 다 허용되어 있다(Negetive System처럼). 그러나 북한에서는 허락하지 않는 자유와 권리는 모두 금지되어 있다(Positive System).

한국 정부는 남북 화해를 추진하면서 북한 인권 문제를 외면할 뿐 아니라 일부 세력은 이를 이슈화하는 것을 비판하고 있다. 문제를 풀어가려는 정부의 의도는 이해되지만, 국내의 크고 작은 인권 문제에 개입해 온 좌파 세력이 더욱 심각한 북한의 인권 침해에 대해 침묵하는 모순은 이율배반적이다.

북한에 대한 제재가 주민에게 영향을 준다고는 하나 인권 제재는 인권 압정 책임과 가해자 인물에 대한 제재이기 때문에 주민에게 영향이 없이 제재 효과를 높일 것이다.

그런데도 북한 인권 문제가 남쪽에서 크게 주목받지 못한 것은 정부의 상황관리 분위기에 영향을 받은 듯하다. 그러나 우리나라 국민의 세계 인권 문제에 관심을 두고 난민 캠프에서 봉사하는 등 인권 수준이 많이 높아져 있다는 사실을 유의해야 한다.

"한국 인권의식이 아프가니스탄·리비아·소말리아까지 가는데 군사분계선(DMZ) 앞에만 오면 멈춘다"라는 북한인권기록보존소 윤여상 소장의 말을 귀담아들어야 한다.

인권은 세계 보편적 과제라면서 북한이 추가되면 가장 편향적인 인식을 보이는 쪽이 대한민국이다. 38선 앞에서 멈추는 인권의식으로는 통일이 어렵다.

윤 소장은 "고등교육을 받은 사람이 80% 넘는 사회에서 레드 콤플렉스가 망령처럼 휩쓸고 있다. 이것을 걷어내기 전에는 통일은커녕 선진국이 되기도 어렵다"라고 보았다.[53] 인권 문제의 보편성 원칙에는 남북이 없다. 강력한 인권의식 회복으로 DMZ를 뚫어 북한을 보통국가화의 길로 나오게 해야 한다.

북한 인권 문제는 북한만의 문제가 아니다. 우리 정부가 북한 인권 문제에 적극적이지 않은 사이 북한이 저질러온 만행들이 누적되어 동질감보다 적대감을 키워왔다는 평가다.[54]

북한에 느끼는 민족적 동질감도 젊은 2030 세대로 갈수록 통일의 필요성이나 절박감이 낮은 결과가 나오고 있다. 젊은 층으로 갈

53) 〈미래 한국〉,「북한 인권의 정치학」, 2018. 3. 18.
54) 서울대 통일평화연구원이 실시한 통일의식 조사에서.

수록 북한이 부담스럽다는 인식이 늘고 있다.

동족의식보다는 '불가촉 열등국민'으로 보는 북한 동포에 대한 인식을 바꾸는 것이 정부의 책임이다. 이를 두고 제도적으로 하나가 된다 하더라도 진정한 통합이 이루어질 수는 없다. 젊은 층일수록 5천 년 역사의 근본과 나라의 근본인 정체성에 대하여 스스로 자신감을 갖지 못하는 데 문제가 있는 것이다.

광복 70년을 넘기고도 아직 강단사학과 재야 사학이 합의하지 못해 양분된 싸움터에서는 올바른 역사 에너지가 나올 수 없다.

한 예로, 언제부터인가 국사 교과서에 민족의 이름이 사라졌다. 한민족이나 배달민족 또는 백의민족 등의 이름 중에서 정하지 못하고, 이름 대신 보통명사인 우리 민족이 되어 버린 것인가. 위대한 대륙국가였던 고조선의 역사 복원이 완벽하지 않은 상태가 지양되지 않으면 안 된다.

신채호나 초대 부통령을 지낸 이시영 선생, 국사학자 정인보, 고종 시대에 태어나 10년을 대한제국에서 자라났던 역사학자 최태영 박사 이야기의 공통점이 있다.

이들이 살았던 시대에서 듣고 배웠던 그리고 조상으로부터 물려받은 역사가 학교에서 가르치는 역사와 다르다는 점이다. 예를 들면, 고대 조선의 단군 숭앙사상은 유지되어 구한말에 자라난 세대들은 단군과 고조선을 의심한 일이 없다고 진술하고 있다.[55]

일제강점기 이후 철저히 고 조선사를 말살한 식민교육 폐해의 전형이다. 아무리 말해도 부족한 것이 식민사관의 파괴력은 일제에 부역한 역사학자와 그 후예들이 강당을 장악하고 주류를 이루어 왔기 때문이다. 바로 해방 정국에서 일제 잔재 청산이 부족한 부분이다.

---

55) 최태영, 『한국 고대사를 생각한다』, 눈빛, 2019, 13쪽.

일제 때부터 자행되어온 반인권적 압제가 한반도 안에서 종식되도록 건국이념인 인본사상 안에서 순화되도록 해야 한다. 고대사의 복원은 민족 통합의 원천이며, 사대사조 원리주의와 식민사관 의존주의 적폐청산 없이 민족의 에너지 결집도 어렵다

2 소통의 역사,
세계를 바꾼다

대륙과 해양의 단층을 잇는 소통국가

한반도 세력의 자주적 동기와 결속으로 스스로 문제를 해결한다
고는 하나 여전히 우리 마음대로는 안 된다. 기술 변화에 따른 연
성Soft Power 혁명이 강병정책과 고도무기 등 하드 파워를 대체하
는 추세이다.

그러나 큰 그림에서 해양세력과 대륙세가 부딪치는 곳, 특히 미
국과 중국의 양강 구도에서 미국의 아시아 회귀정책에 대하여 중
국은 일대일로 정책으로 대응하면서 미국의 해양 봉쇄를 벗어나려
고 한다. 유라시아 대륙과 인도양과 지중해로 이어지는 해양 실크
로드로 서진하여 아프리카 유럽을 관통한다.

한반도를 둘러싼 중·일·러 모두 과거 영토적 야심을 가진 나라
로, 한반도를 어렵게 한 나라들이다. 미국 국방백서가 중국을 동반
자에서 경쟁자로 규정한 것은 양강의 패권 경쟁 구도를 반영한 것
이다.

중국은 1982년 인민해방군 해군사령관 명의로 제시한 제 1 도련

선島鍊線으로, 일본 규슈 남단에서 대만을 지나 남중국해를 포괄하는 해양방어선을 설정하고 있다. 한반도는 이 방어선 안쪽 상단에 위치한다.

우리의 주변 나라가 통합되고 강성할 때 침략을 당하고 어려웠던 일은 역사가 말한다. 강성해지는 중국을 앞에 두고 한·미 동맹과 한반도의 생존전략으로 새로운 정세의 지정학적 위기를 예측하고 벗어나는 기회를 잡을 수 있을 것인가.

한반도는 두 세력의 단층 위에서 주한미군과 군사동맹이 이 지역 동북아에서 힘의 균형을 이루어 간다는 현실 인식이 중요하다. 양 강대국 간의 패권 경쟁 구도에서 양 강대국을 함께 아우르는 발전 전략을 짜야 한다. 그러나 기존 시스템을 대체할 수 있는 전략적인 틀을 마련하지 않고 가볍게 움직인다면 대단히 위험하다. 우리는 오랫동안 대륙의 위압 속에서 살아남은 위기를 기억하고 있다.

미국이 다시 돌아올 것을 기대하는 태평양동반자협정/TPP과 중국 주도의 역내포괄적경제동반자협정/RCEP 두 개의 큰 원도 한국을 그 중심에 두고 그려지는 것 같다. 바로 지리적 위치의 중요성 때문이다.

지역공동체가 없는 아시아 지역에도 APTASEAN 10국 Plus Three, 즉 동남아국가연합 형태로 발전하는 아세안에 동북아의 3국을 추가하여 느슨하지만, 아시아 국가의 연결 구도를 만들었다.

2018년 5월의 3국 정상회의가 도쿄에서 열려 4·27 판문점 선언의 지지를 받았다. 한때 한국은 아세안 10국에 근접하는 GDP를 유지할 정도로 상대적으로 큰 나라다. 중국과 일본의 대치국면에서도 한반도는 양 대국을 교섭할 수 있는 지리적 위치에 있어 한·중·일 사무국도 서울에 개소되어 있다. 북쪽의 막힘 현상으로 그

역할이 활발하지 못한 것도 사실이다.

더 넓게는 중국의 이기주의가 여러 나라에서 반발하고 있다는 사실과 중국의 새 해양화 전략에도 눈을 돌려야 한다. 남중국해 무인도를 전략 기지화해 350㎞의 넓은 바다를 군사적 요충지로 만들어 전쟁 위험을 높이면서 이 지역 물동량의 소통에 위협을 주고 있다.

북쪽으로 한국과 맞대고 있는 동중국해도 만만치 않다. 우리나라와 대륙분기선의 분쟁이 남아 있고, 이어도의 항공관할구역도 중첩 설정된 분쟁지역이다.

북핵과 남북 대치 상태의 지속, 중국과 대만의 갈등, 다오위다오(센카구 열도) 영유권 문제로 중·일 간의 잦은 마찰 등 전쟁 위험의 요소들이 곳곳에 도사리고 있다.

다시 말해 중국은 일대일로와 중국몽을 이루기 위한 대륙을 장악하고 관리해 가고 있다. 이미 2척의 항공모함을 자체 설계해 보유하고 있으며, 6척의 추가 건조 계획을 세우고 있다. 장기적으로 태평양 세력인 미국과의 충돌 가능성이 매우 크다.

양대 세력의 첨예한 대치점인 판문점 푸른 도보다리 스토리는 냉전의 세계사적 변환의 분기점이 될 것인가, 아니면 자연 화판의 춘몽에 그칠 것인가로 온 세계가 지켜보는 가운데 숨가쁘게 진행되었다. 천재일우의 역동적인 변화가 한반도의 냉전 구도 해체의 동력으로 순화하면서 평화체제 정착이 희망이다.

평화체제가 되면 그동안 막혀 있던 동북아 경제발전의 기폭제가 되면서 세계의 경제 흐름에도 새로운 활력소가 될 것이다.

대륙과 해양의 단층 위에 소통의 시대를 맞아 한국은 교량국가로서 반도 지역의 장점인 소통과 진출, 집중과 분산의 정보, 물류 허브 국가로 발돋움하게 될 것을 기대한다. 특히 남북한의 소통시대는 그동안 나누어져 있던 이웃 나라까지도 봉합하는 계기가 된다.

예를 들면, 손정의 회장이 주장하는 동북아에너지 소통제도인 슈퍼 그리드의 완성을 가능하게 할 것이다. 남북을 관통하는 가스관 연결이나 전력망의 통과는 바로 에너지 자원의 소통을 통하여 이 지역의 에너지 허브 국가가 된다.

동북아 3국이 2018년 5월의 도쿄회의에서는 에너지 외에도 구체적인 사업으로 미세먼지를 포함한 환경 문제 협력과 역내포괄적경제동반자협정/RCEP 추진의 가속화로 완성 단계에 와 있다. 시안적이지만 3국이 모여 4차산업혁명까지 협력하기로 했던 것도, 미래 발전 청사진이 논의된 것도 소통국가의 효과다.

그동안 막혀 있던 많은 사업 그리고 인적 교류의 복원을 통한 남북 간 관광 협력의 새 기원을 이룩할 수도 있다. 평창동계올림픽에서 보여준 관광·스포츠 교류와 공포의 DMZ 평화적 이용과 보존에 희망을 불어넣었다. 남북 정상이 오간 판문점의 경계를 쉽게 무너뜨릴 수 있다는 환상이 현실화될 수 있다는 희망을 갖게 했다.

4·27 판문점 합의대로 남북공동연락사무소가 우선 관광비자라도 발행하여, 비자로 오가는 남북이 함께 보통국가로 가는 길이 꿈이 아니길 바랄 뿐이다.

육로가 막혀 섬처럼 된 남쪽과 캄캄한 북한 지역을 남쪽과 단둥쪽처럼 대낮같이 밝은 밤하늘, 넘쳐나는 남쪽의 전력망을 연결하는 소통 절차도 실천해야 한다.

단군 할아버지가 세운 나라이기에 우리는 하나 되는 것이 숙명이다. 지금 바라는 것은 남북 정상이 누구의 허락을 받고 오가는 것이 아닌 것처럼, 보통국가화로 상호 인정하는 평화 공존의 구간을 거치면서 남북의 수위 조절 후 통합하는 큰 그림을 그려야 한다.

남북 간의 소통은 곧 대륙과 해양의 연결로 우리가 추구하는 남방정책이나 새 북방정책을 실현하는 통로가 된다. 반도 지역의 핸디캡을 소통의 묘수로 풀어야 한다. 우리를 둘러싼 4강의 단층을 연결하면서 동북아의 탈냉전시대를 선도하는 나라가 되어야 한다. 이를 위해서는 소통의 지정학적 리더십으로 돌아가는 지혜를 모아야 한다.

지정학적 핸디캡 극복의 길

한반도의 지정학적 위치는 독특하다. 4개의 강성한 강대국에 둘러싸여 있다는 지리적 구조 때문에, 역사적으로 국제 관계에서 대외변수는 상수일 수밖에 없었다.

고대 조선에서 고구려에 이르기까지 강대했던 대륙국가는, 자력으로 강성함을 누려 당시 세계 최강의 당唐나라에 대립하고 있었다. 외세 연합으로 삼국을 통일한 이후 한반도로 수렴된 통일신라는 대륙의 위압을 받으면서 대륙의 체제 질서에 편입되는 지정학적 구조에 갇히는 결과를 가져왔다. 역대 왕조는 잃어버린 북방 로망을 안고 간헐적으로 북벌 계획을 수립했으나 성공하지 못했다.

반도 지역이 늘 핸디캡만이 강조되는 것은 아니다. 스스로 힘을 가진 반도국가는 대륙과 해양을 함께 관리하면서 양면 진출이 용이해 강성함을 더할 수 있었다.

한반도의 왕조가 대륙 진출이 어려웠을 때 남방의 해양 지역에 진출하여 일본열도를 한반도의 세력권으로 삼을 기회가 없었던 것은 아니다. 실제로 한반도의 여러 왕조들이 일본열도 안에 자국 명을 딴 분국分國이 산재해 있었다는 기록이 많다.

그 뒤 4세기 이후 많은 백제 유민들이 이주민으로 건너가면서 고분문화古墳文化를 남기는 등 일본 국가 출현(7세기 전후)에 결정적인 영향을 끼쳤다. 이들은 일본열도 내의 한반도 여러 왕조의 네트워크와 더불어 왜를 복속시킬 계기를 만들지 않았다.

　서해 쪽에도 당시 해양국가 백제의 중국 동해안 진출과 막강했던 당나라 시절에도 이정기李正己 장군의 치정번진淄情藩鎭이 그것이다.

　신라 장보고 해상왕의 세력은 이정기 장군의 치정번진 중심지였다. 한동안 장보고 대사는 서해와 일본 통항 그리고 멀리 남방까지 세력을 확장했던 것을 보면, 우리 조상들이 마음만 먹었으면 해양 대국의 기회가 있었다고 보인다.

　같은 반도 모양의 로마제국이 수세기 동안 대제국으로 군림해 온 것도 남방의 카르타고와 도서 등 지중해 연안을 장악함으로써 대륙의 소통과 경영을 할 수 있었다. 반도국의 이점을 살린 것이다.

　7세기 이후 일본열도의 강력한 집권 세력의 출현은 본국과의 연계 관계를 굳히지 못한 한반도의 유민들이 토착 세력과 연합하여 독립 세력화함으로써 영향력 밖으로 떨어져 나갔다. 대륙 진출과 해양 소통의 기회를 잡지 못하고 도리어 대륙과 해양세의 문명 충돌 장소가 되기도 한다.

　남방 일본이 일으킨 임진왜란의 구실인 명으로 가는 길을 열라는 정명가도征明假道도 그렇고, 몽골의 침입에서 일본열도를 치는 길목으로 한반도에서 배를 만들어 몽골·고려 연합군이 진격하는 몽골 내습來襲으로 해양세와 육지의 충돌이 이곳에서 이뤄졌다.

　그러나 임진왜란은 한반도 대륙의 전속적 영향권에서 대륙과 해양의 연결점에 위치한 반도적 조건과 각기 다른 대륙국과 해양 강대국의 힘의 집중과 충돌을 보아왔다. 이때부터 한반도가 처음으로 양대 세력의 지정학적 중심 축으로 부상하는 역사적인 계기가 된 것이다.

19세기 말의 청·일전쟁, 20세기 초엽 러·일전쟁이 이 지역의 지리적 요충지 쟁탈전이었다. 해양세의 승리로 일제에 지배되었다가 2차 세계대전 후 해방을 맞았으나, 소련의 남하정책인 지정학적 이해로 분단의 비극을 맞는다.

수세기 동안 반도적 조건과 지리적 변화는 없다 해도 문명의 진화로 통신과 교통수단이 발달하고, 정보력이 고도화하면서 국경의 문턱이 낮아졌다. 부국강병책보다 교역을 통한 개방화시대를 맞아 4차 산업혁명과 함께 데이터·정보 집적 등 반도의 지정학적 개념이 크게 달라지고 있다. 환경 변화는 국가 간의 원근과 관계없이 우리를 둘러싸고 있는 미·일·중·러 어느 한 나라도 혼자서는 상대하기 어려운 상대들이다.

1950년 1월, 미 국무장관 에치슨Dean Echison이 발표한 미국의 태평양 방위선(에치슨 라인)에서 한반도가 제외된 것이 한국전쟁의 원인처럼 되었다. 미국은 신속히 유엔군과 더불어 공산 중국과 러시아의 지원을 받은 북한과 대결함으로서 자유 대한민국을 지켜왔다.

당시 휴전을 반대했던 이승만 대통령은 휴전협정에 서명하지 않았다. 그는 거제도에 있던 2만 여 명의 포로를 석방하는 무리수를 쓰면서 공산 진영과 대결하는 냉전시대를 내다보고 미국을 설득했다. 20개 사단의 무장과 장비 그리고 미국이 경험한 바 없는 한·미 방위조약을 이끌어냈다. 대한민국은 미국의 동맹국이 됨으로써 강대국과 대등한 관계를 유지할 수 있게 된 것이다.

한때 열강의 분할 책략으로 몇 번이나 지도에서 사라진 나라가 되었던 폴란드는 냉전 후기에 확실하게 미국 편에 섰다. MD방어망 협조 등 미국의 맹방으로 건재할 수 있는 것도 역사적 경험에서 얻은 지혜를 바탕으로 국가를 관리하고 지켜나가기 때문이다.

대한민국은 미국과의 안보 동맹 아래 10위권의 경제대국으로 성장할 수 있었다. 그러나 북한은 안보에 치중해 핵 개발에 전력투구하면서 민생경제를 제대로 키우지 못했다.

최근 몇 가지 조치로 사영기업 원리와 장마당 등 시장경제의 초기 형태로 진입하고 있었으나, 국제사회 제재에서 경제적 소통의 기회를 잃은 것이 문제가 되었다.

미 트럼프 대통령의 북핵 폐기의 강력한 권고와 제재로 북한 지도부가 많은 생각을 해야 한다. 북한의 중국에 대한 기존의 감정과 특히 동북공정으로 우리의 고대 강국 고구려까지 자기 영역으로 편입하는 역사 조작 행위를 보고서도 중국에로의 회귀는 결코 좋은 구도가 아니다.

2018년 초, 북한의 평창동계올림픽 참여 성명으로 소통의 실마리를 찾았다. 올림픽 참관단에는 김여정(제1부부장)이 포함되어 남쪽의 실상과 대통령과의 대담을 통한 믿음의 실마리를 잡았는지 모른다. 2018년 4월 27일 극적으로 타결된 판문점 남북정상회담에서, 한반도의 '완전한 비핵화와 전쟁 종식'을 포함한 '판문점 선언'을 채택했다.

남북 정상이 나란히 세계의 언론 앞에서 공동 선언문을 발표하는 모습은 극적인 해빙 분위기를 연출하는 듯했다.

정부는 특사단을 4강 정상에게 보내 방북 결과를 직접 설명했다. 특히 대미 특사단은 미·북 정상회담 합의를 끌어냄으로써 문 대통령의 중재 외교가 첫 번째 열매를 보는 듯했다.

대통령은 판문점 정상회담 일주일 만에 4강 정상과 통화를 완료

한다. 한반도 문제에 수동적이었던 남과 북이 합심하여 대결의 장에서 소통의 틀을 만들어 가면서 스스로의 문제를 당당히 이끌어 가는 모습을 온 세계에 보였다.

북핵의 완전 포기로 항구적 평화체제가 구축된다면, 한반도의 지정학적 핸디캡을 넘어 남북의 소통과 공조를 원동력으로 전화위복의 계기를 만들 수 있다는 희망을 가졌다. 남북정상회담 성취와 미·북회담을 연결하면서 한반도의 운명은 우리 스스로가 결정한다는 결의로, 지리적 불리함을 극복하는 길을 찾아 나서는 단순한 바람이 아니길 바랄 뿐이다.

한민족 웅비의 터전, 대 조선의 부활

처칠은 "역사를 잊은 민족에게는 미래가 없다."라고 했다. 그리고 임정 요인 신규식 선생은 『한국혼』에서 "국사國史를 잊고 국치國恥를 잊었으니 나라가 망했다."라고 했다. 한때 학생들이 즐겨 읽던 에드워드 H. 카는 "역사는 단순한 사실의 기록이 아니고 사실과 사관史觀의 결합"이라 했다. 사관, 즉 역사관은 역사를 보는 틀과 생각, 관념들로 여러 역사관이 있을 수 있다.

한국의 사관 중 식민사관, 사대사관, 민족주의사관 그리고 강단과 재야사관이 대립하고 있다. 이 중에 사라져야 할 사관이 있다. 사대주의사관과 식민사관이다. 특히 역사를 기록하는 사람의 사관, 즉 역사를 보는 틀에 따라 결정적인 영향을 끼친다.

김부식이 쓴 『삼국사기』는 우리 역사의 첫 정사正史이다. 그는 유가사대주의儒家事大主義 사관으로 우리 선조인 단군을 지우고, 도망쳐 온 고대 중국의 왕족 기자箕子를 차용하여 소중화의 기반을 닦아 놓았다.

그 뒤 일연 스님이 전승되어온 고대사와 내외 사서를 객관적으로 인용하여 단군조선에 대한 사실 기록을 담담하게 그려 놓았다. 불교 승려인 일연은 불가佛家적인 색깔을 배제하지는 못했지만, 단군 이전의 배달 환인 시대를 기록한 것은 국가 출현 이전의 역사를 기록한 것으로 매우 중요한 역사의 고리이다.

우리의 홍익인간 사상도 단군조선의 건국이념이다. 그러나 단군왕검의 창제적 국시라기보다는 전래되어 온 겨레의 생각을 건국 국시로 삼은 것이다. 조선 이전에도 석기-신석기-청동기로 연결되는 마을 사회로 표현된 선사시대가 있었다는 역사 기록을 연계해 놓은 것이다. 다시 말해 우리 역사에서 많은 사서는 없어졌지만, 『삼국유사』만으로도 역사의 상상력을 만끽할 수 있는 부분이 많다는 사실이다.

중국의 고대 역사도 수세기에 걸쳐 일사분란하게 신화 부분을 포함하여 통합적으로 기록 정비한 것이다. 고조선도 믿지 않은데 그 이전 역사는 더욱 믿지 않겠지만, 우리의 오늘날 역사가 어느 날 하늘에서 떨어진 역사가 아님을 인식해야 한다.

사마천과 수세기 이전의 그의 스승인 공자가 만들어 낸 중국 고대사를 우리 고대사와 비교해 보면 우리 역사의 중량감을 알 수 있다. 고조선시대에 해당하는 대륙 역사는 요·순·우·탕·문·무·주공과 진·한漢대 중반까지의 긴 역사다. 배달국·환국의 선사시대 때 중원의 역사는 여와女娲·복희·신농·황제·치우·전옥·제곡 등 신화시대와 대칭된다.

기원전 5세기의 공자가 편찬한 『서전書伝』은 그의 대작 3경(『서경』·『시경』·『주역』)의 하나로 중국 최초의 역사서다. 여기에는 요·순과 하·상·주나라 3대의 2제帝 3왕王의 역사를 이상적인 유가적儒家的 덕치주의德治主義의 역할 모형을 취사 선택하여 편찬한 것이다.

공자 시대보다 3세기 늦게 한나라 무제武帝 때 중국 역사를 집대성한 『사기』가 저술된다. 태사령太史令이 된 사마천은 상고시대로부터 한족의 전성기인 한 무제에 이르는 3천 년의 역사를 정리하여 『사기』 130권을 최초의 기전체 통사로 저술한다.

사마천의 통사 기본인 3황 5제도 7갈래의 사서가 있듯이, 중국 상고사의 복잡함은 비길 데가 없다. 그런데 사마천은 한漢 왕조의 발상지에서 기반을 닦았다는 황제에 한족의 뿌리를 연결한다.

다민족 국가인 중국임에도 사마천은 5제 본기에서 황제를 정점에 올려놓고 전욱·제곡·제요·제순을 모두 황제黃帝의 자손으로 설정하고, 이들이 대를 이어 상고시대 중국을 지배한 것으로 기술한다.[56]

역사적으로 중원에서 강력한 지배세력 국가가 등장할 때마다 우리나라는 전쟁을 겪거나 왕조의 교체(성쇠)가 일어났다. 사마천이 살았던 한족의 통일국가 한나라의 등장으로 고조선이 멸망했고, 당나라의 등장은 나당연합으로 백제와 고구려가 사라졌다. 그리고 고려는 원元(몽골)의 등장으로 국난을 당하다가 명나라의 중원 평정으로 왕조가 조선으로 교체된다.

조선조에 와서도 명明·청淸 교체기에 역사 인식 부족으로 신진세력인 청나라의 침공에 인조는 무릎을 꿇었다. 임진왜란으로 6년간의 혹독한 전쟁을 치른 뒤에도 자강에 실패하고 청에 당한 것이다. 공격이 최선의 방어라는 말이 있다. 자강(自主國防 방위력)이 최선의 방어 형태다.

---

56) 「한국은 왜 대륙의 지배자에서 반도, 분단국가로 추락했는가」, 심백강 강연 녹취.

우리는 국제 정세를 잘 읽고, 특히 중원 정권의 교체기 공백 상태를 활용하지 못하고 다시 사대주의 조공체제로 들어가 성채城砦의 증·개축도 못하는 국방 자위권마저 포기하는 상태가 된다(정축약조). 국체國體 훼손 상태를 감수하다 왕조마저 사라졌던 역사의 되풀이를 보아왔다. 스스로 자강하지 못하면 지리의 숙명으로 강자의 호구虎口에 놓이는 위기를 맞이할 수 있다.

북한에서는 건국 70주년(9·9절)을 기념하는 큰 행사를 열고 대규모 군사 퍼레이드를 펼칠 때, 남한에서는 건국일을 8·15 행사로 축소하고 '대한민국 건국의 조상'들 이름조차 부르지 않았다.

건군建軍 70주년 행사를 대폭 축소하는 발상은 어디서 왔는가. 이에 더하여 교과서에서 대한민국의 '유일 합법정부'의 표현을 삭제해 버렸다. 이와 같은 축소지향적 행태를 이해할 수 없다. 한반도의 주류를 바꾸고자 하는 시도로 보이기도 한다.

남북 협상과 교섭은 지금까지의 우월한 국력과 강력한 방위능력을 바탕으로 당당하고 대등한 자세로 진행되어야 한다. 나아가 한민족 장래 웅비의 터전을 마련하는 원대한 세계관을 확인해 나가야 한다.

주변국이 왜곡한 역사를 바로 세우는 것이 무엇보다 중요하다. 이를 바탕으로 주변부를 비하하고, 한족의 유아독존을 방조한 중화사상, 이에 맞추어 자기 스스로 낮춘 의타적 사대사상을 철저히 씻어내야 한다. 대중화大中華 사조에 맞는 소중화를 자처하면서 이웃 나라들이 깨우쳐 일어서는 귀중한 순간들을, 잃어버린 역사를 되풀이해서는 안 된다.

우리의 철저한 중화주의 사대사조가 17세기 초 우리의 정체성을 찾을 절호의 기회를 놓쳤다.

1620년경 동아시아에는 중요 사건이 일어난다. 1612년 청나라가 건국되자, 노예가 주인이 된 사건에 비할 만큼 세상이 발칵 뒤집혔다. 일본이 절대적인 영향을 받아 탈조선·탈중국脫中國을 외치고 일본 국학이 눈을 뜨면서 그들의 길을 간다. 베트남에서도 창제건원創帝建元하며 황제가 탄생한다.

여기서 우리나라는 신진세력 청나라의 등장을 보면서도 존명배청尊明排清, 명을 향한 사대사관으로 더더욱 소중화주의小中華主義로 화석화 되었다.[57]

우리의 정체성 회복의 기회를 잃고 위정척사衛正斥邪, 즉 도덕적 교조주의에 경도되어 새 문명을 비문화로 보는 주자학의 배타성 등 중화주의 일변도의 눈먼 사고로 일관했다.

일제의 침략도 이와 같은 외눈팔이 사조와 무관하지 않다. 일제 강점기의 첫 사업이 한국사의 왜곡이었다. 『삼국사기』의 사대주의를 바탕으로 활용하면서 한국사를 완전히 뒤틀어 놓았다.

그 중에서도 첫 작업이 단군조선 지우기였다. 이제는 일제의 의도와 정반대 방향으로 단군조선을 복원해 건국 사상을 재정립해야 한다. 민족의 완벽한 최고의 고대국가를 복원하면서 대륙국가 대조선을 바로 세워야 한다.

일제가 식민사관으로 정교하게 만든 조선사를 광복과 더불어 역사대관으로 둔갑시켰던 황국사관 역사학자들의 기득권이 그대로 강단사학의 원류가 되었음을 고발한다.

일제가 가르친 실증사학으로 고대문명을 재단할 수는 없다. 스스로 없애버린 수많은 사서의 존재, 만주 일대와 연해주에서 발굴되는 수많은 유적이 새 지평을 낳고 있다.

더욱이 중국 역사 문헌에 흩어져 있는 기록에서 대조선의 영역이

57) 김동환, 『국가 정체성 확립을 위한 시론적 제언』, 한민족포럼.

그려지고 있다. 북한의 고대 사학자들이 단군릉에서 다소 과장된 모습을 보이나 대륙에 가까운 지역에서 많은 사료를 발굴하고 있을 것으로 추정된다. 남과 북이 소통하는 날, 제일 먼저 우리 역사 바로 세우기로 제대로 그려진 역사를 써나가야 한다.

사마천이 『사기』를 쓴 지혜도 채용할 만하나 남북 최대의 자산은 조상이 같고 역사가 같다는 혈족의식이다. 역사는 민족의 얼이며 혼백과 같은 것이기 때문이다.

대륙국가 대조선은 대륙국가 대한민국으로 나가는 한민족 웅비의 터전이다. 반도적 종속 변수의 개념과 의식은 대륙국가에는 없었던 개념이다. 역대 왕조의 북방 로망은 대륙에 대한 잠재적 영토의식과 통한다.

3 남북 통합이 모든 문제 해결의 시작이다

인구 문제에 선순환의 기회가 있다

경제 요소 중 창조적 요소는 오직 노동이며, 고용인원 구조의 장래 모습이 그 나라 경제력의 척도가 된다.

북구의 노령화사회와 일본의 장수長壽에서 오는 구조 변화는, 인구 피라미드를 원통형 또는 점차 역피라미드로 변하게 하여 근로자Working People의 부양 부담 가중은 사회 전체의 활력을 크게 떨어뜨리고 있다.

인구 피라미드를 주제로 아침 논단을 기고했던 적이 있다. 잇대어 당시 추진 중이던 한 가구, 한 자녀 운동이 성공하는 경우 가공할만한 결과와 그 대책을 생각하고 있었다. 그러나 경제발전 속도의 우등생인 한국은 초기 인구정책인 산아제한에 지나치게 빠른 성공을 보이면서 산아율이 낮은 대표적인 나라가 되었다.

초기 인구 문제를 걱정했던 시절에는 북구의 모습이나 일본의 노령화사회의 인구 축소 현상을 충분히 인지하고 있으면서도, 수십 년간 인구 문제가 이 모양이 되도록 해 놓은 게 없다는 뜻이 된다.

해리덴트Harry Dent의 예언대로, 2018년 한국은 인구 절벽에 봉착했다. 그는 저서 『2018 인구 절벽이 온다The Demographic Clift』의 한국어판 서문에서, "한국은 2018년 이후 인구 절벽 아래로 떨어지는 마지막 선진국이 될 것"이라고 했다.

말은 완곡하나 인구 축소 시한폭탄은 국가 체제를 송두리째 뒤흔든다. 제일 먼저 나라를 지킬 군대의 유지가 점차 어려워진다. 경제를 키우고 나라를 뒷받침할 일하는 인구층이 갑자기 얇아진다.

노동력 감소는 경제를 위축시킨다. 소득이 줄고 세금 내는 층의 부실로 국가 재정이 어려워진다. 마지막으로 인구가 줄면 소비층이 감소하고 시장이 축소되며, 투자가 줄면서 경기 하강이 따라온다. 적정인구의 증가와 투자 촉진으로 경제발전과 확장기 쾌속 성장의 주역이었던 나라가 반대 방향으로 가보지 않았던 길을 가야 한다.

한때 OECD는 2020년대가 되면 한국의 잠재성장률이 1%대로 떨어질 것으로 보았다. 그 주된 원인은 '저출산에 따른 생산인구의 급감'을 들었다. 북핵의 완성 시점인 2018년 초에도 〈New York Times〉는 '한국의 최대 적은 북핵이 아니라 인구'라고 지적할 만큼, 인구의 감소는 국가 기능의 급격한 해체 위기를 뜻한다.

2019년 3월 28일 통계청의 인구 문제 발표는 믿어지지 않을 만큼 심각하다. 통계청은 '2017~2067년 장래인구 특별추계'에서 올해 연간 사망자 수가 출생아 수를 추월한 것이라고 발표했다.

그러나 6월 유엔이 '세계 인구 전망'을 발표하자, 통계청은 앞의 특별 추계와 비교·분석한 결과를 9월 초에 다시 "세계와 한국의 인구 현황 및 전망" 보고서를 발표한다. 2018년 들어 신생아 수가 급감하면서 합계 출산율이 0.98명으로 1.0 이하로 떨어지는 세계 초유의 인구 대란이 온 것이다.

신생아·출산율 추이

	1970	2000	2018
신생아 수 (만명)	100	50	31
14세 미만 인구	1,370	977	700
출산율 한국 (%)			0.98
OECD 평균			1.68
프랑스			2.00
일본			1.46
싱가포르			1.24

* 자료 출처 : 통계청/OECD.

보고서에 따르면, 2019년 세계인구는 77억 명, 그리고 2067년에는 100억 명을 웃도는 것으로 예상했다. 반면 우리나라 인구는 2019년 5200만 명에서 2028년까지 소폭 증가한 후 감소해 2067년에는 4000만 명을 유지하지 못하고 3900만 명으로 줄어들 것으로 전망하고 있다.

역대 정부는 늦게나마 저출산 기본계획을 수립해 추진해왔다. 그러나 13년 동안 143조의 천문학적 예산을 쏟아부었으나 출산율은 해마다 떨어져 세계 초유의 1.0 이하의 출산율로 인구 절벽을 넘어 인구 재앙을 맞는 듯하다.

국가 소멸의 초입에 당도하기까지 누구도 책임지지 않을 뿐 아니라, 국가 파산에 이르는 길목에서 국가 원수조차 관심 두지 않는다. 대통령 직속의 인구위원회는 열리지도 않고, 그 관심도 보이지 않는 듯하다.

일본은 1억 명의 인구를 지키기 위해서 1억총활약담당상相을 지명하여 책임 각료가 이를 관장케 하는 전투형 인구정책을 쓰고 있다. 장기 저출산 기간에도 전력투구하여 한·일 간의 산아율 격차를

0.98 : 1.46로 역전시켜 놓았다.

　프랑스는 1970년대 출산율이 1.47로 떨어지자 국가비상사태로
보고, 장기적이고 치밀한 계획으로 대응했다. 예산의 4%까지 투
입하면서 출산으로부터 보육과 초기 과정부터 대학에 가기까지
국가의 책임을 발휘한다. 그 결과 시책의 안정과 신뢰를 바탕으로
2.0에 이르는 대장정을 성공으로 이끈 사실상 유일한 선진국이 되
었다.

　우리나라는 고령화로 수명이 길어져 당분간 총인구의 급감은 없
더라도, 인구 숲의 모습은 은색Silver으로 노령화 인구 구조로 가고
있다. 단단하던 일하는 인구층(15~64세)이 무너지면서 처음으로
지난해부터 줄기 시작했다. 현재 태어난 아이들이 자라서 아기를
낳을 때는 인구가 기하급수적으로 줄어드는 감소 속도가 너무 빨
라 사회가 적응하기 어렵게 될지도 모른다.

　정부가 5년마다 저출산 기본 계획을 세우고 있었으나, 대부분 재
탕식 아이디어나 수많은 나열식 시책뿐이었다. 이런 정책으로는
예산의 중복 낭비를 가져와 막대한 예산도 효율적이지 못하다.

　예를 들면, 산아의 기본인 혼인 건수를 보아도 2012년부터 8년
간 계속 감소했다. 한해 100만 명을 넘었던 신생아 수가 40년 만에
30만 명 아래로 떨어지고, 산아율이 0.9의 공포선에 이르렀으니
국난이 따로 없다. 그토록 염원했던 선진국 대열에 들어가는 지표
를 통과한 30-50클럽에서도 탈락하는 위기가 되었다. 북핵에 더
하여 또 하나의 시한폭탄인 핵폭탄이 터지기 시작한 것이다.

　'저출산 고령국가'로 인식했던 일본이 1.46명으로 우리나라를 역
전하여 건전한 인구 구조를 갖게 된 데 비해, 우리나라의 산아율은
0명대로 급전 직하로 떨어지면서 노령화 속도도 유례가 없을 정도

로 빠르다. 나라가 위기 중 위기인데도 위기감이 전혀 없다. 늦었지만 그래도 알게 된 때가 빠르다고 했다.

　여기서 정부는 국가비상사태 수준의 대책을 선포하고, Two Track으로 인구 문제를 거국적으로 다루어야 한다.

　먼저 세계적인 저출산 고령화 추세를 뛰어넘는 적응훈련을 국가적 전략으로 격상해야 한다. 저출산 저감 관련 사업을 재조정하는 한편, 인력 대책으로 새산업육성과 4차 산업의 구체적인 사업 계획을 진행시켜야 한다. 집행 중인 예산은 일단 정지시키고 되갈아엎어 결혼이나 산아, 보육 관련 기초 교육에 집중 투입해야 한다.

　다음으로 정부 내 흩어져 있는 가족·산아·육아 관련 부서를 정비하여 콘트롤 타워를 세워야 한다. 30-50클럽에서 인구 쪽이 무너지게 되었으니, 인구 5천만 수준은 결사코 방어해야 다시 40-50클럽으로 업데이트 상승 발전하는 국가 기틀을 잡아야 한다.

　일본의 1억총활약담당상을 능가하는 권능으로 5천만 사수 대책을 수행할 각료급의 조직을 만들어야 한다. 출산노령화위원회에도 관심 없는 바쁜 청와대보다는 총리 직속의 막강한 행정조직을 동원하여 전력투구케 해야 한다. 저출산 원인은 이미 다 알고 있는 것들로 그 답이 나와 있다.

　결혼 문제를 쉽게 하는 실제적 지원과 분위기 조성이 앞서야 한다. 적령기의 혼인 유도책이 중요하다. 기능에 따라 일자리, 주거, 양육 등에 획기적인 혜택를 주고, 반대로 직업을 가진 전문지식을 가진 고소득 독신 등에게 직간접 독신세(가칭)를 개발하여 불이익 Demerit을 주어 평형을 잡아주는 것이 중요하다.

　2016년도 출산 통계에서 기혼여성의 출산율이 2,23명으로 나타났다. 결혼을 안 하는 것이 문제이지, 일단 결혼을 하면 아이를 2명

이상 낳고 있다는 통계다. 그러면 이제부터 결혼을 가로막고 있는 문제를 찾아 해결하면 된다. 파격적인 고려로 세상 분위기를 바꾸어 나가야 한다.

먼저 결혼·출산에 대한 사회적 개념과 제도를 확 바꿔야 한다. 즉 혼외 출산과 다양한 가족 형태를 인정하는 것이다. 프랑스는 동거 커플 가정에도 가족수당과 소득세 등 동등한 대우와 동일한 혜택을 준다. 획기적인 아동수당제도와 가족 선택의 폭이 넓어지면서 점차 출산율이 2.0명대로 올라선 것이다.

물론 사회문화적 배경에서 오는 차이도 있다. 많은 경우 가톨릭 국가에서는 결혼 후 이혼이 안 되기 때문에 공식적인 결혼을 하지 않고 동거로 시작하는 경우가 많다. 전 프랑스 대통령 올랑드, 현 영국 수상 보리스 존슨도 전형적인 동거가족이다. 물론 프랑스도 60년대는 혼외 자녀를 잡종이라고 했지만, 지금은 동거 가구나 법적 부부의 차별이다.

북유럽 프랑스 등 혼외 출산이 많은 선진국은 출산율도 높다. 필자가 한때 근무했던 벨기에에서는 외국 입양아 셋 이상을 양육하면 5인 가족의 생계가 해결된다. 한국 고아는 특히 인기였지만, 이제 해외에 입양시킬 시기가 아니지 않은가. 미혼모에게 아동수당을 준다면 해외 입양도, 아이를 거리에 버리는 일도 없어질 것이다.

둘째, 직장 여성의 출산으로 인한 불이익이 없어져야 한다.

유급휴가 등 일정 기간이 지나 직장 복귀를 희망하는 경우 직장 복귀를 보장해 주어야 한다. 보육제도를 보완하는 방법으로 할머니 할아버지에게 육아수당을 지급하여 보육시설 부족을 보완하고, 아이들에게 가장의 정서를 건강하게 높여가는 것이다.

셋째, 저출산 노령화의 가장 심각한 문제는 14~65세의 생산인구가 줄어드는 것이다. 이에 대응하기 위해서는 생산성 제고를 위한 교육과 제도 개선을 시급히 마련하는 것이 중요하다. 필요에 따라 여성 인력 배려와 노동자 연령대를 높이면 일하는 기회와 노동력 보충의 이중 효과도 노릴 수 있다.

넷째, 인구 정책은 상당한 시간(20년~한세대 30년)이 소요된다. 그만큼 치밀하게 대응하지 않으면 성공할 수 없다. 그 사이의 인구 노동력 조절은 유학생 인구 활용, 국외 교포의 귀환 유도, 이민 등 해외 인력자원으로 수급 조정을 해 나가야 한다. 장기적으로는 이민청 설치 방안이 있을 것이나 남북 관계의 발전 상황에 따라 속도 조절이 필요한 부분이다.

마지막으로 심각한 인구 문제의 장기 전망에서 적정인구에 관한 연구만이 아니라 남북 통합 인구의 적정선도 함께 연구되어야 할 중요 사안이다. 한국의 인구 문제가 본질적으로 일본과 다른 것은 형제국과 같은 동족국가의 존재이다. 남쪽에서는 엄청난 인구 절벽에 와 있는데 북한은 아직도 개도국 수준의 경제 상태에서 뉴프론티어로 남아 있다. 남북은 상호 인구 구조의 불균형이 해소될 실마리가 보인다는 수치를 볼 수 있다.

남북의 인구 구조를 보면 성비가 정확하게 반대로 되어 있다. 남북한 인구를 합치면 성비가 98.8로 균형점에 가까워져 선순환의 기회가 될 수 있다는 것이 하나의 예이다.[58]

통계청이 발표한 북한의 통계에 따른 남북한 성비 현황

남한			북한		
남자	여자	성비(명)	남자	여자	성비(명)
25,694	25,552	100.6	12,153	12,743	95.2

58) 민경태, 『서울-평양 메가시티』, 미래의창, 2014, 70쪽.

고령화나 저출산 등 고질적으로 어려운 문제들도 남북한 인구의 산술적 합산만으로 상당 부분 해결이 가능해 보인다. 통합은 인구구조의 불균형을 해소하는 긍정적인 효과를 기대할 수 있을 것이다.

에너지 혁명의 선봉 시대

한때 한국이 중국보다 앞선 GDP를 운영했던 시기가 있었다. 그런데 그 사실을 기억하지 못할 정도로 중국은 거대한 공룡이 되었다. 우호적인 이웃으로 보일 때도 있었으나, 사드/THAAD 사태 이후 공룡이 마각을 드러내 알몸이 된 영상을 경험했다.

교역 비중이 25%를 넘는 거대 이웃 시장은 흡인력도 크다. 특히 외환시장의 상관계수가 근접(9%)하여 위안화와 원화 평가가 같은 방향으로 움직인다. 주식시장도 동조화 현상이 늘어난다는 평가가 나오고 있다.

환경 문제는 더욱 심각하다. 우리는 노후화된 원전을 폐쇄하고, 신규로 원전을 설립하지 않아 점차 원자력 발전의 비중을 축소하는 탈원전 정책을 펴고 있다. 그러나 중국의 동해안은 온통 원전밭이나 다름없다.

중국은 산둥山東반도를 중심으로 서해 건너편에 이미 36기의 원전이 가동되고, 20기의 원전이 새로 건설중에 있다. 이 엄청난 사실 위에 2030년에는 110기에 이를 것으로 추정하고 있다.

산둥반도에서 인천까지의 거리는 350km이다. 서울—부산(325km)과 비슷한 거리다. 만약 산둥반도에 원전 사고가 발생하면 낙진落塵은 편서풍을 타고 하루 만에 한반도에 도달한다. 이런 위험한 원전 밭의 확장 앞에 탈원전 정책의 초라함과 방향성 문제를 생각하지 않을 수 없다.

한국원전은 60년 2세대에 걸친 각고의 노력으로 세계 최고 수준의 기술력을 갖췄다. 설계에서부터 건설·운영·보안까지 일괄처리가 가능한 유일의 국가가 한국이다. 일찍이 탈원전 폐기 등을 외친 독·미·일이 원전 건설 포기로 원자력 생태계가 파괴되었기 때문이다.

원전 건설 유지기술은 최고의 첨단기술이며, 한국이 가진 기술 중 반도체와 더불어 최고 수준의 기술 선도 산업임이 틀림없다.

공해 문제가 되어 장기적으로 더 청정한 전원電源을 찾는 방향은 맞지만, 그 절차와 과정 속도는 매우 위험한 것으로 보인다.

이미 공정이 진행된 원전 3, 4호기의 건설 정지 문제, 원전 1호기의 폐쇄 결정과 다른 지역 원전 건설 계획의 폐기 등 수십 년에 걸쳐 다져 온 세계적인 원전 시스템과 장기 계획으로 만든 원전 계획을 마음대로 축소·파기했다. 대한민국 최고의 기술 산업을 무엇에 쫓기 듯 폐기하는 것을 다시 한 번 재고해야 한다.

원전을 대신할 대체 에너지로 모든 저수지에 태양광 패널을 설치하겠다면서도, 논란이 일자 신산업의 메카로 키우기로 한 새만금 매립지를 태양광 패널로 덮고, 바다는 바람개비 풍력발전으로 하겠다는 것이다.

탈원전 사태는 일부 환경단체의 반기술, 반과학의 세계관과 일부 친환경론자들에 잘못 입력된 원전 공포를 반영하고 있는 듯하다. 에너지 주권 문제나 대북 지원 1호인 여유 전원을 없애는 어리석음을 이해하지 못하고 있음도 안타까운 일이다.

북한이 당장 필요로 하는 것은 식량(쌀)과 기초 전력이다. 마침 우리는 쌀과 잉여전력이 있어 언제든지 지원할 수 있기에, 그 시기가 오면 딱 맞는 지원 수단이 아닌가. 남북 분단 후 북측이 단전 조치를 함으로써 고통을 받았던 시기를 생각하면, 바로 에너지 주권의 중요성과 위력을 알면서도 정반대의 길을 가고 있다.

대량 원전을 끄고 태양광 등 재생에너지를 n분의 1로 배분한다는 이야기도 있다. 영업 행위가 본업이 아닌 협동조합을 난발하면서 태양광을 융자 저리로 부추기고 있다. 시간을 두고 기술 수준을 봐가면서 점진적이며 계획적으로 해도 될 일을 전투하듯이 하고 있다. 악수가 무리를 낳고, 무리가 오기에 찬 행동으로 연결되는 악순환을 보는 듯하다.

이렇듯 탈원전 정책에 속도전을 하는 동안 미국과 일본에서는, 온실가스로 비축하지 않는 원자력을 '청정에너지Clean Energy'로 규정하고, 양국 간 원자력 발전과 관련한 협력을 강화하기로 하고 5개 부문의 합의 각서를 체결(2018년 11월)했다고 보도했다.[59]

이 합의 내용에는 '원자력을 청정에너지'로 선언하고, 혁신적인 신형 원자로 개발과 폐로 및 핵폐기물 관리 안정성 향상을 위한 산업 협력 등 5개 분야로 편집되어 있다. 그뿐만 아니라 같은 시기에 세계원자력협회/WNA, OECD 산하 원자력기구/NEA 관계자도 도쿄에 모여 청정에너지로서 원자력을 활용하는 방안을 논의했다.

한때 후쿠시마 원전 사고로 '원전 제로' 정책을 추진했던 일본이 미국 정부와 더불어 '원자력을 청정에너지'로 선언하고 공동 연구를 하고 있다. 그런데 원전 건설관리에 완벽한 생태계를 유지하고 있는 한국을 빼놓고 있다. 이는 탈원전 정책 탓으로 볼 수 있다.

합의 각서 중 우리가 절실하게 필요한 고준위 방사성 폐기물의 최종 처리방안을 위한 공동 연구와 신형 원자로 개발에 한국은 공

---

59) 2018. 11. 15. 조선일보.

동 연구에 참여하지 못한 것이다.

최고의 한국형 원자로 APR-1400을 앞서는 신형 원자로 개발을 보고만 있어야 하는가. 이 땅의 많은 저수지를 뒤덮고, 산을 밀어 태양광을 뒤덮는 동안 선진국에서는 청정에너지 새 원자력 기술로 우리를 앞서가고 있다.

역사의 흐름은 장대하다. 최근 미국과 일본의 움직임도 그 안에 있었다.

미국이 수십 년 동안 원전을 건설하지 않았고, 일본이 후쿠시마 이후 원전을 접고 있는 사이 중국이 세계 원전 대국으로 솟아오르고(原電屈起) 러시아의 진출이 거세지자, 미국과 일본의 연구 합작은 산업적 차원을 넘을 것이다. 그러는 사이 또 하나의 충격은 정부가 벤치마크 해왔던 탈원전 정책의 대만은 국민투표(2018.11.24.)에서 폐지 찬성안이 가결되어 탈원전 정책을 폐기하게 된 것이다.

대만 국민도 탈원전 정책을 도입한 지 2년 만에 국민투표로 폐기시킨 것이다. 에너지 환경이 열악한 것이 비슷하고, 원전의 상업적 가동 시기도 1978년으로 같다. 그러나 결정적으로 다른 것은 대만은 원전을 전적으로 해외에 의존한다.

우리는 1958년부터 60년간 기술을 배우고 자체 기술을 개발해서 세계 최고 수준의 자체 원전기술을 보유하고 있다. 탈원전으로 잃은 것은 당연히 우리 쪽이 훨씬 크다. 탈원전은 산업적 붕괴로 하청기업과 일자리가 사라진다. 원전을 재생하지 않으면 원전 생태계가 무너지고 수출이 막혀버린다.

좋든 싫든 세계 원전시장은 늘어난다. 국제에너지기구/IEA는 '세계 원자력산업 현황 2018년 보고서'에서, 세계 원전 발전량이

2040년에는 46%(2017년 대비)로 늘어날 것으로 보았다.

거대한 흐름에 한 나라의 탈원전은 별 의미가 없다. 탈원전으로 세계 최고의 기술 수준은 버리고, 훤히 보이는 세계 시장 진출의 기회를 스스로 포기하는 원죄는 누가 책임져야 하는가.

2018년 중 영국의 무어사이드 원전을 놓치고, 사우디아라비아에서는 한국형 원자로(APR-1400) 2기 규모의 우선 사업자로 선정되었으나 경쟁국들과의 경험으로 성사 여부는 알 수 없다.

대만의 국민투표에 의한 탈원전 정책의 폐기도 하나의 기회가 될 수 있다. 새로운 에너지 정책 구상에 대해 마음을 열고 대세에 합류하면서 우리가 할 수 있는 길이 무엇인지를 찾아가는 것이 중요하다.

에너지 시장은 절대 축소되지 않는다. 중국·인도와 기타 개도국의 전력 수요는 계속될 뿐 아니라, 기후 온난화 대책과 더불어 원전시장은 확장될 수밖에 없다. 오염물질을 내놓지 않는 청정에너지이며 가장 양질의 대량 공급이 가능한 전원電源 중 하나다.

가장 문제가 되는 것은 사용 후 고준위 방사성 폐기물도 연구가 진행 중이며, 그 자체가 새로운 에너지원이 될 수도 있다.

장기적으로 보면 탈원전의 방향이 틀린 것이 아니라 해도 그 진행 방향과 방법, 속도가 문제인 것이다. 산을 깎고 호수를 덮어도 원전 하나를 대체하려면 어마어마한 자연 파괴를 각오해야 한다.

태양이 없는 시간이나 바람이 불지 않을 때 전기는 생산되지 않는다. 그러나 원전은 태양과 바람이 없어도 60~80년을 사용한다. 그렇지만 태양광 패널은 수명이 20년으로 원전 주기에 3번씩 바꿔야 하며, 그 폐자재의 공해물질이 매우 위험할 정도이다. 그것도 급하게 대부분 수입해 쓸 정도로 급한 것인지 생산성 개념마저 없는 사람들의 푸닥거리 같다.

그리드 패리티Grid Parity란 말이 있다. 신재생에너지 수요가 많아지면서 곧 신재생에너지 가격이 화석연료 발전 단가와 같아지는 시기가 온다는 것이다. 속도 조절로 가다 보면 합리적인 시기가 오게 된다.

신재생에너지, 즉 자연에너지 개발로 가능한 것은 친환경적 개념으로 보아 맞는 일이다. 그러나 초기 원전 축소로 대량 에너지 대응 계획은 당연히 대량 에너지 생산으로 대응해야 하며, 환경단체의 반대로 사장되고 있는 서해의 조력潮力발전을 놓고 환경단체와 담판했어야 했다. 원전을 폐기하는 대신 조력발전은 막지 말아야 한다. 우리나라는 자원이 없는 나라가 아니라 자원을 개발하지 않고 파괴해 버린다.

서해 바다는 높은 조위차潮位差로 세계적인 조력발전의 적지로 평가받고 있다. 묘하게도 강화도를 넘으면 북쪽에는 조위가 낮아지고 중국 쪽은 거의 없다. 세계적으로는 유명한 프랑스 랑스조력발전소가 있다. 강 어구의 아름다운 발전소는 팔당의 모습을 상상하면 비슷한 곳이지만, 발전용량은 20여 만kW로 작은 편이다.

그러나 조력발전의 적지로 가장 먼저 개발될 뻔했던 가로림만을 비롯해 최대 용량으로 추정된 인천조력(120kW만 규모)을 포함하면 600만~1000만kW의 전원 생산이 추정된다. 태양광이나 풍력과는 그 단위가 다르다. 우리는 먼저 이곳으로 가면서 탈원전을 시작했어야 한다(원전과 융합발전은 제2장 참조).

전기 생산과 사용 시간이 일치하지 않는 부분이 버려지고 있으나, 우리나라는 양수발전 시설(용량 600만kW 수준)을 가지고 있다. 그 때문에 원전이나 태양광, 풍력 등 생산 조절이 불가능한 발전과 더불어 최고의 청정에너지 부국富國의 지위를 누릴 수 있는 위치에 있는 나라다. 자연을 이용하는 지혜가 필요하다.

전원의 분포나 생산량의 분포에 따라 에너지 응용 효율 문제가 있다. 소프트 뱅크 손정의 회장이 여러 해 전부터 추진하고 있는 아시아 지역 전력망에도 적극적으로 참여함으로써, 북한을 포함한 중국·몽골·한반도·러시아·일본 등 동북아의 전력망으로 각 나라의 전력 과부족을 조정할 수 있다.

공해가 전혀 없는 핵융합발전에서도 한국은 미국·일본·프랑스·러시아·중국·인도 등 7개국 프로젝트의 고도기술 발전에 참여하고 있다. 불가능에 도전한다는 인공태양 개발, 즉 핵융합 실험로 공정이 상당히 진전되었다는 보도로 보아 인류 최후의 에너지는 시간과 더불어 준비되고 있는 듯하다.

중국의 환경 문제는 우리의 환경과 밀접한 관계에 있다. 중국 해안의 원자력 발전단지는 지척에 있다. 자국의 공해뿐 아니라 미래의 환경 문제와 먼 장래 원전 폐기 및 폐로에 이르기까지 미래를 내다보고 공동조사 연구 프로젝트를 구상할 만하다.

앞선 문제 인식을 앞세워 미래의 공해 제거에 여유롭게 공동 연구하자는데 반대할 리가 없다. 환경 문제는 선행적인 대응을 함으로써 미래의 대재앙에 대비하는 준비가 절대적으로 필요하다.

우주 공간 개발과 오성취루五星聚累 현상

전술한 기후 변화의 대응 조치와 인구 증가 등 폭발적으로 늘어난 인류의 욕망을 지구가 감내하기는 어렵다. 기후 온난화는 해수면 상승으로 해수변의 수많은 농지를 잃게 하고, 푸른 초원은 사막화의 빠른 진행으로 황사와 더불어 대도시마저 위협한다.

포화 상태의 지구 생태계의 복원을 위해서도 인류는 또 다른 세계를 찾아 새로운 유토피아의 생활 자원을 찾아 나서게 된다. 계수나무와 옥토끼의 설화로만 입에 오르던 달, 지구와 가장 가까운 별이 새롭게 인간이 살기 좋은 곳이 되어 경제성 있는 주거지가 10년 이내에 달에 건설된다는 것이다.

조셉 펠턴Joseph N. Pelton은 '달에서 에덴동산 찾기Finding Eden On The Moon'라는 기사를 통해, 달에서 달의 자원으로 인간에게 필요한 제품을 만들게 된다고 했다.

예를 들어, 인공위성을 달에서 제조해 원하는 지구 궤도에 올릴 수 있다면, 이 방법은 지구에서 인공위성을 만들어 로켓을 이용해 궤도에 올리는 것보다 훨씬 적은 비용으로 무중력 상태에서 가능하다는 것이다. 달의 인간 거주지는 20~30년 이내에 채산이 맞게 될 것이며, 장기적으로는 거대한 생산기지로 발전해 갈 것이다.

인류가 우주로 진출하는데는 우선 우주정거장의 건설이 선행되어야 한다. 지구의 한 지점과 우주정거장을 연결하는 우주 엘리베이터Space Elevator 건설이 중요 과제다. 미국의 NASA나 일본의 JAXA에서는 본 계획이 진행 중이다.

2050년에는 이 우주 승강기를 이용해서 사람과 물건을 우주로 이동시킬 수 있다. 이때 달을 방문하는 사람이 100만 명을 넘을 것이며, 우주에 건설한 호텔은 '별에서 하룻밤'이란 패키지를 내걸고 새로운 관광 상품으로 개발될 것이다. 곳곳에 건설된 여러 개의 우주정거장은 차세대 우주 기반산업을 위해 구축된 작은 산업도시의 역할을 할 것이다.[60]

우주 승강기는 사람이나 자재를 지구에서 우주 궤도까지 싣고 올

---

60) 박영숙,『세계미래보고서 2030-2050』, 교보문고, 2017, 124쪽.

라갈 것이다. 죠셉 N 펠턴은 우주 승강기가 달이나 우주 진출을 위해 반드시 필요한 교통수단이 될 것이라고 말한다. 일단 우주 궤도에 올러놓으면 중력의 영향은 거의 받지 않는다. 따라서 그곳에서 아주 소량의 에너지로도 달이나 화성 또는 다른 우주 공간 개발을 위해 날아갈 수 있다.

광활한 우주는 인류의 외계 탐험 무대일 뿐 아니라 우주 탐사를 보내는 기업과 학자들이 기대하는 소행성에 있는 귀금속 등에 관한 자원 욕구가 우주 개발을 견인한다.

한편 지구와 같은 생명체가 살 수 있는 조건의 행성 존재 징후가 있다 해도 너무 멀어서 인간이 도달할 수 있다는 확신이 없다. 다만 영국의 버진그룹이 버진 캘럭틱Virgin Galactic의 유인 우주비행 성공(2018. 12. 13.)으로 우주 관광을 본격적으로 준비하고 있다.

제프 베이조스 아마존 창업자가 설립한 우주개발업체 '블루오리진'도 곧 6인승 우주 캡슐을 발사해서 100km의 지구 저궤도를 비행하는 관광 상품을 준비하는 등 민간 우주여행 시대가 활짝 열리고 있다.

지구 온난화의 주범 가운데 하나는 에너지 산업을 들 수 있다. 주로 석탄이나 석유 의존의 화석연료 사용에 기인한다. 원전과 수력, 재생에너지로 오면서 최근 주목받기 시작한 것이 태양광발전과 풍력발전에 심혈을 기울이고 있다.

그러나 두 발전 방식도 나름대로 복잡한 문제를 안고 있다. 인류가 마지막으로 우주 공간으로 진출해서 외계 행성 탐험과 정착 그리고 우주여행을 계획하면서 다시 우주 에너지 문제로 귀착하는 모습을 보인다. 그 요체가 우주 태양광발전 시스템이다.

우주 태양광발전소가 가능하다면, 그 최고봉은 우주에 있다는 결론이다. 장애물 없는 광활한 우주 공간에서 태양광을 집광할 수 있다. 지상에서 하루 최대 12시간 집광할 수 있는 것에 비해 24시간 태양광을 받는다. 또 지상의 태양광처럼 대기 속의 가스 등 필터링 효과에 영향을 받지 않을 뿐 아니라 4계절 전천후로 기상 영향을 받지 않는다. 청정 태양의 일정한 에너지로 공급받아 양질의 최대 부하 전력을 생산할 수 있다.

우주 태양광발전은 1968년 피터 글레이저Peter Glaser 박사가 처음으로 고안·제안했다. 정지궤도에 우주 태양광 집광판을 장착한 위성을 배치해 놓고 태양광을 집광하는 기술이다. 정지궤도에 기구를 띄울 수는 있지만, 문제는 집광한 에너지(전기)를 지구로 송전하는 기술이 없었다.

이 문제는 수십 년간 진전이 없다가 최근 일본이 우주 태양광에 도전장을 내면서 다시 활성화되고 있다. 일본우주항공연구개발기구/JAXA Japan Aerospace Exploration Agency가 우주 태양광발전으로 1기가와트의 에너지를 만드는 발전소 건설 계획을 발표했다.

이 프로젝트는 가장 친환경적이며 저렴한 가격에 무한한 전원을 공급받을 수 있다. 무한대의 완벽한 우주 태양발전소를 소유한 기업은 21~22세기 세계 경제를 주도하는 대표기업이 될 것이다.[61]

외계 진출은 인류의 꿈만이 아닌 현실이다.

우리도 지난 2018년 11월 28일, 고흥 나로우주센터에서 '누리호'의 실험 발사체가 성공적으로 발사되었다. 누리호는 우리가 개발한 발사체다. 2010년부터 추진해 온 한국형 발사체(KSLV-11) 누리호 사업도 완성 단계에서 우주 개발의 꿈에 한 발 더 다가서고 있다.

누리호의 성공에 이어, 우리가 독자적으로 개발한 기상관측용

---

61) 앞의 책, 490쪽.

지구 정지궤도위성 '천리안 2A호'가 프랑스령 가이아나에서 성공적으로 발사되었다. '누리호' 시험 발사체와 관측용 위성이 동시에 발사 성공한 것은 뜻깊은 일이다. 활짝 열려 있는 외계 행성 탐험과 정착 노력에 선진국과 더불어 동참할 수 있게 된 것이 중요하다.

인간 욕구의 증가에 비추어 한정된 지구 자원 그리고 복원하기 어려운 환경 요인으로 지속 가능한 발전이 어려워진 인류에게 우주 개발과 관심은 신선한 희망이다.

한편 우주 공간이 인류의 희망과 더불어 지구 전략군 구상이 엉켜 군사 목적사업 우주군이 창설되고 있다. 우리나라도 북핵 문제 등 한반도에 국한된 공간구조에서 해결 불가능한 한계 프로젝트에는 새로운 전략 구상이 중요해질 것이다.

우리 조상들은 놀랍게도 우주, 즉 천문에 관해서는 매우 앞섰다는 사실이 기록으로 확인되고 있다.

우리 고대 역사서인『환단고기桓檀古記』는 한민족이 천문학의 종주국임을 밝히고 있다. 3천 년 전에 별자리 관측으로 다섯 행성의 결집과 강한 썰물, 두 개의 해가 뜬 환일幻日 현상 등 고조선시대에 일어난 특이한 천문 현상을 전하고 있다.

전 서울대 천문학과 박창범 교수는, 13세 흘달단군(BC 1733년) 때 일어난 오성취루五星聚婁 현상과 29세 단군마후(BC 935) 때 남해의 밀물潮水이 3척이나 물러난 사건을 현대 천문학의 기술을 빌어 입증하였다.

우리 조상들은 고조선 10대 노을단군(BC 1916년) 때부터 감성監星이라는 천문대를 설치하여 천체를 관측했던 기록이 있다. 박창범 교수가 과학적으로 실제 역사적인 사건으로 밝혀냈다.

전 한국천문연구원장 박석재 박사도『환단고기』의 오성취루 현상을 역사적 사실로 인정하는 글을 그의 『개천기』 서문에 밝히고 있다.

이와 같은 연구 결과를 통하여 그동안 위서 논란에 휩싸였던 환단고기』를 올바르게 평가하는 중요 계기가 되었다.

우리 조상들은 고조선시대에도 천문대를 운영하여 단군 개국 500년 뒤인 BC 1733년에 목성·화성·금성·수성·초승달이 서쪽 하늘에서 일렬로 서는 다섯 행성의 모임을 정확히 관측했으니, 고조선은 이미 천문의 선진국이었다.

천체와 우주를 관찰했던 고조선시대와 문명의 실재를 확인하는 놀라운 사실을 보면서 늦게나마 외계 진출의 대열에 설 수 있는 것도 우연이 아닌 듯하다.

외계는 점차 자원, 정보, 관광, 군사적인 측면과 인류 미래를 가름할 새로운 변방이 되어 갈 것이다.

4 기氣의 순환과 상승의 시기 도래

氣Energy의 생성과 순환 이야기

우리나라를 통칭 5천년 역사라고 하는 것은 고조선의 성립 연대인 기원전 2333년 건국 후 2096년 통치를 거쳐 3국 시대와 통일신라, 고려, 조선, 일제강점기 및 남북 분단에 이르는 역사 기간을 말한다.

서기 이전에 단기(단군 기원)가 시작되어 곧 오늘날은 단기 4353년 (BC 2333+2020)으로 기록된다. 그러나 역사는 인간 단군시대 이전에도 환웅시대桓雄時代 1565년을 넣으면 대체로 6000년에 이른다. 물론 그 앞에 배달국으로 신화시대가 더 이어진다.

역사를 관찰하는 전기공학자 이충웅 박사는 기氣의 순환이론를 통해 다음과 같이 주장한다.

"지금부터 약 6000년 전 쥬신족朝鮮族의 기운이 절정기일 때, 우리 쥬신족은 시베리아·만주·중국을 지배한 바 있으며 찬란한 홍산문명鴻山文明을 일으켰다. 바야흐로 이제 6000년 대주기의 대운大運이 돌아오고 있다. 6000년의 대주기 기운으로나 360년의 소주기 기운으로 보나 한국의 기운은 상승기가 있다."

일찍이 동이족東夷族의 현자들은 우주 공간에서의 기氣의 상태 천이과정遷移過程을 주도면밀하게 관찰하여 우주 대자연의 현상이 생멸하는 자연법칙을 정립했다. 음양陰陽의 개념을 이용한 팔괘이론八卦理論을 발전시켰으며, 이 팔괘이론에 따라 사물의 이치를 설명하는 학설을 역학易學 또는 주역周易이라 한다.

현대적 해석이 어려운 氣와 음양오행陰陽五行설로 우주와 삼라만상의 운행원리를 생각하게 했다.[62]

한편 한민족(쥬신족)은 민족의 영산인 백두산의 정기精氣를 타고 났다. 백두산이 천하의 명승지인 것은 바로 한민족 氣의 원천인 천지天池를 품고 있기 때문이다.

1926년 일제가 식민사관에 의한 조선사를 조작하던 시퍼런 통제 시절, 육당 최남선은 백두산 여행을 하면서 『백두산 근참기』를 동아일보에 연재했다. 훗날 『백두산 근참기』 서문에서, "백두산은 천산天山 성악聖岳으로 신앙의 대상이었습니다. 제도帝都 신읍神邑으로 역사의 출발점이었습니다. 영원靈源 화병化柄으로 문화의 일체 종자였습니다."라고 기록했다.

국권을 잃은 조선 백성들에게 육당의 『백두산 근참기』는 민족의 영산에 관한 이야기로, 민족애와 조국애를 북돋우는 큰 계기가 되었을 것이다. 이어서 "상하 5천년의 신시로 단군으로 부여 숙신으로 고구려로 발해로 금金으로 여진 만주로, 백두산의 신령스러운 태에서 잉태되어 길러진 천제자天帝子의 왕조만도 이미 열 손가락을 넘습니다."라고 의미심장한 이야기를 남겼다. 백두산은 氣의 원천일 뿐 아니라 많은 제왕을 잉태한 영산으로 표현하고 있다.

그의 저서 중 한병화 이야기나 금 태조의 이야기, 누루하치의 발

---

62) 이충웅, 『한반도에 氣가 모이고 있다』, 집문당, 2014.

원지인 사실을 밝히고 있다.

금의 태조가 신라 왕손(金氏)의 후예임을 자처함과 청태조 누루하치의 조상 맹특목孟特穆은 조선의 오음회吾音會(즉 무산) 땅에 들어와 살면서 조선의 녹을 먹던 사냥꾼 무리였다. 백두산 동쪽의 오금회에서 누루하치에 이르러 백두산 정기를 타고 여러 부족을 정복하여 세운 왕국이 장차 중원을 향한다. 칠대한七大恨을 앞세워 그의 아버지와 조부가 명나라 군에 억울하게 죽은 원한을 갚기 위해 군사를 일으켜 요동을 치고 중원으로 나가 대권을 차지한다. 바로 청조의 창업이었다.

그래서 육당 최남선의 한병화韓秉華 이야기가 더 아련하다. 백두산에서 사냥꾼으로 생계를 이어가던 그의 아비가 살해되자, 13세의 소년 한병화는 원수를 갚기 위해 무술을 연마하여 신의 경지에 이르러 마적을 만나는 대로 사살하였다.

그의 일당백의 능력이 사방에 알려지면서 사람들이 모여들어 위엄과 덕망이 높아지자, 그 세력권이 일종의 자치권 행사를 했다는 사실이 알려져 있다. 백두산 북쪽 기슭의 송화강 상류 넓은 지역을 차지하여 중국인도 한변외韓邊外로 통칭되는 특수지역에 군대를 기르고 세금을 거두어 사법私法을 쓰는 별천지에 하나의 왕국을 이루었다.

한병화의 왕국이 가능했던 것은 만주족이 중원으로 진출한 뒤, 그들의 조종祖宗은 그들의 발상지를 지키기 위해 강희제 이래 만주봉금滿州封禁 정책을 시행한 이후 생긴 공간에 일어난 일이었다.

한병화는 그 가장자리에 지리地利와 천편天便을 얻은 자였지만, 정세를 읽는 눈과 원대한 경륜이 없어 영민한 인재가 모이질 않았다. 한병화에게는 누루하치의 야율아보기耶律阿保機나 아골타阿骨打가 없었다. 한병화가 백두산 기슭에서 세력을 키울 때는 대지의 풍운과 기맥이 만주로 모이는 때였다. 백두산을 에둘러서 헤아릴 수 없는 변환變幻이 잉태되던 때였다.

청·일전쟁과 러·일전쟁이 바로 포화 상태에 이른 양量의 정점에서 氣의 충돌이 일으킨 대사건이었다. 지리의 중심에 섰다 해도 원대한 미래지향적 시각이 없어 기맥의 충만이 가동하지 않았다. 중·러·일이 삼각 대치 지역에 주변 친화적 왕국이었다면, 한반도의 역사는 달라졌을지도 모른다.

이제 난해한 氣의 순환이론으로 돌아와 보면, 새로운 6000년의 대세 상승과 1950년(6·25 전쟁)의 최저점으로 한 360년의 소주기가 오르기 시작한다. 氣의 순환을 과학적으로 설명하기는 어렵다. 하지만 조선에 발생한 氣의 변화 주기를 살펴보면 대체적인 순환 주기가 인식된다.

6·25의 1950년에서 360년을 올라가 보면 1592년이 임진왜란이 나던 때였다. 다시 거슬러 올라가면 1231년 몽골의 1차 침략이 된다. 더 과거 소주기로 가면 고구려·백제가 패망하고, 양길·견훤 등이 난을 일으켰던 889년 氣가 최저 상태이었을 때가 된다. 氣의 최저 상태와 최고 상태가 소주기小周期 360년인데, 그 중 180년은 氣가 상승하고 180년은 하강한다.

최근 한국의 소주기 1950년부터 180년인 2130년까지가 기의 상승기고, 21세기는 한국의 氣가 세계를 주도하는 시기라는 것이다. 이 시기가 남과 북의 연결 통합의 새 국가 위상이 그려지는 때다. 남북으로 그리고 동서 연결을 통한 대양과 대륙의 소통 그리고 동서 문명의 교차 융합의 장으로 진화할 것이다.

현재 한반도의 남북 관계는 절연체(DMZ)를 사이에 두고 전극판電極板이 서로 마주 보고 있는 평면 콘덴서와 같다. 남쪽의 전극에는 양전기가, 북쪽 전극에는 음전기가 연결된 것과 유사하다. 이 콘덴서 양단의 전압이 계속 올라가 어느 한계치를 넘으면 절연체가 파괴되면서 두 전극 사이에 블랙다운Break Down이 일어나 대전류가 흘러 콘덴서가 파괴된다.

다시 말해 남한의 상승과 북한의 내려가는 기류가 계속되어 날숨의 격차가 한계점을 넘으면, 어느 날 갑자기 북한 사람의 대이동이 시작되는 위험이 있다.

따라서 북한 쪽으로 적당한 양의 氣를 흘려 남북의 기 격차가 임계점臨界点을 넘지 않도록 해야 한다. 부작용이 적게 남북통일을 하려면, 남쪽의 전기를 북쪽으로 흘려 전위차가 작아지게 한 다음, 절연체(DMZ) 양단의 전극을 연결하면 스파크 없이 자연스럽게 통합되리라는 것이 전기공학자의 부연 설명이다.

절연체(DMZ)가 없어지면 전류가 흐르면서 DMZ 부근의 전자밀도가 높아져 많은 사람의 투자가 모여든다. 남북 소통뿐 아니라 막힘 현상이 풀어져 동북아시아의 대세 순환의 에너지Energy로 채우게 될 것이다.

간방艮方의 위치와 氣의 모임 현상

서양 사람들이 아인슈타인의 상대성 원리를 잘 이용하듯이, 동양에서는 세상의 변화를 음과 양으로 풀어가는 이치를 강조한다.

음양오행과 주역 등 심오한 이치에 따라 하늘을 28수로 볼 때 별자리로 기수와 두수 사이가 간방艮方이다.

지역 분야와 연관시키면 우리나라와 몽골, 만주·시베리아가 간방에 해당한다. 간방은 동북방을 의미하고, 시간으로는 새벽이나

팔괘 방위와 간방

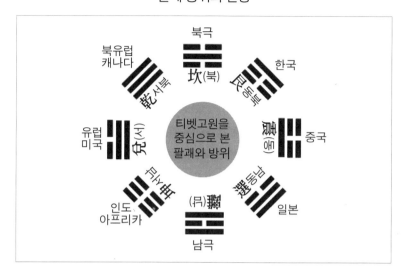

초여름이 된다. 간방에서 동쪽은 진방震方으로 중국이 되고, 동남 방의 손방巽方이 일본이 된다. 서쪽인 유럽과 미국이 태방兌方, 그 리고 인도와 아프리카 등이 곤방坤方이 된다.

여기서 간방을 다시 보자. 우리나라를 중심으로 동북방 내몽골·만주·연해주(시베리아 동부)가 간방이 되는데, 이 모두가 고대 조선의 영지가 된다. 만주와 연결된 맥은 氣의 원천인 백두산으로 와서 백두산의 정기가 백두대간을 타고 남쪽으로 공급된다. 전기의 속성상 송전선의 끝이 전압이 가장 높다. 즉 한국의 남단이 氣가 제일 강하다. 역대 대통령이 거의 남쪽에서 나온 것은 우연이 아니다.[63]

한민족의 국통 맥에서 볼 때, 한민족의 중심 무대가 동북아 대륙 끝인 한반도 남부 세계의 기맥이 집중된 곳을 뜻한다. 여기서 氣의 중심지가 과연 대륙의 끝자락인지를 보자.

---

63) 앞의 책 132쪽.

예로부터 동북아 문명권에서 우주론宇宙論의 교과서인 주역周易에서는 '종어간 시어간終於艮 始於艮, 즉 간艮에서 매듭짓고 간艮에서 시작한다'고 했다. 그림과 같이 간은 팔괘八卦 중 하나다. 간은 열매를 뜻하고, 방위로는 동북방을 말한다. 간방은 동북의 괘니, 만물의 끝남과 새로운 시작이 이루어지는 곳이라 했다.[64]

만물의 끝과 시작이 간방에서 이루어진다는 주역의 논지대로, 장차 인류의 모든 문제가 지구의 간방 중심인 조선 땅에서 종결되고 새롭게 시작된다.

지구상 유일한 분단 지역, 자본주의와 공산주의 그리고 미국과 중국의 양대 세력이 휴전선 DMZ를 사이에 두고 대치 상태가 70년에 이르렀다.

한 갑甲이 넘는 70년을 옛 소련의 공산혁명에서 붕괴까지 예를 볼 수 있듯이 새로운 변화 구간이 다가오는 듯하다.

분단은 민족의 비극이었으나 남과 북은 그냥 있지 않았다. 남북의 체제 경쟁은 상대적으로 빠른 발전을 위한 촉진제가 되기도 했다. 초기 인구가 적고 자원이 많은 북쪽이 성공하는 듯했으나, 자유시장 경제를 바탕으로 세계와 교호하고 개방체제가 확장되어 격차가 벌어졌다. 남북 GDP 비교는 40 대 1(한국은행 통계)이 될 정도이며 미국과 북한의 차이는 1000 대 1 규모이다.

그러나 북한은 가만있지 않았다. 가장 경제적인 방법으로 선군주의 기치 아래 핵 개발에 매진해 대륙간탄도미사일/ICBM 개발에 성공하였다. 핵 개발 이후 4반세기 만이다.

2018년 6월 12일, 싱가포르·미·북 회담은 양국 수뇌가 1 대 1로 만나는 스펙터클로 세계인에게 클로즈 업 되었다. 비핵화 목적으

---

64) '艮, 東北之卦也, 萬物之所成終而成始也, 故曰成言乎艮.

로 만나는 힘은 핵무장이라는 아이러니를 낳았다.

이는 평창동계올림픽이 커지면서 시작된 남북 교섭과 미·북 연계 접촉의 기선을 잡은 문 대통령의 판문점 회담(4·27)을 통한 주도로 얻은 큰 변화다.

회담 결과가 CVID, 즉 '완전하고 검증 가능하며 불가역적인 (핵)해체' 개념조차 관철하지 못하는 협상은 대한민국으로서는 매우 곤혹스러운 상태가 길게 끌고 갈 것 같은 불안과 불만을 떨쳐버릴 수 없다. 그러나 교류 이전의 전쟁 상태를 생각하면 없던 일로 되돌리기는 어렵다. 북한 쪽에도 더 잘살기를 바라는 욕구가 강해 되돌리기 쉽지 않다는 보도처럼, 변화의 추동력이 감지되기도 한다.

간방의 축으로 보아 시간적·지정학적으로 세계의 중심(주역에서 말하는 황루黃樓)에서 새로운 문명을 대망하게 된다.

4·27 남북 정상의 판문점 회담은 환상적이다. 남북 경계를 쉽게 넘나드는 모습이나 도보다리에서의 단독 정상회담은 무거운 형식을 벗어버린 신뢰의 길목임을 확인했다. 비극적인 분단의 장소가 만남의 장소로, 세계 소통의 통로로 그리고 남북 봉합의 장으로 전개된다.

2019년 6월 말, 미·북 정상도 똑같이 경계를 넘나드는 이벤트를 연출했다. 이를 위해 그 오랜 고난의 역사가 필요했던 것인가.

전기공학자의 氣 이야기대로 한국의 운은 대상승기에 있다. 바야흐로 6000년 대주기와 360년 소주기의 기운으로 보나 한국의 기운은 상승기에 있다. 만물이 그렇듯이 氣는 끝에 모인다. 간방의 만주 대륙과 백두산맥에서 내려와 해양으로 내민 한반도에 모여드는 氣가 제일 강하다. 통일이 되어 만주 시베리아까지 氣가 미치는 영역이 확장되더라도 氣는 한반도 끝이 강하므로 계속해서 남한이

주도권을 쥐게 될 것이다.[65]

한국의 대세 상승기에 氣의 상승과 더불어 한반도에 모여드는 氣를 선용善用하여 만인을 행복하게 하는 새 역사를 열어가는 노력을 기울여야 한다.

요약하면, 대세 상승기의 재진입과 세계의 중심이 한국으로의 이동을 보면서, 주역 이론대로 음과 양의 균형은 모든 것에 우선하는 선善이 된다. 현재 현저하게 기울어진 음과 양의 균형을 찾아가는 길은 우리 민족에 체화된 홍익인간 철학에서 찾을 수 있다는 것이다.

순환이론의 실재

우리 민족은 어둡고 어려웠던 시절을 보내면서도 여러 상황의 변화가 동북아의 대세 상승으로 이어졌다. 우리는 다시 한번 이 기류를 타고 솟아올라 민족의 위용을 드러내야 한다.

장기순환이나 소순환의 상승기에는 수많은 모순과 변화의 기류도 함께 한다. 우리를 둘러싼 혼돈 속에서도 크고 작은 역사의 주기가 명멸한다. 법률이 정한 가장 짧은 5년 주기도 허물어져 시대의 틀이 움직이는 변환의 시기를 맞이하여 여러 변화의 주기가 한꺼번에 밀려오는 듯하다.

우리 사회를 지탱하던 보편적 가치 체계, 경제 운용제도, 기술 산업 주기의 변화와 분단 체제의 재평가 등이다. 변화 주기의 크기가 클수록 눈에 띄지 않을 수 있으나, 대세 변동을 잘 읽고 큰 흐름을 타고 가야 한다.

---

65) 앞의 책 62쪽.

먼저 많은 전문가 중 한국경제 10주년 주기를 말하는 사람이 많다. 대체로 그렇게 볼 수도 있다. 석유 파동이나 IMF 외환위기 그리고 금융위기 등이 비슷한 간격을 두고 지나갔다.

우리는 그때마다 슬기롭게 위기를 극복해 왔다. 그러나 한국경제의 변신 과정을 총람해 보면, 1960대부터 현재에 이르는 반세기 주기(1960년대–현재) 중 대한민국이 이룬 성과를 개도국들이 부러워했을 것이다.

'잘살아 보자'는 구호로 가난에서 벗어난 개발의 역사를 중국이나 동남아, 멀리 아프리카까지 개도국의 선망 대상이 되었다. 아시아 4룡(4gangs)의 하나로, 특히 새마을운동이 수출되면서 개발도상국 초기 발전의 정신적 지주가 되기도 했다.

전란과 60년대 초기 가난을 딛고 폭발적으로 발전한 한국경제의 성장과 민주화를 동시에 달성한 보기 드문 성과는 많은 개도국의 벤치마킹 대상이었다.

중국 개방시대의 원조 등소평에게는, 한국 실적은 그의 교조적 자본주의의 표본이 되었다. 국내 평가보다 확연히 다른 가치로 인정된 개발 전략은 그들의 가슴을 뜨겁게 했다.

POSCO(포항제철)의 신화를 본 등소평은 남몰래 박태준을 불러 만난 에피소드가 이를 증명한다. 중국의 이중적인 체제, 즉 사회주의 정체와 자본주의 시장경제를 다루는 능력으로 수십 년 지속성장을 하면서. 한국보다 엄청나게 큰 나라와 그 막대한 인구를 안고 성장을 지속하면서 한국의 성공을 능가하는 실적을 올린 것은 놀라운 일이 아닐 수 없다.

중국의 개방 초기 GDP가 한국보다 작았던 시기로부터 지금은 세계 초강대국 미국과 겨루는 패권 도전국으로 올라섰다. 그런 사이 한국은 어떤 모습인가.

미 포춘지의 세계 500대 기업 성장추이

년도	1995	2000	2010	2017	2019
한국	12	11	10	16	16
중국	2	12	46	111	129

세계 무대를 나가는 대기업 성장을 보면 그 추세를 알 수 있다. 미 포춘지의 세계 500대 기업 성장추이를 보면 폭발적인 증가세와 한국기업의 정체 현상을 함께 볼 수 있다.

여기서 보면 사회주의 정체의 중국 경제 운용은 자유민주 정체인 한국의 경제 성과와 비교되지 않을 정도의 개방과 개혁 발전을 해 왔다. 물론 중국 기업 3분의 2에 해당하는 82개 기업이 에너지·금융 등 국영기업으로, 이에 대한 미국의 견제가 강화될 전망이다.

그러나 세계 기업으로 커나갈 기업에 수많은 규제의 족쇄를 채워 자유분방한 중국의 대기업과의 경쟁이 어렵게 된 구체적인 추세를 보여준 것이다.

많은 성장 후유 피로감이 쌓였을 뿐 아니라 발전제도 자체의 시대적인 이격 현상도 나타난다. 기술 주도 4차산업 시대에도 종래 중화학 체제의 중후장대 산업의 개편 속도가 늦어 산업의 전환이나 개혁 추진이 어려워진 상태다. 이에 더하여 정부의 기울어진 기업 정책이 이어지면서 이제는 우리 경제 발전 시스템을 반성하고, 새 시대 발전의 틀에 맞는 새로운 제도 구상을 해야 할 시점에 이르렀다.

소득주도는 성장의 결과인 점을 인식하면 일자리 확대나 소득증가는 친기업 정책의 결과로 가능하다. 재정지출의 보조금이나 공무원 증원 계획은 세계적인 추세와 맞지 않는다. 기업은 벌어서 고용을 늘리고 소득증가를 유발하나, 공무원의 증원은 세금을 걷어서(기업으로부터) 먹여 살리는 방법이다. 한번 채용한 공무원은 평생 부양하며 노후까지 연금으로 국가가 부양해야 한다. 기업 고용과 정반대의 길이다.

프랑스와 한국의 새정부가 거의 비슷한 시기에 출범했으나, 그 정책 방향은 정반대로 가면서 그 내용과 성과가 다르게 나타나는 현상을 목격하고 있다. 특히 마크롱 대통령의 결단으로 시작한 공공노조 철도파업의 대응을 보면서, 그는 인기 저하를 알면서도 프랑스 병과 맞서는 용기를 보였다. 우리는 남북 관계의 용단처럼 친기업 정책으로 경제 현안에 맞서는 용기 있는 대통령을 보고 싶다.

그동안 한국경제를 견인해 왔던 중화학산업과 개방 경제를 이끈 수출 주도형 성장 정책 등 빛나는 시책들도 사양화의 시기가 있듯이, 이를 기반으로 한 한국경제 자체의 구조조정 단계에 와 있다.

수출도 중요하지만 내수경제에 집중하여 대내외 경제활동이 균형 있게 조정되어야 한다. 잘못 입력된 소득주도가 최저임금 인상으로 이어져 산업 대란을 초래하는 듯하다. 노임 비중이 낮은 대기업은 문제 되지 않지만, 임금 비중이 높은 중소기업, 영세기업, 자영업자 등에는 치명적이다.

일자리 대란으로 일자리 정책이 역주행해도 별 반응이 없다. 귀족 노조가 깔아 놓은 연계망을 따라 공약을 이행한다고 한다. 공약은 현황 파악 후 얼마든지 변경 수정이 가능하다. 누구를 위한 공약인가. 한국경제는 세계의 발전 축 하나로 세계와 경쟁하면서 자라왔다. 미숙한 정책 믹스로 시장경제원리에 반하는 정책은 성공하기 어렵다. 늦었지만 알았을 때 Fine Tuning을 할 때이다.

사방에서 한국경제에 대한 경고음이 울리는 가운데, 세계 시장에서 압도적 우위를 점하는 반도체산업에 위기가 닥치고 있다. 중국의 추격과 일본의 견제다. 한·일 갈등이 일본의 수출 규제로 번져 중요 소재와 부품의 공급 차단으로 반도체 등 한국의 주도산업 발전을 가로막고 나섰다.

중국은 반도체 굴기掘起를 외치면서 정부 예산 수백조 원을 투입해 양산체제를 지원하고 있다. 중국산 반도체의 저가 양산이 불 보듯하다.

한국의 유일한 세계 1위의 주력산업이 주변국의 공격으로 호황은 끝나 가는데 '반도체 이후'가 준비되지 않고 있다. 또 자유시장 진영에서 유일한 설계·시공이 가능한 자체 원전 시스템을 확보한 나라에서 탈원전 과속 시행 속에 원전의 기술 생태계가 무너져 간다는 비명이 드높다.

원전은 반도체산업과 더불어 우리나라가 반세기에 걸쳐 쌓아온 고도의 기술산업이다. 원자탄을 만드는 것보다 훨씬 정교한 기술로 기름 한 방울 안 나는 곳에서 세계 최고의 기술, 저렴한 전기 공급은 한국경제 발전의 기초를 놓은 효자 산업이다. 나아가 우리는 이를 기초로 핵분열의 잔여 핵처리 문제에서 벗어날 핵융합발전 국제 추진국 그룹(7개 기술 주도국)의 핵심국가로 장기 계획에 참여하고 있다.

최근 남북 관계의 진전에 따라 점진적인 남북 경제 협력 구상이 나오고 있다. 남과 북은 서로 부족함과 여유로움, 즉 과부족이 환상적으로 잘 맞아 떨어진다. 이의 교환은 바로 교역이 되고, 교역은 시장화의 중심 바탕이다. 그런데 신경제포럼이나 KAIST 전문가 집단이 주도하는 통일 로드맵에서 나오는 이야기는 지나치게 순진하다.

한국에서는 신기술이나 혁신기술 도입은 너무 많은 규제와 기존

산업의 저항 때문에, 규제가 없고 산업기반이 없는 북한에서는 단번에 도약 가능한 첨단산업이 유망하다는 방안이 검토되고 있다.

KAIST 쪽에서도 기득권 저항이 적은 북한에 4차산업혁명 기지를 만들자는 등 대한민국의 결에는 맞지 않는 생각들이 많다는 것이다. 앞으로 30년간의 단기적 통일 로드맵에 포함된 아이디어들이다.

한국의 규제와 모순이 북한에서 반복되지 않게 조언한다는 순수한 생각이길 바라지만, 북한의 현실을 좀더 심층 분석한 뒤에 해야 할 일들이다.

북의 행태로 보아 정부 정보의 해커나 가상화폐(비트코인)의 강도질 의혹 그리고 6천 명의 북한군 사이버 부대의 존재 등 나쁜 곳에 이용되는 정보기술은 우리보다 전략적으로 앞서 있다.

우리 산업은 이미 4차 산업에 깊이 들어가 있다. 학자들도 3차산업이 학술적으로 정착되지 않은 상태에서 4차산업이 왔다는 것이다. 제조업의 정보통신기술/ICT화나 ICT의 재조화가 바로 3차 산업 기반과 연결된 것이다.

인공지능/AI, 빅데이터, 사물인터넷/IoT, 생명과학, 나노기술 등 물리적 기술과 디지털 기술, 생명공학적 기술의 경계를 무너뜨리는 기술 융합과 산업 융합의 시대다. 빠른 기술의 생성과 소멸이 이루어지고 국제적으로도 초연결사회라 하지 않는가.

그런데 산업개발 없는 곳(북한)에 4차 산업혁명 기지화가 말이 되는가. 더욱이 신기술 4차산업 기술을 먼저 북한에 투자한다는 것이 여러 여건이 맞는 것인가도 고려해야 한다.

1차 산업혁명은 18세기 중반에서 19세기 초반에 이르러 핵심기술인 증기기관, 제철, 공작기계 등 선도산업을 일으켜 첫 기술혁명 시대를 열었다.

고종의 즉위와 대원군의 섭정 시작이 이 시기와 겹친다. 조선과 더불어 뒤처져 있던 일본은 명치유신(1886)기에 바로 서양의 산업혁명에 뛰어든다. 뒤이은 제2차 산업혁명(1870~1920)은 전기, 통신, 자동차, 화학산업 중심으로 이동하면서 대기업 주체의 중상주의와 결합된 제국주의 시대가 열린다.

이때 조선은 1차 산업혁명에서 누락되어 2차 산업혁명에도 편승하지 못한 것은 근대 조선의 숙명이었다. 이 무렵 조선은 위정척사衛正斥邪로 적폐 청산 중 세계의 산업혁명 대열에서 탈락해 피지배국의 치욕스러운 역사를 맞이한다. 우리는 역사적으로 산업순환원리를 역행하지 않았나 심각한 성찰이 필요하다.

역사는 거울이다. 단재 신채호 선생은 "역사를 잃은 민족은 재생할 수 없다"라는 단호한 역사관을 남겼다. 우리 앞에 나타난 4차 기술혁명은 그 규모와 범위가 넓고, 순환속도 역시 역사상 유례없이 빠르게 진행되고 있다.

우리가 19세기 후반에 대한제국이 놓쳐버린 근대화의 대전기를 다시 반복할 수는 없다. 우리가 북한의 규제 백지 상태를 탐하듯이, 우리 제도와 분위기를 바꾸어 새 산업혁명 주기를 타고 선진대열에 안착한 뒤 북한과 공생하는 절차를 생각하는 것이 순환 논리에 맞는다.

제5장 | 대륙국가
대 한반도
세계의
중심에
서다

1 세계 Energy의 흐름과 대 한반도 정세

한반도를 둘러싼 주변 정세 대응

세계 문명의 서세동점 현상 가운데서 미국은 대서양 시대와 태평양 시대를 관리해 오고 있다. 잠시 이격현상이 있었으나 미국이 멕시코와 캐나다와의 재협의를 통하여 북미자유무역협정/NAFTA에 복귀하면서 북미 대륙은 일체 현상으로 문명의 동점에 따라 태평양 시대의 본격적인 경략에 들어가게 된다.

미국은 양강 체제로 떠오르는 중국을 맞아 일본과 연합하고, 호주와 인도·태평양 라인을 강화하면서 중국의 일대일로一帶一路 세계 전략과 치열한 접전이 예상된다.

2017년 12월, 미국이 내놓은 새국가안보전략/NSS 보고서에 포함된 '자유롭고 열린 인도-태평양' 전략이다. 오바마 대통령 시절 아시아 재균형 전략을 발전시켜 해양세의 결합과 인도양의 중요성을 강조한다. 아시아뿐 아니라 중동·아프리카 지역의 제패에는 인도양의 중요도가 높아가는 모양새다.

중국의 일대일로의 바다 쪽 진주목걸이 전략이 인도양에 걸쳐 있듯이, 미국이 인도·태평양 전략으로 미국의 세계 전략의 축인 해양세의 강화에 나서고 있다. 중국의 해군력은 미국에 비할 바가 아니다. 그러나 최근 두 척의 항공모함 외에 앞으로 핵항모를 포함하여 6척의 항공모함을 건조한다는 계획이다.

15세기 초기 명明나라의 정화가 세계 최대의 선단을 이끌고 인도양과 세계를 누볐던 중국이고 보면 만만히 볼 일이 아니다. 우리 주변은 이렇듯 위중한 강대국의 패권 투쟁이 벌어지는 위기 국면에서 어떻게 나라의 자리를 잡아가야 하는가 긴 눈으로 주시하게 된다.

중국의 국책사업인 일대일로에도 한국은 연결되어 있지 않다. 북한이 소통되고 있지 않기 때문이다. 미국이 추진하는 인도-태평양 전략에도 포함되어 있지 않다. 한국 정부는 중국의 세계 전략에 호의적이나 미국의 인도-태평양 구상에는 유보적이었다.

그러나 2019년 6월 30일 G20 오사카 회의를 마치고 방한한 트럼프 대통령과의 한·미정상회담 공동 기자회견에서 문 대통령은 "신남방정책과 인도·태평양 전략의 조화로운 협력을 추진할 것"이라고 밝혔다. 미국 주도의 '인도·태평양' 구상은 중국이 진행 중인 아시아·아프리카와 유럽을 연결하는 일대일로 사업을 견제하는 측면이 강하다.

중국의 일대일로 세계 전략에 대한 중간 평가가 나왔다. 지난 4월 중국 주재 EU대사 중 헝가리 대사를 제외한 27명이 연명으로 일대일로를 비판하는 성명서를 냈다.

이탈리아를 제외한 EU 중심국인 프랑스·독일·영국의 정상들이 모두 일대일로 양해각서/MOU 서명을 거부했다. 이들 나라는 일대일로가 통과하는 연접 개도국에 빚을 지워 조종하려는 '채무 제국주의Debt Imperialism'로 간주하고 있다. 보조금을 받는 중국 기업들만 이익을 독점할 뿐 관련국 기업에 동등한 기회가 없다는 것이다.

중국의 세계 전략인 21세기 신실크로드로 지칭되는 중국몽中國夢이 주변국에 빚더미를 안기는 등 중국의 팽창주의적 외교 전략이 21세기 신식민주의 논란이 되고 있다. 빚을 갚을 수 없는 나라들은 항만운영권을 넘겨 중국의 군사기지화를 촉진케 하고 있다.

중국은 아프리카 54개국 중 53개국 정상을 불러 모을 만큼 검은 대륙 아프리카가 중국의 영향 안에 있음을 과시했다. 미국과 무역 전쟁을 하면서도 장차 아프리카가 미국을 대체할 만큼의 큰 시장이 될 것이라고 했다. 지구촌 곳곳에서 양 강대국의 대치 국면을 볼 수 있다. 그러나 정작 위기의 가능성은 우리 주변에 더 가까이 와 있다.

남중국해 무인도의 군사기지화와 자원 개발의 분쟁 그리고 동중국해 중·일 간의 센카쿠열도의 영유권 분쟁지역이 화약고처럼 둘러싸고 있다. 남북한 간의 갈등이 잠재해 있고, 중국과 대만 간의 대치 관계도 심각하다.

이런 정세 속에서 중국은 한국의 방공식별구역/KADIZ을 무시로 들락거려 왔다. 합동참모본부에 따르면, 2019년 7월 23일에도 중국·러시아 군용기가 KADIZ를 사전 통고 없이 들어왔다. 이 중 러시아 공중조기경보통제기(A50, 승무원 15)는 9시 9분 3분간, 그리고 20분 뒤 9시 33분 2차로 독도 영공을 침범했다. 우리 공군기가 위험한 차단 비행을 하고 경고사격을 받고 나갔다가 20분 뒤 다시 영공을 침범했다. 사상 초유의 일이다.

우리는 그들과 특별한 역사가 있다. 1983년 사할린 상공을 날던 대한항공 민항기가 영공 침해 혐의로 격추되고, 탑승자 269명 전원이 인위적으로 사망하는 대참사가 일어났다.

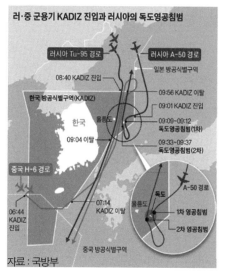

러·중 군용기 KADIZ 진입과 러시아의 독도영공침범

러시아 Tu-95 경로   러시아 A-50 경로

일본 방공식별구역

08:40 KADIZ 진입

한국 방공식별구역(KADIZ)   09:56 KADIZ 이탈

한국   09:01 KADIZ 진입

울릉도   09:09~09:12
독도영공침범(1차)

09:04 이탈   09:33~09:37
독도영공침범(2차)

중국 H-6 경로   독도   A-50 경로

울릉도   1차 영공침범

06:44   07:14   2차 영공침범
KADIZ   KADIZ 이탈
진입

중국 방공식별구역

자료 : 국방부

그렇다면 답이 나와 있
다. 더구나 전투용 군용기
가 고의로 두 번씩이나 영
공을 침범한 사실이 명백
한 이상, 대한민국은 엄중
한 영토권 행사를 단행함이
마땅하다. 우리는 러시아에
대하여 부負의 자산을 가진
것을 기억하고 있다.

휴전협상을 반대했던 당
시 이승만 대통령은 거제도
도수용소 2만7000명의 6·25 전쟁포로들을 석방하는 결단으로
사태를 위기로 몰면서 문제를 해결한다. 이때 한·미방위조약을
체결하면서 대한민국이 경제 건설에 매진할 수 있는 기반을 마련
했다.

7월 23일의 사태는 중·러 공군기가 연합훈련을 하면서 KADIZ
를 침범했다. 러시아 공중경보통제기가 영공 주권을 침해함에 따
라 이를 차단 기동에 나선 우리 공군기와 중·러·일본기까지 30여
대가 뒤엉켜 3시간 동안 일촉즉발의 위기상황이 벌어졌다.

여기서 외교·국방 문제에 대하여 상상력을 발동하면 거제도 사
건이나 사할린 민항기 참사 그리고 독도 영공침범 사태를 묶어보
면 기막힌 기회였다는 생각이 든다.

우리 공군이 영토 방위권 행사를 하는 경우 러시아는 반론의 여
지도 없이 할 말이 없었을 것이다. 중국과 북한에 대해서도 엄청난
충격을 주면서 일본에 대한 경고와 독도 분쟁을 차단해버릴 것이
다. 우리 영토를 우리가 용감하게 지키는데 누가 무슨 말을 할 것

인가. 미국은 그동안 복잡한 대한 정서를 말끔히 씻고 한·미 동맹 체제를 강화할 것이다.

미·중 간의 무역전쟁 이전부터 세계 무역 및 경제 협력의 주도권 경쟁이 격렬하게 이어져 왔다. 미국 주도의 환태평양동반자협정/TPP과 중국 주도의 역내포괄적경제동반자협정/RCEP이 추진됐다.

TPP에는 트럼프 대통령이 양자 협정 선호에 따라 미국이 탈퇴했다. 일본·호주 등 11개국이 추진하는 포괄적·점진적 환태평양 경제동반자협정/CPTPP으로 개편하여 추진됐다. 중국세의 굴기와 더불어 미·중 간의 통상 갈등에 따라 미국의 TPP 복귀를 예상하면서 세계 무역을 주도할 가능성이 남아 있다.

한국은 이미 환태평양경제협정에 가입 의사를 밝힌 바 있어 보다 적극적으로 참여함으로써 다자무역 체제의 회복에 기여해야 한다.

RCEP의 조기 타결에도 참여한 것처럼, TPP에 선제적으로 가입하여 인도와 아세안 국가들을 포괄하는 정부의 신남방정책에 활력을 넣어야 한다.

이제 소득 3만 달러에 이르러 선진국 문턱을 넘는 한국은 태평양과 대륙국가를 포함하는 두 개의 큰 흐름 협정에 동시에 가입함으로써 새로운 역할을 구상할 수 있는 지위에 있게 될 것이다.

이번 독도 상공의 사태에서 한반도의 하늘과 바다가 주변국의 힘겨루기 장소가 되는 듯한 지정학적 위기를 경험했다. 한국은 주변 4강에 비해 상대적으로 약체이다. 그런데도 중·일·러·북 어느 곳도 호의적이지 않다. 이들 나라와 특히 멀리 있는 미국과 친교遠交하면서 가까이 있는 나라들과 친近交하는 외교적 묘를 발휘해야 한다. 홀로 설 수 없는 세상이 되어 간다. 이제 소통이 최고의 선善이다.

크고 작은 나라들, 선진국과 개도국, 해양과 대륙국가를 아우르는 거대한 경제 협정의 연결점에서 남북을 관통하는 중심축을 이루는 대망의 꿈을 실현할 수 있기를 기대한다.

역내 다자간 협정의 중요성에 비추어 어떤 형식의 지역 협력 협정이든 우리나라의 전략적 참여는 필수적이다. 앞으로 다가올 남북경제협력과 나아가 남북경제공동체의 구상을 동시에 추진하는 방안도 생각할 수 있다. 노무현 대통령 당시 대북 FTA 체결을 제안했던 바대로, 남북 FTA 또는 중·대만(홍콩) 간의 경제협력 약정인 포괄적경제동반자협정/CEPA 형식의 협정 체결도 구상할 수 있다.

전쟁 위험의 대립각 속에서 교역과 소통은 연성혁명, 즉 Soft power로의 전환이다. 막혀 있던 대륙과 해양의 Energy(氣)가 교합交合하는 곳이 힘과 氣의 중심이 된다.

교역에는 상대방이 있고, 열린 패러다임은 상호 의존의 시대를 뜻한다. 교역의 패러다임은 전쟁 패러다임의 반대되는 개념이다. 남북의 교역 협정은 FTA가 됐건 CEPA 협정이 되든 교류 협력은 평화의 초석이다.

4·27과 9월 평양선언의 회오리, 워싱턴까지

2018년 판문점 선언과 6·12 싱가포르 미·북 정상회담은 역사적인 큰 사건이었다. 평창동계올림픽 체전의 참여와 만남이 판문점 도보다리 회담으로 연결되었다. 두 번의 남북 정상 판문점 면담을 거쳐 싱가포르 미·북 회담 성사까지 이끄는 과정은 고통스럽기도

하지만 환상적이었다.

2018년 9월, 평양을 방문한 문재인 대통령은 북한 권력의 상징 노동당 당사에서 김정은과 회담을 하고, 백두산 정상에 올라 두 정상이 손을 맞잡았으며, 능라도체육관 방문과 15만 관중 앞에선 대통령의 직접 연설 등 스펙터클이 현란하다.

비핵화 프로세스로 핵 리스트 등 구체적인 절차는 빠졌지만, 한반도에 핵무기의 위협 없는 평화의 터전 만들기를 포함한 6개 항의 9·19 평양공동선언을 했다.

문 대통령은 능라도에서 5천년을 함께 해온 역사와 70년의 분단을 이야기함으로써, 북한 동포들에게 장구한 세월 하나의 민족임을 각인시켰다.

대미 정상외교와 UN 활동으로 비핵화가 단순한 한반도만의 문제가 아님이 확인되면서, 남북 정상 교류는 새로운 모습의 남북한 이니셔티브korean Initiative 창출 가능성을 보여주었다.

남측 대표단의 다양성과 북한의 백두산 미사연 등 평양에서 오지까지 누비고 왔다. 자유분방한 활동과 행동 등 북한 주민에게는 신선한 새로운 체험일지 모른다. 북한 노동당 당사 등 주요 시설과 대통령 전용기로 평양–백두산 항공 루트의 개방도 특기할 만하다.

꽉 막힌 상황에서 톱다운 방식에 가까운 남북 정상 간의 소통은 평양 방문으로 남쪽의 따뜻한 에너지 전달 과정이 되었다. 환영 시민에 접근한 남측 지도자 민선 대통령의 스킨십은 새로운 기氣의 전파로 신선한 충격으로 기억될 수 있을 것이다. 대미 정상 교섭과 남측 정부의 지원으로 2019년 들어 2월 28일 하노이에서 미·북 제2차 정상회담이 열렸으나 상호 의견 차이로 합의 실패로 끝났다.

북은 핵무기를 완성(2017.7.12.)했지만, 이 시점 이후 북 주민에게 답해야 할 일이 있다. 핵무기를 가졌다고 해서 갑자기 배부를 수는 없다. 핵을 사용하거나 거래를 할 수도 없다. 핵 보유와 대북 제재 아래서는 푸짐한 쌀밥에 고깃국의 약속도 이루어질 수 없다.

그러나 핵을 완성한 이상 폐기를 하더라도 필요할 때 재구성이 가능하다. 따라서 비핵화 선언은 핵무기 완성과 제재에서 나온 아이러니에서의 출구 전략일 수 있다.

오늘의 세계는 늘 강대국의 큰손들이 이끌고 만들어 왔으나 변화는 무상하여 비대非大, 즉 큰 나라가 아닌 자에 의한 역사의 반전을 보여주는 세기가 될지도 모른다. 나라의 무게가 1000대 1(미-북), 40대 1(남-북)에서도 같은 무대가 제공되었다.

핵이라는 이물질과 인간군群의 기파氣波가 어우러지는 에너지의 보이지 않는 힘겨루기를 보고 있다. 이때까지 경험하지 못했던 사실Fact에 부닥쳐서도 정신을 차리고 보면 바른길이 보인다.

눈앞의 찰라에서 벗어나 10년, 50년, 100년 주기를 내다보면 새 기운의 여유로운 사유 체계가 잡힌다. 우리는 본래 홍익인간 세계에서 살던 사람들이다. 인류의 평화와 인간 중시 사상을 가진 백성이었다.

그러나 평화는 그냥 얻어지는 게 아니다. 어떤 거친 상대라도 끊임없는 타협과 소통 그리고 철저한 힘의 억제력을 전제로 유지된다. 평화를 뒷받침하는 것은 자강自强이요 자위自衛 능력이다. 평화는 자강과 자위 없이는 불가능하다.

중립국 스위스는 민방위와 군 복합체의 방위 능력으로 평시 준비와 훈련 위에 나라를 지키고 있다. 이처럼 평화는 내부 단결과 자강을 통해 스스로 남이 넘볼 수 없는 억지력과 강력한 힘을 가질 때 유지된다.

남북 간의 파격적인 의전행사 화해 무드에 휩싸여 핵 협상은 느린 걸음으로 가는데, 군사 분야 합의는 너무 앞서가는 느낌이다. 평양회담의 군사 대화에서 억제력 유지를 쉽게 포기한 것 같아 국방의 우려가 크다.

겉모습의 화려함에도 대치 상태의 변화가 없다. 화해·평화를 지향하지만, 시작 단계에서 다져야 할 것은 확실한 억제력이다. 평화를 유지·발전시킬 힘을 가지고 겹겹이 쌓인 협상 고지를 넘어야 한다.

수십 년간 수많은 협상과 회담을 겪었지만 이루지 못한 만큼의 신뢰가 없었다. 힘의 억지력과 더불어 흔히 말하는 합리적인 의심 Resonable Doubt의 끈을 일찍부터 놓을 수가 없다.

남북으로 분단되었던 베트남의 경우를 보자. 파리평화협정이 이루어지고 미군이 철수하자, 1975년 북베트남 월맹의 침공을 받은 남베트남은 패배하여 공산화되었다. 월등히 앞선 경제력과 병력, 최신 무기를 보유한 군사력으로도 산발적으로 공격한 베트콩에 패망했다. 국력은 앞섰으나 지도층의 부패와 분열 그리고 내부적인 정신무장이 해이한 상태에서는 승리할 수 없다.

우리의 분단 상황은 베트남 사례보다 훨씬 복잡하다. 한쪽이 비대칭 핵무기를 보유하는 매우 위중한 상황에서 진행된 4·27 판문점회담과 9월 평양선언이 나오기까지 불가능을 돌려놓는 것 같은 우여곡절이 많았다.

비핵화의 속도와 군사 완화 및 경제 협력의 진행 불균형이 문제가 되면서도 판문점과 평양선언은 워싱턴 정가에까지 파장을 미쳤다.

세계 최빈국과 최강 국가가 핵과 ICBM의 지렛대로 동등한 무대에서는 변화를 온 세계가 보는 TV 앞에서 연출했다.

종래의 합의와 다른 점은 관련국 최고 수장들이 회의 석상에서 직접 약속한 합의사항을 없었던 일로 되돌리기는 어려울 것이다.

남북 관계는 민족이라는 감성적 열기가 배어 있어 민족자결 원칙을 강조하지만 경제 현실은 매우 냉철하다. 그러나 핵 문제는 남북 간의 국내 문제가 아닌 국제 문제로, 진정한 비핵화 없이 남북 관계를 진행할 수 없다는 상황을 해소하는 과제가 대두될 것이다.

통일의 중간 목표는 보통국가로 가는 길이다

● 평화 공존의 제도 협력

70년의 분단과 전쟁 패러다임에서 비핵화와 종전 선언, 평화협정으로 이어지는 평화 무드에서 통합의 단계를 바라볼 수 있게 될 것이다.

통합의 개념은 통일보다 더 포괄적 개념이다. 통일 논의를 길게 할 필요가 없다. 한민족 두 정부의 존재가 70년 대치 상태에서 6·25 전쟁으로 분단 상태가 더욱 고착되었다.

세계사에서도 분단국가의 합의 통일은 존재하지 않았다. 민족통일·적화통일과 어느 일방의 붕괴로 인한 흡수 통일이었다. 어느 경우든 전쟁 위험이 높다. 그렇다면 현실을 인정하고 그 위에 평화롭게 공존하면서 다면적 통합의 기간을 가져야 한다.

공존의 길에서 상호 대치 상태의 적대적 공존과 상대방 주민에게 개방적이고 서로 왕래가 가능한 상호 개방적 공존을 들 수 있다. 다시 말해 적대적 공존을 개방적 공존으로 이행하면서, 서로가 상대를 인정하고 존중하며 같은 길을 가는 공존 체제의 제도적 협력을 구체화해야 한다.

남북한에는 별개의 주권국가가 존재하고 있다. 1991년 9월에는 남북정부가 동시에 UN 회원국으로 가입하여 별개의 독립 주권국 가임을 국제법적으로 인정받은 상태다.

독일도 우리보다 앞서 1973년 9월 UN에 동·서독이 동시에 가입하고, 점차로 동·서독 시민들의 왕래가 거주 이전의 자유로 인정해 나갔다.

독일의 경우는 우리와 달리 UN 가입 전, 1969년 당시 서독 총리 브란트의 외교정책인 "동방정책"을 통하여 소련과 동독을 포함하여 동유럽과 수교했다. 동·서독 간에는 '기본조약'을 맺어 방송과 스포츠 교류를 시작했고, 동·서독의 UN 가입으로 시민들의 자유 왕래가 확대된 것이다.

독일도 동·서독 간 상호 인정의 과정이 보통국가화 과정으로 보인다. 국경 문제도 인정하고, 비자(입국 사정제도)로 다른 국가를 오가는 방식으로 시작하면 된다. UN 가입 30년이 되기까지 UN 회원국의 이익을 누리지 못하고, 이산가족이 100세를 넘기기까지 대치해 온 어리석은 역사를 뒤돌아본다.

그동안 북진통일, 적화통일, 흡수통일 그리고 평화통일론에 이르기까지 긴 세월 통일 담론으로 허송세월했다. 현실적으로 타협에 의한 평화통일이 없다고 보면, 통일은 전쟁 패러다임이다. 따라서 마지막으로 선택할 수 있는 것이 평화 공존이다.

남과 북의 독립 정부를 인정하고, 신남북시대를 열어가는 것이 항구적인 분단 극복의 길이다. 긴 안목으로 보는 궁극적인 통일 방안이 되는 것이다. 대통령의 한반도 평화체제 추진을 우선시한다는 '先 평화 後 통일' 구상과 통한다.

분단국 남북 같은 민족의 소원은 통일이며, 통일은 민족의 신성한 소명이다. 그러나 이데올로기 체제가 다른 남북한은 고도의 무장 상태에서 통일 담론은 비극적인 사태를 유발했던 역사였다.

평창에서 시작된 화해의 불씨가 판문점-싱가포르-평양-하노이에 이르는 한반도 비핵화와 평화 무드가 선 평화의 급류를 만들어 왔다.

대치 상태와 전쟁 패러다임을 내려놓고 평화의 보통국가 남북국 체제를 만들어 소통과 교역의 패러다임으로 전환하는 큰 물살을 일으켜야 한다.

후 통일의 중간 목표 보통국가의 병립으로 화해와 협력의 시대를 열어 북한이 개방 국가로 나오게 해야 한다. 한국의 북방정책과 같이 북·미, 북·일 등 북한의 미수교국과도 교차 승인함으로써 열강이 보장하는 한반도의 평화체제를 이끌어가야 한다.

남북회담에서 정부는 표제를 '평화와 새로운 시작'으로 하고, 평화와 비핵화를 앞세운 것은 바로 대결과 통일 담론을 평화와 공존으로 전환하는 계기를 만들겠다는 것이다.

9·19 남북정상회담 준비위원회에서 대통령은, "남북이 함께 살든 따로 살든 서로 간섭하지 않고 피해 주지 않고 함께 번영하며 평화롭게 살 수 있게 만들어야 한다."라고 했다.

이 발언이 헌법(66조 3항 : 평화통일의무) 적합성 여부는 논외로 하더라도, 북한이 불간섭이나 무피해국가 추정은 너무 순박한 발상이다. 나아가 북한 주민의 인권 문제에 연관될 수 있는 중대한 발상이 아니길 바란다.

남북이 이념적으로 너무 경사지고 경제적으로 격차가 크기 때문에 과도기의 중간 단계로 1 민족 2국가 체제를 지향하고 있지만, 어떤 경우에도 겨레의 소망인 신성한 목표 통일을 저버릴 수 없다. 다만 한민족 1 국가가 국가 모델의 전형이 아님은 현실과 역사가 반증하고 있다.

최강국 미국이나 인구 대국 중국·러시아 등도 다민족多民族 국가들이다. 즉 다민족 1 국가 체제다.

시야를 넓혀 보면 고대 조선은 전형적인 다민족 1국 체제였다. 단군조선은 만주 대륙에 걸친 여러 민족 형제국인 수많은 거수국을 거느리고, 고대국가로 최장 기간 2000년 넘게 존속했던 국가다. 오늘날 위정자들이 5천년 역사를 자주 들먹이면서 고조선의 역사를 상고하지 않음은 역사의 뿌리에 대한 무관심에 가깝다.

10월 3일 개천절開天節은 대한민국 4대 기념절節 중 최상위 개념인데도, 국가 원수들은 작은 민중 모임에 들르면서 개천절 행사에는 대독 총리 몫이 되어 있다.

남북이 갈라지기 전의 역사, 특히 민족의 정체성은 수천 년간 지속된 역대 왕조의 긴 역사 속에서 찾아야 한다. 북한에도 평양 근교에 거대한 단군릉(5대 구을丘乙단군으로 추정)을 축조한 것을 보면, 우리보다 고대사의 연구 축적이 더 된 것으로 보인다. 남북 모두 고대 역사 복원에 나서야 동북아의 바른 질서를 찾을 수 있다.

북핵 문제 해결을 위한 한·미, 북·미 회담이 연이어지고 있으나, 그 디테일은 상당한 시간이 필요할지 모른다. 더 중요한 것은 단순한 비핵화뿐 아니라 한반도의 냉전구조를 해체하는 기회로 삼아 외교적 노력을 쌓아가야 한다.

여기서 빼놓을 수 없는 평화 공존과 제도 협력의 기본으로 보통국가화로 가는 길은 국가의 헌장을 정상화하는 것이 요체다. 오늘의 북한은 헌법상 핵무기 국가를 표방한 세계 유일의 국가다. 남과 북이 진정으로 냉전구조 회피—평화적 계기 굳히기와 보통국가 회귀를 소망한다면, 먼저 제도적인 모순부터 바로 세워야 한다.

기본 제도를 그대로 두고 비핵화를 운운한다는 것은 진정성 의지의 표명으로 보기 어렵다. 통일을 우회하여 평화의 길을 가려는 것은 대통령의 의지이기도 하지만, 우리 사회 시대상의 변화를 반영하고 있기 때문이다. 실제 조사 결과로 보아도 통일보다 평화를 원하는 국민이 압도적으로 많다는 것이다.

오랜 기간 다뤄온 통일 논의가 6·25 남침과 북진, 공산화, 흡수통일 등 모두가 힘에 의한 대결 전쟁을 유발하는 위기 국면을 연상케 하는 통일의식 때문이다.

남북 간의 경쟁시대를 지나 현저히 잘 사는 동족 한국의 존재가 뒤처진 북한 체제 존립의 위협이라는 생각부터 버려야 한다. 여기서 민족 간의 경쟁의식과 군사적 대결 요소를 내려놓으면, 남과 북은 공존하는 보통국가 곧 독립적인 정상 국가다. 이 단순한 논리를 궤도에 올리는 길은 비핵화의 실행에 달려 있다. 사용하지도 못할 핵으로 민족이 공도共到 자멸할 수는 없다.

인권 문제는 통합의 기본 과제

2018년 10월 1일은 제 70주년 국군의 날이다. 이번 국군의 날 기념식은 5년마다 대규모로 열리는 날이었다. 본 행사 외에 늠름한 국군 장병의 시가 행진과 첨단장비의 퍼레이드 등으로 국군의 사기를 높여 왔다. 그런데 이번에는 병력과 장비의 퍼레이드도 없이, 처음으로 저녁 시간대에 전쟁기념관에서 공연 위주로 기념식을 가졌다.

북한에서는 조선인민군 창건일(2월 8일)과 9월 9일 정권 수립 70주년을 맞아 평양에서 두 번의 대규모 열병식을 한 것과는 대조된다. 인민군 창건일에는 거대한 행사를, 국군의 날 기념일은 밤 공연 위주로 축소했다. 한쪽에서는 이미 평화시대가 온 듯 평화군의 모습을 그린 것일까. 그것도 군軍보다는 청와대 한 행정관의 기획으로 진행된 듯 보인다.[66]

같은 날 성남 서울비행장에서는 북한 지역에서 발굴한 유해 중 미군이 아닌 유해를 미국으로부터 인수한 것이다. 유해를 봉환하는 특별기는 우리 공군 편대의 호위를 받았으며, 대통령은 64구 '호국용사의 영령英靈'에 일일이 6·25 기장을 수여했다.

국군의 날(建軍日) 호국 영령에게, 국가에서 정중한 최고의 예우로 한 것은 감격이었다. 이렇게 남이 찾아준 영령에 대한 극진한 예우를 보면서 북에 남은 살아 있는 국군의 실제는 어떻게 된 것인지, 진정으로 국가 책임인 이들 생존 국군의 인권을 챙기고 있는지 생각하게 된다. 수많은 대북 접촉에서 이 문제가 다루어지지 못한 것은 참으로 슬픈 일이다.

우리는 국군 용사의 유해를 안고, 수만 명의 국군포로 중 살아남은 수백 명의 국군포로 생환과 명예 회복이야말로 국가의 엄숙한 책무임을 다시 생각해야 한다.

수백 명의 납북자 그리고 최근 6명의 억류 한국인 등 모두가 같은 대상일 수 있다. 호국영령은 과거의 인권이지만 살아 있는 국군의 생존 문제는 현재의 인권에 속한다.

지금이라도 정부는 남북회담에서 이 문제를 의제로 삼아야 한다. 미래를 향한 평화의 중요성 때문에 현재의 희생이 용인될 수는 없다. 협상력은 정의와 도덕적 우위를 강조하는 우리 정부 측의 강점에 근거한다.

"북한 주민들의 인권은 너무 중요하다. 북한도 보편적 인권의 길

66) 싸이 공연, 드론봇 시연… 위문행사 같았던 건국 70주년. 조선일보 2018.10.2.

로 나아가야 한다. 그러나 인권은 국제적으로 압박한다고 해서 인권 증진의 효과가 바로 생기는 것은 아니다."

2018년 10월 12일 영국 BBC방송 인터뷰에서 북한 인권에 대한 질문을 받고 문 대통령이 답변한 부분이다.

"북한 주민들의 인권은 가장 실질적으로 개선해주는 방법은 남북 간의 협력, 국제사회의 북한 간 협력 그리고 북한이 개방의 길로 나와서 정상적인 국가가 되어 가는 것 등이 북한 주민 인권을 실질적으로 빠르게 개선하는 실효성 있는 방법"이라고 했다.

BBC의 로라 비커 기자의 북한 인권 질문에 답한 부분을 발췌한 것이다. 대통령의 솔직하고 바른 대북 인권관을 표명한 것으로 매우 중요한 내용이다. 하지만 북한은 3대째 김씨 왕조의 유지를 위해 일제 36년의 압제에 이어 70년의 엄격한 통제 속에 있는 북한의 인권에 대하여 북한 주민보다 권력 쪽에 시간을 주는 듯하다.

남북이 광범위하게 접속하는 때에 적어도 북한 동포에 대한 가장 개인적 인권 문제를 해결하고 가야 했다. 기아에서 해방되고, 거주 이전, 이산가족의 상호 방문, 정보 공유의 기본권을 인정해 나가는 것 등 진정성을 인정받아야 하지 않겠는가.

현재의 북한 체제로는 남북 간의 협력이나 국제사회의 협력, 북한의 개방은 기대하기 어렵다. 속칭 평양과 지방이 대우가 다르고, 수십 만의 병력 동원이 가능한 병영국가다. 또 수령 한 사람의 결정에 인민이 복종하는 유일체제다. 김씨 3대 왕조 체제로 김정은 시대에 들어와 수많은 지방 공단을 열어두고도 외국인 투자 유치가 어렵다.

중국 기업마저 정상적인 성공이 어렵다고 했다. 한때 북한 수뇌부와 가까웠다는 고 대우 김우중 회장의 경우를 보자.

북한 당국이 진남포 인근의 공단을 제공했지만 들어가지 않았다. 대신 두만강 건너 만주 지역에 공단을 두고 북한 노동자를 차출하겠다고 했다.

외자에 대한 의심과 감시 간섭 등 기업 활동의 정상적 환경이 이루어지기 어렵다는 것이다. 트럼프 미 대통령의 체제 보장과 경제 번영이라는 이율배반적 제안이 성공하기 어려운 이유다.

일각에서는 남북이 따로 가면서 서로 간섭하지 않는다는 가정은, 곧 인권 문제 등 다루어지지 않은 것은 건드리지 않는다는 뜻으로도 해석되어 반인륜적이고 무책임해 보인다. 통합 통일의 대상인 같은 동족에 대한 무관심과 반인권적, 반민족적 발상은 중지되어야 한다.

다른 나라의 사회단체(NGO)나 인권단체들이 다루고 있는 다양한 인권 압제 사실에 눈 감고 있다. UN에서도 매년 북 인권결의안을 채택해 북 인권 개선을 촉구하고 있으나 우리 정부는 적극적이 아니다. 남쪽에서도 인권 문제에 자유롭지 못하다고 하지만, 북쪽 사정과는 비교가 되지 않는다. 북한과의 여러 현안을 협의하면서도 인권 문제 특히 미래 인권 문제를 소홀히 할 수 없다.

4·27 판문점 선언 이후 북한 인권운동은 크게 위축되고 있다. '북한인권재단'을 준비해온 사무실을 축소하고 예산을 대폭 삭감하는 등 북한인권법 시행에 따른 재단 출범마저 여의치 않다. 북한 인권단체도 후원금이 끊겨 NGO 단체 모두가 어려움을 겪고 있다는 후문이다.

늦었지만 북 인권 문제는 안보 문제 수준으로 당당하게 함께 협상해야 한다. 협상이 어려우면 비공개로 그리고 북한이 좋아하는 비밀협상을 통해 보상과 교환도 고려해야 한다.

북한도 진정으로 정상 국가의 대접을 받고자 한다면, 인권 문제 개방을 시도하면서 UN과 국제사회에 협조해야 한다.

인권 문제는 피해갈 문제가 아니라 정면으로 부딪쳐 돌파해야 한다. 남북 교섭과 협력의 궁극적 목적은 김씨 정부가 아니라 북한 동포 주민이어야 한다는 명제가 우선되어야 한다.

앞으로 남북 협력이 진행되어 갈 때도 인권 문제는 대북정책의 핵심으로 삼아 대북정책의 균형을 잡는 지표로 삼아야 한다. 남북 통합의 원동력 에너지Energy가 될 뿐 아니라 인권을 기본으로 하는 보편성 원칙과 도덕 우위 정책으로 선순환이 되게 운영해야 한다.

2 친 환경대국 지향

지구촌 환경 문제 파리협정 다지기

2015년 12월, 파리에서 제21차 UN기후 변화 당사국 총회의가 열렸다. 기술변화협약회의(COP 21)에서 채택된 지구 온난화 대책이 파리협정Paris Climate Change Accord이다. 이 협정은 195개국의 선·후진국 모두가 참여한 최초의 세계적 기후 합의를 뜻한다.

1997년 교도의정서의 경우에는 유럽연합 등 선진국 32개국에만 온실가스 감축 의무를 부과했다. 하지만 최대 배출국인 미국은 비준을 거부하고, 일본·러시아 등도 잇따라 탈퇴하거나 기간 연장에 불참했다.

그러나 파리협정은 선진국의 선도적 역할을 강조하면서 모든 국가가 전 지구적인 기후 변화에 대응한다는 선언이다. 특히 배출국 1, 2위인 중국과 미국이 참여한 것이다.

파리협정의 장기 목표는 산업화 이전 대비 지구 기온 상승폭(2100년 기준)을 섭씨 2도보다 낮게(Well Below 2도) 유지하려는 노력에 합의한 것이다. 반기문 유엔사무총장 재임 시의 큰 공적 중 하나이다.

그런데 미국의 트럼프 대통령은 선거 공약에 따라 2017년 6월 파리협정 탈퇴를 공식 선언했다. 오바마 전 대통령이 추진해 온 이산화탄소 감축 계획이 미국 경제와 일거리 창출에 심각한 타격을 준다는 이유에서다. 석탄·제지·철강Rust belt 산업의 경쟁력 약화를 우려한 것이다.

오바마 전 대통령은 이번 결정으로 트럼프 행정부는 미래를 거부하는 극소수의 국가에 합류한다는 비판을 했다. 반면 기후 변화의 악동으로 지목된 중국이 기후 변화 대응 리더로 부상하는 해프닝이 일어났다. 미국에서도 시장·주지사·방개 기업 등을 묶어 협정 이행 준수를 유엔에 통보하는 사태도 일어났다.

미국은 TPP 탈퇴, 파리협정 탈퇴, 유럽연합 동맹국까지 흔들기 등 특이한 행태로 America Best를 외치면서 그동안 쌓아온 미국의 세계 리더십, 특히 태평양 지역의 리더십 향방이 어딘지 가름하기 어렵게 만들었다.

그동안 부상해 온 중국과 기존 질서의 리더인 미국 간의 보이지 않는 패권 경쟁이 점차 무역전쟁으로 나타나, 양대 경제대국의 대결은 온 세계 특히 개도국의 어려움을 가중케 하고 있다.

지구 온난화 등 환경 문제에서도 미·중 양국의 협조는 필수적이다. 지구상 최대 온실가스 배출국이 미국과 중국이기 때문이다. 미·중 양국이 온실가스 배출을 자제할 방법에 협력하지 않으면 100년이 오기 전에 인류는 자멸할지도 모른다. 이러한 중대한 상황에서 트럼프 미 행정부가 이기적인 생각으로 파리협정에서 이탈하고 있으나 반드시 다시 돌아올 것으로 생각된다.

패권 경쟁은 무기나 무역만으로 되는 것이 아니라 정당한 공의와 지구 환경 문제 등 인류의 미래 비전을 이끌 리더십이 중요하다.

중국이 미국의 태평양 지배에 대응하여 유라시아 대륙의 옛 실크 로드와 인도양을 걸쳐 지중해로 나가는 두 개의 루트인 일대일로로 50여 개국의 관련국과 주변국의 관리에 들어가고 있다.

미국은 TPP로 복귀하여 환태평양세에 정착하면서 EU와 NATO 맹방 관리에 들어갔다. 대서양과 알래스카 주와 마주한 북극권 관리에 나서 새로운 북극 루트에 합류하면서 세계 물류 혁명을 이끌 만한 포부를 가져야 한다.

한편으로 세일가스 자원을 기회로 탄소 포집 등 과학기술 개발로 지구 온난화 대책 연대를 일으켜 새로운 기술로 인류를 구제해야 한다. 그리고 그 힘으로 패권 방어도 가능한 리더십을 키워나간다면 모두가 윈윈하는 일이다.

요즘 회자되는 그리스의 루키디데스의 함정, 즉 신흥세력이 기존의 지배세력을 위협하는 경우 혼란과 전쟁의 불가피한 상황과 비유되기도 한다.

미·중 무역전쟁은 바로 이 혼돈의 시작인지도 모른다. 막강한 해양세력인 아테네에 대한 기존의 패자 육군의 강한 스파르타의 전략은, 또 다른 해양 강국(코린트) 등을 끌어들여 해상 약점을 보완하는 등 우군 세와 연합하여 아테네를 제압할 수 있었다.

미·중간의 패권 전쟁은 그리스의 역사적 교훈을 참조할 필요가 있다. 미국의 단기적 이익America First에 집착하여 전통적인 우방과의 안보 관련 동맹의 가치를 훼손하는 일이 없어야 한다. 미·중이 무역전쟁을 하고 있는데, 미국에 가까운 동맹국 일본이 중국과의 구원旧怨에도 불구하고 손을 잡는 상황은 바람직하지 않다.

미국은 동맹국과의 안보 이익을 존중하면서 미국이 세계에 공헌해 온 업적과 무엇보다 사회주의 국가보다 높은 도덕적 우위를 바탕으로 인류와 지구환경 문제에 올인하는 리더십의 재생이 미국

승리의 첩경이다.

녹색기금 확장과 아시아통계조직/ASIASTAT 만들자

지구 기후 변화와 관련하여 국제기구인 녹색기후기금/GCF 사무국이 인천 송도에 있다. GCF는 기후 대응 파리협정 이행을 위한 중요 핵심기구다. 2010년 멕시코 칸 툰에서 UN 기후 변화에 관한 기본협약/UNFCCC 16차 당사국 총회에서 설립 승인된 것이다.

대한민국 정부는 거대한 기금이 될 수 있는 유엔기구의 하나를 한국으로 유치하는데 성공한 것이다. 기후환경 개선과 녹색성장 재원이 기금을 통하여 개도국 지원이 이루어진다.

그런데 서울에 본부를 둔 글로벌녹색성장기구/GGGI 총회 의장인 반기문 전 총장은 '톰슨 로이터 재단'과의 인터뷰에서 GCF기금 조달에 관하여 깊은 우려를 표명했다.

당초 2020년까지 1천 억 달러(약 120조 원)를 목표로 장기 재원 조성을 합의했으나 미국의 파리협정 탈퇴 등으로 어려움을 호소하고 있다. 여기서도 최대 배출국 중의 하나인 미국이 다시 돌아와서 인류와 지구를 위해 공헌하는 기회가 남아 있다. GCF 사무국을 유치한 한국으로서도 선진국의 기여와 더불어 적극적으로 참여하면서 개도국 지원과 선·후진국 간의 가교역할을 할 큰 기회이다.

특히 2018년 여름에는 지구 북반부의 온열 현상인 히트 돔Heat Dome[67] 현상으로, 한국을 위시하여 일본과 중국 지역의 폭염·폭우

---

67) 지상 5~7km 높이의 대기권 중상층에 발달한 고기압이 정체하거나 아주 서서히 움직이면서 뜨거운 공기를 지면에 가둬 더위가 심해지는 현상. 뜨거운 공기가 마치 돔(반구형 지붕)에 갇힌 듯 지면을 둘러싸기 때문에 열돔으로 불린다.

가 기승을 부렸다. 그 해 8월 기온이 연일 40도로 오르내리고 북미 지역 캘리포니아, LA 지역에서는 기상 관측 사상 최고인 48.9도를 기록했다.

2019년에도 태풍 피해와 잦은 산불 등 자연 재해로 수많은 이재민이 발생하였다. 지구의 허파 지역인 아마존 밀림의 화재로 인류의 환경자산이 상당 부분이 훼손되고 있다. 농지 개간을 위한 자국 이기주의로 인한 맞불 재앙까지 자연 재해와 인재가 겹쳐 지구가 점점 숨이 차는 모습을 보는 듯하다. 온난화의 물결이 온 지구의 기후 사이클이 무너진 듯 큰 변화를 겪게 될 것이다.

온난화로 지구 곳곳에 공기뿐 아니라 물 부족, 화산 폭발과 지진 등 자연 재해의 원인을 조사하고 그 방제를 위한 기본 데이터의 축적이 중요해진다. 더욱이 한반도는 지구의 공장지대 중국과 서해를 끼고 맞닿아 있다.

미주지역 기구나 유럽연합과 같은 지역공동체가 완성되지 않은 지역에서 제일 먼저 시작해야 할 일은 기상이든 산업이든 지역 정보든 정보의 집적集積이 중요해진다. 늦다고 생각할 때가 가장 빠른 시점이다. 한국에는 동방의 양대 경제대국과 더불어 한·중·일 사무국이 이미 서울에 개설되었다는 것도 주요 이점이다.

베네룩스Benelux[68]의 소국 수도가 EU 수도가 되듯이, 그 중 작은 나라가 문제 해결의 촉매가 될 수 있다. 한편 이 지역에서도 RCEP 협정 성립이 새로운 기회로 보인다. 여기에는 한·중·일 3국에 아세안 10국과 남방 대국 인도·호주·뉴질랜드 등 주요국이 포함될 수 있다.

아시아 지역의 기후 문제뿐 아니라 교역, 과학기술, 경제 통합 등을 위한 지역 통계와 통계의 표준 채택은 지역공동체의 인프라다.

---

(68) 벨기에·네덜란드·룩셈부르크 등 3국의 머리글자를 따서 붙인 3국의 총칭.

EU 발족의 결정적 기초가 된 유럽공동체통계청/EUROSTAT처럼, 가칭 아시아공동체통계청/ASIASTAT의 발족을 강력히 추진해야 한다.

한·중·일 사무국과 RCEP 발족의 기회를 활용하여 아시아 통계 조직 출발에 한국이 이니셔티브를 갖고 적극적으로 추진하면, 빅데이터 시대의 지역 경제 허브로 정보의 중심에 우뚝 서게 될 것이다. 지역 통계를 장악하고 지역 국가 통계의 표준화는 통계의 신뢰성 제고와 함께 투자 유인의 추동력을 제공할 것이며, 외곽의 북한 경제도 감싸 안는 효과를 가져올 것이다.

지구 사막화 방제와 북한의 수림화 사업 지원

세계 기후 변화에 대한 미래연구보고서가 나왔다. 최근 미국이 4년마다 발간하는 연방 산하 13개 기관이 공동 작성한 방대한 '기후 변화 보고서'로 그 내용이 상당히 충격적이다.

이번 보고서는 지구 온난화 현상이 이미 현실화 되었다는 놀라운 사실이다. 미국 동부 플로리다 주의 마이애미와 사우스캐롤라이나 주의 찰스턴 같은 해안 도시에서 해수면 상승이 관찰된 것이다.

이 보고서는 온실가스 절감이 획기적으로 이루어지지 않으면, 이번 세기말까지 평균기온이 5℃ 정도 상승할 것으로 예상했다. 이는 유엔의 세계 미래 보고서에서도 이산화탄소 배출량을 줄이지 않으면, 금세기말 지구 온도는 6.4℃로, 인류가 추진하는 2℃ 예상 온도를 크게 능가하는 온도 상승을 예상하기도 한다.

최근 미 서부지역에서 발생한 대형 산불도 기후 변화의 부산물이라는 것이다. 또 가뭄과 홍수가 증가하고 바닷물의 산성화로 조개류의 생산 감소는 물론 해양 산성화로 대부분의 산호초가 멸종위기다.

건조한 기후는 지구의 여러 곳에서 사막화의 진행 속도를 높이고 있다. 심한 산림 파괴 현상이 일어나는 곳도 대부분 가난한 나라들이며, 숲과 초원이 사라지고 땅이 황폐화되는 사막화가 늘어나 심각하다.

사막화로 많은 사람이 삶의 터전을 잃은 '환경 난민'이 되어 국제적인 문제가 되고 있다. 이웃 중국은 40년간 고속성장의 대가로 환경오염이 심각하다. 우리나라와 일본 그리고 태평양을 건너 멀리 미국 서부까지 영향을 미친다는 미국 환경보호청의 조사 보고도 있다(오염물질의 25%).

그러나 유럽이나 미국 등 선진국이라 해서 환경 문제가 없었던 건 아니다. 미국은 1930년대 남서부 대평원의 사막화 경험으로, 흔히 '먼지 구덩이Dust Bowl'로 불리는 오클라호마·캔자스·콜로라도·텍사스 주에 걸친 방대한 지역이 사막으로 변했다.

초원지대의 풀과 나무를 베어내고 과도하게 농경지를 만든 것이 환경 변화를 일으켜 가뭄으로 이어지면서 이 넓은 평원이 사막화 불모지로 변했다. 황사가 전국을 뒤덮어 동부의 뉴욕과 워싱턴 D.C까지 날아갔다고 한다.

미국 정부는 1935년 이곳을 국가재난지역으로 선포하고 토양보전청Soil Conservation Service을 설립해 토양 침식을 방지하는 정책을 추진했다.

당시 루스벨트 대통령은 '캐나다에서 텍사스 북쪽에 이르는 폭 160km의 벨트를 지정'하고, 과거 그곳에서 자라던 토종나무를 심고 객토客土 작업을 하는 등 12년에 걸친 셀터 벨트Shelter Belt 프로젝트를 추진했다. 국가 예산과 12년에 걸친 노력으로 사막을 숲과 초원으로 환원시킨 것이다. 4㎞에 달하는 우리나라 DMZ와 비교해 보면 엄청난 사업으로 환경 복원에 투자한 것이다.

중국과 몽골의 사막화도 급속히 진행되고 있다. 목초지가 줄고 서식 식물 種의 급격한 감소 결과도 보고되고 있다. 몽골은 국토 대부분(90%)이, 중국은 상당 지역이 사막으로 변해 황사의 진원지가 되고 있다. 사막화의 원인은 가뭄과 같은 기후적 요인과 산림 파괴나 과잉 경작지 확대 등 인위적인 요인으로 나눌 수 있다.

지금까지 진행된 사막화는 기후적 요인이 13%에 불과하다. 인위적 요인이 87%에 달하는 것으로 추정하고 있다.[69]

최근 연도에도 몽골의 넓은 부분(90%)의 목초지가 줄고, 중국도 북경 북방지역으로 사막화가 진행된 것으로 알려져 있다. 이들 황사 발진지역에 우리 기업들이 몽골과 네이몽구 등지에 나무 심기를 계속해왔으나 가시적 성과는 없는 듯하다. 이곳도 미국처럼 장기 계획으로 복토와 관개시설로 물을 끌어오면서 식목과 목초지의 조성이 필요하다.

우리에게는 먼 곳의 황사 발원지보다 북한 지역의 사막화 진행이 심각하다. 한때 '다락밭' 개간이 산지 파괴의 원인이 되었으며, 땔감 부족으로 인해 나무와 풀뿌리까지 벗겨 산야가 황폐화되어 가뭄과 더불어 사막화 현상을 가져온 지 오래되었다.

2011년 유엔사막방지협약/UNCCD 당사국 총회가 경남 창원에서 열렸을 때도 몽골·중국의 사막화 문제가 주제가 되었다. 북한도 UNCCD에 북한의 토지 황폐화에 대한 국제 공조를 요청한 기록이 있다(발리 아시아그룹회의).

---

69) 박석순,『부국환경론』, 어문학사, 2018.

북한 김정은은 집권 초인 2012년 5월 '국토관리 총동원 열성자 대회'를 소집했다. 산림 복구가 화급한 사안으로 닥쳐왔기 때문이다. 김정은은 산림 황폐화를 인정하면서 "10년 안으로 벌거숭이 산을 모두 수림화樹林化하라"고 지시했다. 노동당과 각급 기관, 기업소, 군부대에 양묘장이 만들어지고, 김일성 대학에는 산림과학대학이 세워졌다. 지난 7월, 그가 자주 방문하는 122호 양묘장을 찾아 "산림 복구 전투는 유훈 사업이며, 산림 조성은 숭고한 애국사업"이라고 규정했다.[70]

9·19 평양 공동선언에도 남북 환경협력 추진을 합의하면서 "우선적으로 현재 진행 중인 산림 분야 협력의 실천적 성과를 위해 노력하기로 했다."라고 강조하고 있다.

북한이 70년 넘게 황폐화된 산림 복구의 시급성을 느끼고 있으나 그 대책이 쉽지 않다. 국립산림과학원의 자료에 따르면, 북한 면적의 73%가 산림지역이며, 이 중 전체 산림지역의 32%인 284만ha가 황폐화된 산림이다.

9월 평양을 다녀온 김재현 산림청장은, 북측은 대규모 양묘장을 원한다. 그런데 우리도 못 가진 규모의 양묘장 건설 자체가 제재 대상이다. 평양회담 시 남측대표단이 참관한 122호 양묘장은 세계 최고의 기술을 자랑하는 스웨덴 BCC 양묘장 기술로 조성된 중국 국유 양묘장 시스템을 그대로 도입한 첨단 대형시설이다.

그보다는 황폐한 곳 위주로 군 단위 소규모 양묘장을 만들어주는 것이 실용적이라고 말했다. 병충해 방제용 약제와 산림청이 채취해 놓은 산림 종자의 지원에는 큰 문제가 없다는 것이다.

남북으로 뻗은 북한의 지형상 지역에 따라 토양과 기후 차이, 묘목의 운반 거리 등도 고려해야 한다. 북한 녹화 계획에 대한 소견

70) 노동신문, 2018. 9. 29.

들을 정리해 본다.

① 북한의 산지 황폐화와 사막화 진행은 꽤 오래전부터 진행되어 왔다. 핵 개발 국방계획 외에는 크게 신경 쓰지 않은 탓인지 수십 년이 지나면서 망가진 환경 문제나 산림 황폐화가 뒤늦게라도 국정 아젠다로 올린 것이 다행이다. 10년 내 수림화 계획처럼 장기간을 두고 여러 각도로 남북 협력, 국제 공조까지 종합한 장기 계획을 짜야 한다.

② 현시적인 대형 묘목장보다는 소규모로 지역밀착형 양묘장을 지어주고, 주민 참여를 유도하는 것이 효과적이다. 경전제와 같이 참여 주민의 몫(이익)을 미리 약속하는 것이다. 한편 산림 복원은 환경 조성이 중요하다. 산을 훼손하지 않도록 가정용 연료(연탄 등) 공급으로 임산금지가 지켜지도록 조성되어야 한다.

③ 척박한 땅에는 풀씨를 뿌려 토양을 살리는 방법이 있다. 준비된 산림종자 35톤(산림청)은 가장 소중한 기초 자원이다. 황폐화된 산림에 인공 묘목을 심어 숲으로 복원하는 최고의 노하우, 우리 기술을 접목해야 한다. 묘목만이 아니라 식목 후 5년 정도의 육림 기간의 세밀한 관리가 관건이다.

④ 국립산림과학원 자료를 보면, 일정 기간 대북 조림사업이 이루어지면 일정량의 온실가스 감축이 이루어지고, 이를 통한 탄소 배출권 판매액이 조성된다. 한편 민간기업의 참여도를 높이기 위해 북한 지역의 녹화사업은 청정개발체제/CDM의 일환으로 수익화하는 방안이 고려된다. 기업 조림과 지역 농업개선을 연계할 수 있다.

⑤ 한국이 주도한 아시아산림협력기구/AFoCOAsia Forest Cooperation Organization가 지난해 4·27 국제 공식기구로서 한국에 본

부를 두고 출범했다. 회원국은 아시안을 넘어 몽골·카자흐스탄·동티모르·투탄으로 확대되어 아시아 지역 산림 협력의 구심적 역할을 하게 된 것이다. 유엔기구 등이 인정하는 한국의 산림녹화 및 첨단 산림관리기법을 회원국들이 공유하고자 하는 것이다.

AFoCO가 출범하는 날 판문점 남북정상회담이 열렸다. 우연이 아닌 듯하다. 이 사업이 남북 간의 협력 사업에 그치지 말고, AFoCO의 협력 사업과 같이 국제적인 협력 사업이 되는 길을 열어가야 한다.

3 중간국가 연합의 반전론

新 북방정책과 남방정책의 연계 전략

2018년 8월 21일, 문재인 대통령은 러시아를 국빈 방문하면서 처음으로 러시아 하원에서 연설했다. 여기서 한국의 신북방정책을 설명하면서, 이는 러시아의 신동방정책에 상응하는 북방선언이라고 했다.

남과 북 그리고 러시아 3국 간에 철도·에너지·전력 협력이 이루어지면 동북아 다자 평화안보협력체로 발전할 수 있다고 했다.

한국의 신북방정책은 9개의 중점 분야 협력으로 '9개의 다리 전략'이라 했다. 가스, 철도, 조선, 일자리, 농업, 수산, 항만, 북극항로 개척 등의 협력 강화다.

전 정부의 '유라시아 이니셔티브' 정책을 승계하지 못했으나 신북방정책으로 구체화한 셈이다. 박근혜 전 대통령과 푸틴 러시아 대통령이 합의 추진한 나진-핫산 철도 연결과 그 철도 관련 회사의 지분 일부의 남측 인수가 구체적으로 진행되었으나 무산된 일이 있다.

북한 철도의 노후화가 주 이유이나 그보다 당시 군사작전지역을 통과한다는 군부의 반대로 무산되었다는 후문은 언제든 일어날 수 있는 일로 참고해야 한다. 한편 여러 차례의 정부 간 합의가 있었으나 진행된 실적이 적다는 점에서 의욕에 비해 실망하는 모습도 간과할 수 없는 일이다.

2019년은 임시정부 수립 100주년이 되는 해다. 러시아 연해주는 고구려와 발해가 있던 땅이었으나 북경조약으로 중국이 러시아에 넘겨준 땅이다. 이곳에서 수많은 독립운동가가 은신했던 유서 깊은 곳이다. 특히 최재형의 토착적인 지원은 독립운동가나 연해주 한인들의 정신적인 지주였다.

고종의 밀사이자 독립운동가인 이상설 선생(1870~19172.)과 이준 열사(1859~1907)도 이곳을 거쳐 갔다. 1907년 해외로 망명한 '대한제국의 군참모중장' 안중근(1879~1910) 의사가 최재형 선생을 운명적으로 만난 곳도 이곳이다. 최재형과 국내 진공작전을 감행했던 안중근, 1909년 봄 11명의 동지와 함께 단지동맹을 결성했다. 최재형과 논의 후 1909년 10월 26일 하얼빈역에서 이토 히로부미를 주살誅殺했다. 최재형이 준 권총으로 한반도의 침략 원흉을 처단한 것이다.[71]

안중근 의거로부터 10년, 1919년 3월 17일 러시아 땅에서 최초의 임시정부인 '대한국민회의'가 생긴 것도 우연한 일은 아니었다. 수많은 민족문화의 사연이 스민 연해주는 북방 로망의 한 축이 틀림없다.

새 북방정책에 이어 남방정책은 우리의 외교·안보·경제적으로 매우 중요한 비중을 차지한다. 2017년 11월 열린 '한·인도네시아

---

71) 「임시정부 100년 임정 루트를 가다」, 중앙일보 참조.

비즈니스 포럼'에서 문 대통령이 천명한 정책으로, 상품 교역 중심에서 기술·문화예술과 인적 교류로 확대한다는 내용이 들어 있다. 과중한 중국 의존에서 벗어나 시장을 다변화하면서 경제 영역을 자율구조로 확장한다는 것이다.

신남방정책은 2020년대 아세안과의 교역량을 현재 수준의 2배인 2000억 달러까지 늘리겠다는 대아시안 경제외교 정책이다. 나아가 아세안을 넘어 인도까지 포괄하는 포스트 차이나Post China Root를 준비하자는 제안이다. 특히 인도양은 열강이 각축할 정도의 인구·정보·자원·물류에서 폭발적인 중요성이 있다. 소말리아 사태를 떠올리게 하는 지역으로 인도양이 포함되는 네트워크 정책이 중요하다.

우리나라는 선진국으로 분류되는 큰 나라는 아니지만, G20 회의를 선진국 밖에서 처음으로 개최하였고, 세계안보 50국 정상회의도 주관했다.

지구 기후 변화와 녹색성장 문제에서도 G20 정상회의 때처럼 중간국가 지위에서 촉매자 역할을 해냈다. 2019년 11월 부산에서 열린 한·아세안회의 모습은 개도국간 그리고 개도국과 선진국의 가교 교류역할도 해낼 수 있다는 자신감도 보였다.

2012년 국민소득(GNI) 2만 달러를 달성함으로써 20-50클럽에 들어갔다. 2018년에 드디어 30-50클럽(국민소득 3만 달러, 인구 5천만 이상) 회원국이 되는 세계 7번째 국가로서 개발도상국의 지위에서는 처음으로 선진국 문턱을 넘은 셈이다. 국방력과 경제 규모 그리고 국제 활동 범위 모두 일반적으로 말하는 미들파워Middle Power, 즉 중형국가 또는 중견국의 지위를 갖추는 데 부족함이 없다.

주변 4강의 메가파워Megar Power 초강대국 사이에서 상대적으로 작은 나라가 살아남는 길은 쉬운 일은 아니다. 중형이면서 강점을 갖추고 중형강국中型強國의 길을 열어가야 한다.

중상주의·제국주의 시대 반도국의 지정학적 운명론이 곧 해양세의 대륙 침략의 통로로 또는 대륙세의 해양 진출의 교두보가 되었던 때가 있었다. 반도 개념이 대륙 침략의 통로가 된 것으로 보는 견해다.

다시 말해 동북아의 대륙세와 해양세력이 대치하는 모습이 처음으로 열강의 전쟁터가 되고, 침략을 위해 한반도의 중요성이 현재화한 시점을 임진왜란(1592년)으로 보는 의견이다.

시대의 패러다임이 바뀌어 제국주의 침략 시대에서 교역과 폭넓은 국제 연대의 시대 모습으로 펼쳐졌다. 그동안 교역 패러다임의 세계 추세에 맞추어 열심히 쌓아 올린 FTA자유무역협정으로 미국·EU·중국·아세안 등 최대 광역국가들을 경제 맹방으로 연결해 왔다.

오늘날 핵무기와 같은 가공할 위력을 가진 비대칭 무기를 완성한 북한이 대륙간탄도미사일까지 갖추게 되면서, 이제는 단순한 한반도의 문제가 아닌 국제 문제가 되었다.

핵무기 없는 대한민국은 한·미 동맹으로 미국의 핵 억지력에 의지하고 있으나, 북핵의 1차 방어적인 사드 설치에 따른 중국 태도는 비합리를 떠나 통분하고 비참했다. 더구나 사드 갈등 분쟁에서 군사·주권 사항인 3불 정책까지 문서로 받아 갔다. 수년 전 한국의 동북공정 항의에 방한했던 진사 사절은 구두 합의만 하고 돌아간 그들이다.

슈퍼파워에 둘러싸인 한국은 외교로 살아남아야 하는 나라다. 새 북방정책과 남방정책을 펴면서 고식적인 4강 외교에서 벗어나 한국 외교의 균형추인 한·미 동맹을 바탕으로 북방에서 남방에 이르는 수직 외교 커넥션을 만들어야 한다. 특히 중견국 외교는 점차 중요성을 더해 갈 것으로 보일 뿐 아니라 슈퍼파워에 대응하는 미들파워의 연합으로 세계 연대를 만들어봄직하다.

중견국의 범주에 관해서도 여러 시안이 나와 있다. 나라의 크기(경제·인구·국토 등)나 문화, 구제활동 능력, 지역 지도력 등을 감안하면, P5. G8를 제외한 국가 중 위의 여러 분류에 근접하고 국제적으로 걸러진 나라로 G20의 10개국은 중추적 중견국Pivotal Middle Power으로 간주했을 것이다.[72]

G20 회원국의 구성은 G8 회원국과 EU 의장국 그리고 11개 신흥국이다. 중국(P5로 귀속), 한국, 인도네시아, 인도, 호주, 터키, 멕시코, 브라질, 아르헨티나, 사우디아라비아, 남아프리카공화국이다. 이들은 G20 정상회의에 공식적으로 초청을 받아 정식 회원국이 된 11개국은, 중견국가로서의 필요조건을 갖춘 것으로 간주되며, 지역적으로도 중추적 중견국가 또는 대표성을 가진 국가들이다.

터키는 주변의 8개 탄국의 중핵국가이며, 호주는 대양주의 유일 국가일 뿐 아니라 아시아유럽정상회의/ASEM와 아시아태평양경제협력체/APEC 등 교합에 대한민국과 더불어 공적이 큰 나라다. 기타 남아공·브라질·멕시코는 각자 해당 지역의 대표성을 가진 나라다. 따라서 이들 국가 또는 그 일부가 연대한다면 소속 지역의 중견국가 호응도 기대할 수 있다고 본다.

예를 들어 북방정책에서 시작해 남방정책으로 연결하면, 한반

---

72) 김우상, 『중견국 책략』, 세창출판사, 2016.

도-인도네시아-인도-호주로 이어지는 전통적 우호국의 연대가 가능하다. 중추적 중견국가 그 주변국의 결속으로 남북축연대가 구축될 것이다.

한편 우랄알타이어족이 세계 여러 곳에 흩어져 있어 이를 규합하면 새로운 동족의식의 연대가 가능하다. 한국과 터키를 중심으로 아시아 쪽의 북한·베트남, 터키 중심의 중앙아시아 탄국 그리고 유럽의 훈족 국가인 핀란드와 헝가리, 남미로 가면 콜롬비아·페루·베네수엘라 등이 세계의 횡축橫軸으로 펴져 있다.

이들의 공통적인 특징인 몽골반점과 알타이어의 어순語順이 같은 점이다. 한·몽 연합국 이야기가 있었듯이, 세계적인 '몽골리안 네트워크' *(이인화 저)로 세력화가 가능하다.

한국은 금세기 연결사회의 연계 관계Connection를 중시하면서 한국이 중견 강국 미들파워의 설계도를 준비할 수 있다. 한국은 산업과 민주화를 동시에 달성하고 선·후진국 간의 가교역을 할 수 있는 나라다. 개도국에 대한 문명지원책으로 새마을운동과 한글 전파로 문맹을 퇴치하는 일, 정보·의료 4차산업 지원 등 수없이 많은 일거리가 기다리고 있다.

강대국에 대한 중견국 연합의 중요성이 부각되면서도 핵 문제가 새로운 역학관계 변화를 몰고 왔다.

대국 패권의 지배력이 약화 되고 작은 나라가 패권국과 맞대응하는 능력을 가지는 듯 핵 보유 소국의 역습이 시작된 것이다. 핵무기의 마력은 대국과 소국의 격차를 좁혀 놓은 듯하다.

국제 문제의 대가 키신저의 예측대로 '핵무기는 더 이상 무기가 아닌 외교 수단'이 되었고, 그 속성상 사용할 수 없는 무기임에도 보유 자체의 위력이 서로의 간극을 좁혀 놓았다.

국제 문제화 된 북핵과 ICBM/대륙간탄도미사일의 제거를 위한 국제 압력과 미들파워의 연대로 국제 여론전에서 승리를 이끈다면 원원Win Win의 기재를 확인하게 될 수 있을 것이다.

중핵국가에서 大國지향국가로 간다

우리나라는 큰 나라도 작은 나라도 아니다. 지리적으로 큰 나라에 둘러싸여 상대적으로 더 왜소해 보이기도 한다. 그래서 중형강국 또는 중추적 중견국가Pivotal Middle Power로 기술되기도 한다.

한때 우리나라 수출 규모 순위를 보면 미국, 중국, 일본, 독일 다음이 대한민국으로 세계 랭킹 5위였다(실제로는 우리 앞에 네덜란드가 있어 6위다). 수출에서는 영국, 프랑스, 러시아가 우리 뒤에 섰다.

반세기 전에는 꿈에도 꿀 수 없는 현실이 우리 앞에 와 있다. 그뿐만이 아니다. 세계 5대 체전 모두를 주관했고, 88올림픽과 2002 월드컵에서 세계 4강을 밟았다.

경제 규모도 2018년 3만 달러 선을 넘어 30-50클럽에 가입하는 7번째 국가가 되었다. 남북 대치 덕분에 군사적으로도 만만찮은 군사 강국일 수밖에 없다. 어느 모로 보나 대한민국은 당당한 나라로 개도국이 부러워하는 사회보장 인프라도 갖추어 가고 있다.

2019년은 3·1운동 100주년이 되는 해이다. 이 100년은 고난의 역사이면서도 5천년사에 이루지 못한 업적을 이룬 특별한 기간으로 기록될 것이다.

식민지 압제의 폭정, 해방 공간의 어수선함, 북한의 남침, 학생 혁명, 군사 쿠테타, 민주화 혁명 등 세계대전 후 다른 나라가 겪지 못한 여러 소용돌이 속에서도 살아남아 대한민국의 적통을 이어가면서 민주주의 꽃을 피운 기적의 나라다.

그런데 이 위대한 역사 기록을 우리는 바로 세우려 하지 않는 듯하다.

정부 주도 세력들은 이승만 시대 12년을 '친일 독재'로 역사에서 지웠다. 박정희 시대 17년은 '군사 독재'로 밀어냈다. 전두환·노태우 시대 12년은 '대통령이 감옥에 간 시대'로, 이명박·박근혜 시대 9년은 '대통령이 감옥에 있는 시대'로 부인하고 보니, 정부 수립 70년이 역사에 남는 것이 없다.[73]

뺄셈의 역사를 만들면 후손들이 쳐다볼 곳이 없어진다. 뿐 아니라 스스로를 뺄셈 법칙에 몰아넣을 수밖에 없다. 이렇듯 역사를 보는 눈이 단목안單目眼이 되면 곤란하다. 모든 사람이 잘한 일과 못한 일이 있듯이, 위정자로 권력을 잡았던 사람의 공과 과를 역사가들이 분명하게 적어 나간다.

예를 들면, 멀리 갈 것 없이 중국의 모택동毛澤東을 보자. 그 후계자 등소평鄧小平은 모 주석 시절 문화혁명 속에서 갖은 박해를 받고 일어선 사람이다. 그 등소평이 모 주석 사후 집권 후에도 그를 깎아내리지 않았다. 그의 유명한 평가 논리가 공칠과삼功七過三이다. 과실過實이 크지만 공이 더 크면 덧셈Plus sum으로 계산한다.

과過로 보면 문화혁명 때 수천만 명이 희생되었지만, 일제에 항거한 업적과 사회주의 중국을 세운 공을 산 것이다. 모 주석을 영웅으로 국조로 천안문 광장에 안치했다.

사마천이 쓴 『사기』는 한족漢族의 적통을 승계해가는 국가적 과업이 되어 오늘날 중국의 상징이 되었다.

신화적인 황제黃帝를 시조로 통합하는 중국의 『사기』에 비해 실

73) '대통령' 국가 흥망의 이치로 나라를 돌아볼 때/강천석. 조선일보 2019. 2. 16.

존했던 단군을 신화처럼 처리한 한국사를 통분해하는 이유다.

사마천은 수천 년의 중국 역사를 민족 자존과 민족 통합의 역사관으로 일관되게 기술함으로써, 한족을 중국의 적통 민족으로 만든 원동력을 제공했다. 이들은 긴 역사를 뺄셈이 아닌 덧셈의 역사기록을 남겼다.

역사 뺄셈 사회보다 덧셈 방식이 누적 개념이 된다. 실패를 경험으로 축적하고 시행착오를 겪으며, '개념 설계 역량'을 길러야 한다. 『축적의 길』을 저술한 서울대 이정동 교수의 말이다. 그는 이 책으로 인해 청와대 경제과학 특보로 임명되었다.

2016년 여름, 서울대 경제연구소가 흥미로운 분석 결과를 제시하고 있다.

지난 20년 동안 한국의 잠재성장률이 5년(정권 바뀌는 기간)마다 1% 포인트씩 하락했다. 이 추세가 반전되지 않으면 2%대의 성장률이 머지않아 0%, 즉 성장엔진이 멈추는 우울한 전망을 하고 있다. 이 추세가 오랫동안(20년) 진행되어온 것은 독자 기술이 아닌 개념 설계의 부재로 귀착된다. 우리 산업이 시행착오 경험을 꾸준히 쌓아 나가기 위한 축적의 시간을 가지지 못했다는 잠정적 결론에 이르렀다.[74]

여기서 중요한 관점은 기술 축적에 국한된 것이 아닐 것이다. 바로 정책의 축적을 생각하게 한다. 예를 들면, 전 정부의 정책 위에 새 정부의 정책을 축적Plus하는 것이다. 전 정부에서도 북방정책의 일환으로 유라시아 이니셔티브Eurasia Initiative로 중앙아시아를 포함한 이 지역의 연계 발전을 추진해왔다.

2013년 10월, 서울서 열린 한·러 정상회담에서 한·러는 유라시아 이니셔티브에 협력한다는 공동성명을 채택했다. 유라시아 이니

---

74) 이정동, 『축적의 길』, 지식노마드, 2017, 14쪽.

셔티브는(단일경제권을 목표로) 유라시아 국가 간 에너지 물류 교통 등을 연계하는 방안이다.

한반도의 종단철도인 남북한연결철도/TKR와 시베리아횡단철도/TSR 및 중국횡단철도/CTR를 연결하여, 유럽과 아시아를 잇는 Silk Road Express가 포함되어 있다. 한편 러시아가 주도하는 유라시아경제연합/EAEU과의 한·EAEU FTA를 추진해왔다. 다시 말해 이러한 중앙아시아 참여 정책 위에 9 Bridge 신북방정책이 접목되었으면, 금상첨화의 축적 외교의 모델이 될 수 있다.

유라시아의 중요성이 강조되어 온 것은 대영제국 시절 최초의 정치지리학자 할퍼드 J. 매킨더경Sir Halford John Kinder(1861~1947)의 많은 저서와 논문 중 '역사의 지리학적 중심 The Geographical Pivot Of History'에서 아시아 내륙과 유럽이 심장 지대로서의 섬 World Island의 전략적 중심이라고 주장했다. 다시 말해 세계사의 회전축을 유라시아 대륙의 중심부로 보고, 이 지역을 장악하는 것이 세계를 지배할 수 있는 열쇠라고 주장을 했다.

우리 정부도 러시아가 공들여온 유라시아경제연합(5국)에 착안하여 Urasia Initiative를 선포한 것은 주변 강국 외교를 뛰어넘는 대륙지향 대국 외교의 시발이었다.

그러나 우리가 이곳에 올인하지 않고 있는 사이 중국 시진핑 주석이 강력히 추진하는 일대일로 전략과 러시아 주도의 유라시아경제연합Eurasian Ecnomic Union이 연계되는 모습이다.

중국의 서진西進 속도와 외국인 투자를 갈망하는 유라시아 지역에 중국 투자가 절대 필요 요인이 되었다. 서방측의 오일 메이커(IOC)에 대체하여 중국석유천연가스/CNPC나 중국석유화공집단/SINOPEC 같은 중국 에너지 기업의 대형 투자로, 카자흐스탄이나 세계 제2위 가스 생산국 투르크메니스탄 등의 가스 주 수출국(중국 수입 61%)이 되었다. 러시아의 영향권 내의 유라시아 국가에 대한 중국의 영향력이 커졌다.

2015년 5월 모스크바를 방문한 시진핑 주석은, 러시아의 푸틴 대통령과 '실크로드 육상 프로젝트가 러시아가 주도하던 유라시아경제연합/EAEU을 연결하는 식의 협정을 체결하였다. 이로써 EAEU는 중국 주도의 실크로드 이니셔티브에 연계 방침이 강화 설정되었다.[75]

중국이 러시아가 주도하던 중앙아시아 EAEU 연결은 중국의 대체 지배 가능설을 높이는 중대 변화이다. 수세기 전의 대원大元제국이 석권했던 지역에 중국이 일대일로를 앞세워 다시 선착하는 모습이다.

어떤 경로든 우리는 세계의 중심섬World Island, Eurasia에 관심을 두고 폭넓은 입체적 연결과 협력을 강화해 나가야 한다. 아울러 이를 통하여 북한을 열어가는 길을 만들어야 한다.

북방정책에 걸맞은 신남방정책을 다시 한번 성공할 필요가 있다. 이제는 주변만 살피면서는 살 수 없는 시대다. 경제활동 능력이 커질수록 거의 모든 원자재 상품의 진출 국가가 남방지역과 연결되어 있다.

북방정책에서 유라시아의 중요성이 주목받듯이, 아세안 지역을 넘어 인도양에 이르는 광활한 지역은 물류나 안보적 관점 그리고 중동과 아프리카에 이르는 바다는 유라시아만큼 넓고 다양한 연결로다.

---

75) 홍인기, 『미·중·러 OPEC 간의 에너지 국제정치』, 박영사, 2018, 233쪽.

좋은 예로, 우리와 무관한 듯한 지역이 에너지국과 생명선일 뿐 아니라 연전 소말리아 납치사건에서 보듯이 모든 지역이 이미 연결 상태다. 소말리아는 우리 군함을 급파하여 신속한 작전을 펼쳤던 기억이 새롭다.

이미 인도양이 안고 있는 수많은 나라(47개국)의 대부분과 외교 관계를 맺고 있어 네트워킹도 불가능한 것이 아니다. 인도와 환인도양을 포괄하는 방법을 인도태평양 전략인 다이아몬드에 결합함으로써 이들을 공식적으로 품는 것이 중요하다.

우리나라는 역내포괄적경제동반자협정/RCEP나 아시아인프라투자은행/AIIB 등 중국 주도의 지역 통합 협의체에 가담하고 있기에, 미국 주도의 인도태평양 전략에 참여함으로써 Diamond Corner Stone이 되어 대륙과도 당당하게 협력하는 길이 있다.

신남방정책의 광역화와 더불어 이들의 힘으로 대륙세의 늘어나는 무게를 상쇄하는 계기를 삼는 지혜가 필요하다.

최근 연도에 중국이 우리나라의 항공식별구역을 넘는 빈도가 높아지는 것도 그냥 보고만 있을 수 없다. 느슨한 방공능력이 러시아 군용기의 영공 침범 사태에 이르고서도 사태의 엄중함을 방관하는 군사 고위직들은 그 직무를 다하고 있는지, 아니면 얕잡아 보인 것인지 일본마저 독도 충돌 시 자위대 전투기의 출격 가능성을 시사하고 있지 않은가.

우리는 아我와 비아非我로 구분하여 자력이 안 되면 동맹국과 그리고 안보협력체 등 국제 협력 장치를 활용해야 한다. 소말리아 시대를 되돌려보면, 이제 우리도 원양해군을 상정해야 하는 때가 되었다고 생각된다. 북핵 보유에다 해저 잠행발사 가능한 잠수함발사탄도미사일/SLBM에 대응하는 수단은 핵잠수함 외에 길이 없다. 앞서서 당할 것인가 대미 교섭 능력을 키워 핵추진잠수함을 가질 것인가. 후자를 택해서 미국의 부담을 줄여주는 것이 최선의 자력방위책이 될 것이다.

원양해군의 상징인 핵잠수함, 그리고 우리 영공은 우리가 지키는 제공制空능력 강화를 위해 당당한 외교 교섭력을 길러야 한다.

중국은 덩치가 커서 북방정책이든 남방정책이든 어디서든 부딪칠 수 있다는 전제에서 대비해야 한다. 가시적 협력을 도모하면서도 전방위적 공수작전으로 영해와 영공방어가 가능한 세계 전략이 필수요소다. 사대주의에서 벗어나 소국의식을 버리고 원양공수의 대국지향국가의 설계도가 필요해진다.

패권국 경쟁과 중소국의 역습과 반전

미·중 간의 패권 경쟁이 오늘날처럼 치열해져 가는 듯한 시절은 없었다. 열강의 성쇠는 패권의 순환이 전쟁 이외의 방법으로 패권 이양이 이루어지기도 했다. 그러나 주로 전쟁에 의지하여 승패를 겨룬 전쟁의 연속인 듯하다. 하버드 대학의 그레이엄 앨리슨 교수는 『예정된 전쟁Destined For War』에서, 투기디데스의 함정(새로 부상하는 신흥세력이 지배세력인 패권자에 도전하는 충돌) 표현으로 간결하게 설명하고 있다.

오늘날 우리 앞에 벌어지는 미·중 경쟁체제는 급속도로 성장하는 중국, 즉 새로운 신흥세력이 기존의 지배세력인 미국이 설정해온 세계 질서에 도전하는 모습이다.

미국은 19세기 후반부터 신흥세력으로 부상했다. 1차 세계대전 당시의 패권국인 영국을 능가하는 국력으로 1914년 전쟁이 발발하자 전쟁물자와 경제적 지원 등 전쟁 없이 지배세력의 이전이 이루어졌다.

미국은 그로부터 1세기를 넘기면서 세계 지배 권력으로, 국제기구의 최대 후원국으로, 때로는 경찰국가로서 글로벌 질서 유지에 진력해 왔다고 할 수 있다.

미국은 1918년에는 '몬로 독트린'을 선포하여 민족 자결 원칙을 표방함으로써 제국주의에 맞서 약소 피압박 민족의 압제에 반기를 들었다. 우리나라의 3·1운동을 위시하여 피지배 민족의 자결自結 운동을 유발하였다.

20세기 중엽(1941년) 일본은 아시아·태평양 지역의 제해권과 영향력 확보를 위해 제국주의적 침략 전쟁을 야기하면서 미국을 위협했다.

미국은 일본의 팽창 전쟁을 저지하기 위해 원유 등 금수조치를 취하자, 일본은 진주만을 공격하고 미국을 태평양 전쟁 속으로 밀어 넣었다. 일본은 단기적으로 승리를 거두었으나 1945년 초토화된 상태로 전멸했다.

1940년 이래 1980년대까지 미국은 구소련 측 국가주의에 바탕을 둔 공산주의 체제에 맞서 자유민주주의 진영을 이끌면서 냉전 체제 속에서 한국동란의 비극도 잉태되었다.

오랜 대립 속에 자유시장 체제의 성공과 명령 통제 방식의 권위주의 체제의 내부 모순과의 대치 상태에서 침식되어 갔다. 총도 버터도 제공할 수 없게 된 소련은 1991년 스스로 붕괴되고 말았다. 이로써 21세기 후반에 벌어진 결정적인 갈등은 피를 흘리지 않고 종결되었다.[76]

---

76) 그레이엄 앨리슨, 정혜윤 역, 『예정된 전쟁』, 세종서적, 2018.

미국은 1910년대 영국 세기Pax Britanica를 이어받아 영국·일본·구소련을 차례로 극복하면서, 초유의 100년간 글로벌 지배국의 지위를 누려 왔다. 구소련의 붕괴로 단극체제가 된 미국은 오히려 무극無極 상태에서 정체되는 듯했으나, 급속히 성장하는 인구 대국 중국을 경쟁자로 맞아 치열한 경합을 하고 있다.

중국의 추격은 경제적으로는 양적(PPP 소득기준)으로 추월 상태에서 핵 보유 강대국으로 우주 경쟁에까지 돌입한 나라다. 미국은 군사적으로 아직은 중국을 압도하고 있으나 중국의 추발 속도는 무서울 정도다.

지금은 상대방 수출품에 대한 관세 부과, 기술 전쟁 등 앞일을 가름할 수 없는 상태다. 그런데 미·중·일이 용호상박龍虎相搏의 싸움을 하는 중 확실하게 돌출사고가 발생하고 있다. 북한이 핵무기를 완성하고, 그 운반수단인 대륙간탄도미사일/ICBM로 미국을 직접 공격할 수 있는 능력을 갖추게 된 것이다. 미숙아가 중무장을 한 것이다.

북핵의 등장과 제한적인 확산으로 오랜 시간 침잠했던 지정학적 개념이 달라질 뿐 아니라 강대국의 위치 개념도 변화되고 있다. 미·중은 패권 경쟁을 하면서도 소방수를 보내 핵 폐기 경쟁을 하고 있으나 쉽지는 않은 것 같다.

여기서 돌아보면, 작은 나라가 패권국을 흔드는 모양새다. 미국과 북한은 국력으로 보면 1000 : 1의 규모인데, 싱가포르나 하노이에서 성조기와 북한기를 배경으로 두 정상이 당당히 맞서고 있다.

핵 보유의 마력은 1000 대 1의 격차를 뛰어넘는 소국 반전을 보게 된다. 작은 나라가 생존하는 방법이라고는 하나 강대국이 함부로 공격하지도 못하는 상황에 놓여 있다.

미국이 태평양 전쟁에서 핵무기로 일본과의 열전을 종식시킨 이래 지구촌에는 크고 작은 국지전이 있었으나 핵무기가 사용되지 않았다. 열강은 공포의 균형을 유지한 것이다.

유발 하라리의 말대로, "미국의 초극시대, 평화의 시대, 자유주의와 자본주의 Globalism의 실패와 양극화 등으로, 전래의 민족주의가 부활하는 듯 국수주의적 자국 우선론이 팽배"한 듯하다.

그러나 핵무기 등 대량살상무기와 기술 진보의 확산으로 다시 글로벌 협력 시대의 부활을 보게 된다. 이란이나 북한의 핵무기 보유 또는 그 징후로 전쟁과 국제 정치의 성격이 크게 달라질 수밖에 없다. 핵무기는 어느 특정 국가의 안위보다 인류 모두의 생존 문제가 되고 있기 때문이다.

이제 세계대전이 일어난다면 승패와 관계없이 집단 자살 모양을 상상할 수 있고, 북한과 같은 불량국가가 핵을 가지는 것은 옆으로 확산할 가능성과 군사적 위기 때 자살 폭탄의 가능성도 상정할 수 있다.

미·러가 다시 핵 개발 제한 협정을 풀고 첨예 핵무기를 증산한다는 이야기다. 그러나 절제되지 않은 핵무기 100개와 1만 개의 군사적 차이가 있을 것 같지 않아 보인다. 이처럼 핵의 묘방이 있는데 완전한 비핵 실현이 어렵다고 보는 것이 전문가의 지배적인 견해다.

북미 2차 하노이회담도 합의 실패로 끝났다. 이후 회담도 자세히 관찰해야 한다. 만에 하나 북핵 보유가 인정된다면, 이곳의 핵 균형은 깨져 대한민국도 이에 맞는 자위책을 고민하지 않을 수 없게 된다. 대책은 전술핵의 도입 또는 자체 핵 개발로 북핵을 무력화하는 길 외에는 길이 없다고 생각된다.

P5(유엔 상임이사국) 외 비공식 핵보유국은 인도·파키스탄·이

란·이스라엘인데, 모두 상대방 핵의 상쇄용 핵을 가진 나라들이다. 북한이 이 대열에 가면 대한민국도 당연히 맞수가 되려면 같은 상쇄용 보유국으로 가지 않을 수 없다.

지난 7월 25일, 미 국방대학이 북핵에 대응하여 한국·일본과 전술핵을 공유해야 한다는 보고서를 발표했다.

미군의 한반도 핵 공유 전략은 단순히 북핵 대응 측면을 넘어, 대중對中 압박, 나아가 중·러에 대항하는 동북아 핵전술 공유체제 구축이라는 미국의 세계 전략에서 고려할 개연성이 있다.[77]

남북이 대등한 방법으로 통합 기회를 갖기 위해서 부득이한 조치들이다. 소국의 역습과 중견국의 반전이다. 강대국이 소국 반란을 막지 못하듯 중견국의 반전도 인정해야 한다.

핵무기는 단순한 국지전 무기가 아니고 인류 존립의 위기로 볼 때 핵의 문제는 전 지구적 차원에서 그 해소 방안을 찾아가는 국제 문제로 풀어가야 한다. 민족 문제를 넘어 국제 책임 분담 과제로 넘겨져 있다.

중추적 중견국가의 확장적 외교정책이 목표다

G20의 구조는 위에서 본 바와 같이 강대국 10국(P5+G8 4국 +EU 의장국)과 10개의 신흥국으로 구성되어 있다. 처음으로 중진국 수준의 10개 나라가 세계 경제위기를 맞아 세계 정세의 의제 선정에 참여한 것이다.

10개 강대국과 더불어 인도·인도네시아·브라질 등 인구 대국뿐 아니라 한국·호주·터키·사우디아라비아·멕시코·남아프리카공화

---

77) 美국방대, 「韓日과 핵무기 공유하자」, 조선일보 2019. 7. 31.

국 등 대륙별 경제 강국이 포진하고 있다.

이들 국가는 G8 회원국이 국제 체제 내에서 특별한 지위를 인정받은 것처럼, 체제 내 대다수 약소국들과 차별적인 중견국의 지위를 가장 객관적으로 인정받는 국제적 공식 승인 절차를 거친 것으로 간주한다.

글로벌 거버넌스Global Governance 체제와 관련해서도 한국은 비슷한 나라들과 연결해 가는 것이 중요하다.

이 점에서도 2008년의 세계 금융위기 이후 주요 20국, G20의 글로벌 거버넌스 체제 속에서 주도적 중견국으로 참여한 것은 역사적인 사건이었다. G20 체제의 발족 이후에도 여전히 주요 8개국 G8과 인구 대국인 브릭스/BRICS(브라질·러시아·인도차이나·남아공)의 영향력을 과시한다.

여기서 한국과 같은 비강대국으로 G20 거버넌스를 선호하는 호주·캐나다·터키 등이 연합해 중견국 외교를 강화하여, G20 거버넌스를 강화하고 수호하는 세력화 과정도 필요하리라 믿는다.

중추적 중견국Pivotal Middle Power이 공인된 강대국(P5·G8)과 함께 글로벌 아젠다를 다루는 G20 체제는 중견국 최고의 활동무대가 될 수 있기 때문이다.

그동안 4강 외교(미·중·러·일)에 묻혀 있던 한국 외교가 동북아의 지정학적 틀에서 벗어나 북방 외교와 신남방정책을 수립해 시행할 만큼 외교 영역이 넓어졌다.

북으로 북방정책의 러시아에서, 남쪽으로 인도네시아를 포함한 아세안과 인도·호주에 이르는 수직 남북축 국가들은 전통적으로 한국과 우호 관계가 있는 나라들로서 G20에서 다시 결속하게 된 것이다.

아세안 10개국과는 1989년 한·아세안 대화 관계가 수립된 지

30년이 된다. 한·아세안 대화 관계 수립은 중·일·러에 둘러싸인 외교 활동 공간을 넓히는데 선도적인 역할을 했다고 평가된다.

그동안 한·아세안 관계는 경이로운 발전을 해왔다. 경제적으로도 첫 교역량 82억 달러에서 2020년대 2000억 달러 이상으로 늘어날 것이다. 아세안은 미국과 EU에 이어 3위의 투자대상군群이 되었다.

아세안은 외교적 성취도 다양하다. 먼저 아세안+3(한·중·일) 정상회의, 동아시아 정상회의 EAS 참가국은 아세안+3에다 미·러·인도·호주·뉴질랜드로 구성된다. 또 지역 안보포럼(ARF 북한 포함) 등의 협의체로 만들어 국제 정치에 적극적인 플레이어Player 역할을 해오고 있다.[78]

한국은 다양한 협의체에 참여함으로써 우리의 외교적 지평도 크게 넓어졌다. 아울러 아세안 집단국가의 힘으로 강대국(미·중·러·일)에도 외교력을 펴고 있다. 아세안 협의체에 모두 참여함과 동시에 아세안을 넘으면 새로운 대륙 인도가 열린다.

남아세아의 인구 대국이며 Next China로 기대되는 경제 강국이기도 하다. 한국과는 2009년 포괄적경제동반자협정/CEPA 체결로 경제 협력의 강도를 높여가고 있다. 삼성전자와 현대자동차의 대규모 투자가 이어지고 있다.

2014년 집권한 모리 총리는 과거의 소국 외교에서 벗어나 대국 외교를 지향하고 있다. 때문에 한국이 국제무대에서 선진국 외교를 펼쳐 나갈 때도 인도와의 관계 강화가 중요하다. 인도의 경우 이 과정에서 미들파워로서 협업하는 능력을 배양할 필요도 있을

---

78) 「한·아세안 관계 30주년, 비전 있는 실용주의」, 한·아세안센터 사무처장 이혁. 매일경제 2019. 1. 4.

것이다.

남북 측의 남단은 대양주의 주인 호주가 웅거하고 있다. 호주는 국제 공조에 있어 외로웠던 시절 한국과 가장 잘 맞는 짝이었다. 이승만 정부 때부터 긴밀한 국제 공조를 이루었고, 6·25 때는 한국정부를 적극 지원했던 안보·외교적인 우방이다.

G20 회의에서 다시 조우한 호주와 더불어 전략적 감각과 함께 우리와 같은 유사한 목표를 갖는 남북축 국가들과 연대하는 모양이 중요하다. 단순한 협의체나 남의 회의에 초청받는 차원을 넘어 공동의 목표 지향점과 공통의 가치 추구를 위해 연대하는 세력의 결집이 필요하다.

미국과 중국, 중국과 일본 등 거대 국가 사이에서 권고와 협상의 레버리지Leveage를 키워 지역 실정과 평화에 기여할 수 있을 것이다. 연대의 대상은 우선 G20 회원국인 신흥국 미들파워 중 남북축으로 한국-인도네시아-인도-호주-사우디아라비아로 단순화하지만, 인도네시아는 아세안을 포괄하게 되므로 사실상 더 큰 세력군이 된다고 볼 수 있다.

동서축 벨트Belt로는 멕시코·브라질·사우디아라비아·터키·남아공 등 순으로 묶으면서, 남북축과 더불어 동서축으로 전 지구를 아우르는 Middle Power 연대가 완성되는 셈이다. 터키는 돌궐의 후예로서 옛 오스만제국 기반의 흑해 연안국이며, 한국과 같은 몽골리안으로 혈족에 가깝다. 터키는 CIS 국가였던 탄국들의 맹주로서 상당한 영향력이 있다.

남북축과 동서축이 갖추어지면 중·일·러에 갇혀 있기 보다는 지정학적 포위망 밖으로 나가 사정이 비슷한 중추적인 지역 국가들과 연대함이 강대국에 대한 지렛대 효과를 강화할 수 있다.

G20 국가군의 지역별 대표성과 영향력을 고려한다면 이들 연대는 상대적 약자이면서도 적절한 연대로 힘을 합치는 경우, 강대국 간 갈등을 완화하거나 선·후진국 간의 가교 역할을 통하여 후발국의 동반 성장 기회를 확장해 나갈 것이다.

대한민국도 국력의 증강에 따라 글로벌 이슈에 기여할 기회가 늘어 가고 있다. 지구환경 문제, 세계 도처에서 일어나는 각종 재해 분쟁에도 기여하는 평화유지 활동/PKO, 문맹 퇴치에도 관심 갖고 한글의 보급 지원, 수원국에서 원조 가능국으로 가면서 아직은 충분치 않지만 개발원조위원회/DAC, 공적개발원조/ODA 등 지원국이 되는 글로벌 지원 외교도 적극적이다.

그리고 한국 특유의 개발 모델과 세계를 휩쓴 K-POP, 방탄소년단/BTS 공연 등 한류문명Korean wave으로 지구상의 젊은이를 열광케 한다.

잠자는 듯했던 새마을운동이 해외 여러 곳에서 살아나고 있다는 소식이다. 가난에서 빠져나오는 마력 같은 농촌운동이다. 아세아·아프리카를 넘어 최근 중남미에서도 새마을 노하우 전수 요청이 쇄도하고 있다고 한다. 우리는 큰돈을 들이지 않고 가난에서 일으켜 주고, 한류로 세계를 즐겁게 하며, 한류 음식으로 한국의 맛을 세계에 전할 것이다.

중추적 중형강국Pivotal Middle Power으로 진화하는 대한민국의 확장적 외교 활동이 인류 문명의 한 축을 움직여 대국 파워를 키워 간다.

4 대륙·해양의 통합 경제, 세계의 성장동력

남북 경제 통합과 개방체제

2018년 평창동계올림픽에서 시작된 훈풍이 4월 남북정상의 판문점 회담과 도보다리 밀담이 있었다. 6월의 싱가포르 미·북정상회담, 9월의 평양 남북정상회담 그리고 해를 넘겨 2월의 미·북 2차 회담, 6월의 판문점 재회까지 돌이켜보면 지난 1년 사이에 일어난 엄청난 변화다.

남·북과 미·북 간 그리고 그 사이 사이에 북·중 회담이 끼어들어 분위기를 바꿔놓기는 했지만, 정치적 만남은 나름대로 진전이 있었다.

그러나 김정은 위원장은, 2019년 정초 신년사에서 우리의 관심사인 북핵 문제에 관한 언급으로 '핵 추가 제로, 핵 실험·사용·이전 금지'를 표방했는데, 이는 전형적인 '핵 보유국 논리'라는 것이다. 많은 전문가는 북한의 핵 보유 선언으로 본다는 것이다. 경제문제는 개혁 개방보다는 "자력갱생 사회주의 건설"로 제재 강화의 장기화에 대비한 포석이다.

이번 신년사에는 이례적으로 '원자력 발전의 전망적 조성'이란 표현이 나온다. 열악한 전력 문제 해결의 절박성을 보여 준다는 분석이다.

4·27 판문점 숲속 밀담에서도 원자력발전소 이야기가 잡혔다는 이야기가 있던 대로다. 아쉬운 점은 물론 UN이나 미국의 제재조치가 있었다 해도 저들의 절박한 경제 문제를 풀어나갈 의지를 보였어야 했다.

2019년 2월 27~28일 하노이 미·북 정상회담 참여를 위해 66시간의 긴 기차여행으로 회담에 오른 19세기적 이벤트를 21세기의 황태자처럼 벌였다.

트럼프 미 대통령은 북한 경제의 획기적인 잠재력을 추켜 세우면서 (핵 포기를 한다면) 경제발전을 적극적으로 돕겠다고 한 데 고무되는 듯 보였다. 그러나 본 회담에서 겨우 폐기 직전의 영변시설을 내놓고 경제 제재 통제를 풀어달라는 요구를 함으로써 회담은 결렬되었다.

미국이 영변 외에 평양 교외 강선 등 5곳의 핵 시설 정보를 제시하자 당황하는 모습은 통 큰 것이 아니라 세상 돌아가는 이치도 모르는 모습으로 보여 안타깝다.

이처럼 남쪽 정부가 돕고 이끌어 세계의 거인을 협상 상대로 맞이하게 했는데도, 생각은 옛날 틀에서 못 벗어나는 참모들에 둘러싸여 쪼개기 전술에 의존하는 듯 정상회의의 톱다운 방식은 그 한계에 부딪힌 것이다.

특히 하노이 회담에서 비핵화 의지의 진정성이 문제가 제기되면서 경제 제재의 해지 요구에도 불구하고, 핵 보유 비용이 핵 보유의 이익보다 크게 느끼게 하면서 협상을 진행해야 할 것으로 보인다.

회담 결렬 뒤 상대방에 대한 비방은 자제하고 있는 점으로 보아

미·북은 다시 우리 정부의 중재나 유인책이 필요한 공간이 생긴 것은 사실이다. 그러나 주변 정세로 보아 새로운 핵 관련 난제가 나타나고 있다.

냉전 종식의 상징이었던 미·러의 '중거리핵전략/INF' 협정이 종료 해지 되었다. 중국의 등장으로 이 협정의 실효성이 없게 되자 미국이 파기 통보를 하게 된 것이다. 여기다 중국 외에도 북한의 중거리미사일이 있다. 덧붙여 미국은 미·러 군축 과정에서 모두 폐기하였던 소형 핵탄두를 다시 생산하기 시작하였다.[79]

일반적으로 생각하는 것보다 훨씬 복잡한 양상이 될 것이므로, 북핵 문제뿐 아니라 남북 문제도 더욱 전략적으로 대응해야 한다. 정부가 여러 정세로 보아 다소 비현실적인 접근 방법으로 대북정책을 구상하고 있다는 점에서, 이 문제에 천천히 접근하면서 행동을 서두르는 지혜가 필요하다.

어차피 북 주민을 돕는 것을 시작하면서 장기 계획으로 경제 통합의 시기를 예단하고, 틈새없이 신속하게 선제적으로 접근하는 전략을 세워야 한다.

앞에서 든 예처럼, 우리가 가진 확실한 잉여 재원은 두 가지다. 동시에 북한이 절실하게 필요한 것은 식량인 쌀과 생활 전력이다. 민수 전기 공급으로 번 돈으로 고깃국에 쌀밥을 먹여 줄 수 있다. 개성공단 재가동시 현금 대신 쌀을 공급한다는 논의도 있다.

우리는 세계 최고의 기술로 청정 전기를 가장 저렴한 가격으로 양질의 전기를 누려왔다. 우리 원전은 고도기술과 뛰어난 경제성에다 지난 40년간 무사고 가동의 안전기록을 갖고 있다. 국내 원전을 재평가하여 장차 남북이 사용할 수 있는 모든 에너지원에 대한 장기 전략을 짜야 한다.

---

79) 위성락, 「어려워진 북핵 협상 다가온 새로운 난제」, 중앙시평.

급격한 탈원전은 단기적으로 화석연료의 과다 사용으로 환경에 역행하게 된다. 가스 수입도 같은 화석연료이다. 예비전력의 준비로 때가 오면 대북 송전의 황금 경협자산으로 쌀과 더불어 북 주민의 생활 향상을 돕고, 에너지 주권을 확보하는 일석삼조의 기회를 놓쳐서는 안 된다. 선후와 공과를 평량하면서 개방과 경협 시기를 조절하는 것을 제도화하는 것이 국가의 백년대계 대도로 가는 길이다.

개혁·개방 체제 전환국의 로드맵이 나와 있다

제2차 북·미 회담 장소가 하노이로 정해지면서 자연스럽게 북한이 베트남의 도이모이(쇄신·개혁) 정책을 학습할 기회인 것으로 보았다.

북한 경제개발 모델로는 중국이 너무 크다는 점에서, 베트남은 체제 전환 개방 모델로의 적합성이 높다고 판단했던 것 같다. 그런데 하노이 북·미 회담 합의 불발로 이 기회를 살리지 못했다.

설사 회담 합의에 이르렀다 해도 상당한 기간을 두고 개방체제로 가는 절차를 거쳐야 할 것이므로, 이때 북한 경제의 발전과 개방 로드맵을 한번 검토해 보는 것도 유용하다. 어찌 보면 북한과 같은 사회주의 국가의 시장경제로의 체제 전환 경험이 쌓여 체제 전환국이 거쳐야 할 로드맵에 정립되어 있다고 할 수 있다.

베트남의 경우를 보자. 1986년 12월 공산당 대회에서 채택된 '도이모이' 정책은 '탈사회주의적 요소 도입과 문호 개방을 통한 성장 정책'으로 요약된다. 그 후 새투자법 시행(1988) 등 제도 개선을 추진해 왔으나, 본격적인 개발이 시작된 것은 1993년 국제금융기구/

IMF의 대베트남 융자 재개를 미국이 허용한 때부터였다.[80] 이어서 미국의 경제 제재 해제(94년)와 대미수교(1995년)를 거쳐 외자가 본격적으로 유입되기까지 도이모이 선언 후 10년이 걸린 셈이다.[81]

여기서도 지도자 선택의 중요성이 보인다. 알다시피 베트남은 프랑스와 미국과의 전쟁을 승리로 이끄는 과정에서 혁명노선으로 뭉쳐진 공산당 수뇌부에서도 구소련 붕괴 등 80년대의 변화를 받아들인다.

1986년 전임자의 사망으로 총서기에 오른 쓰엉찐은 과감하게 체제 전환을 통해 시장경제 바탕을 마련한다. 원래 그는 모택동 주의에서 좌편향한 인사로 평가되었으나, 심각한 경제 난국 앞에서 '인민이 먹고사는 문제부터 해결해야 한다는 실용적 개혁 노선'을 채택한 것이다.

베트남에서는 왕조의 선위 없이 과감한 합리적인 체제 전환이 이루어진 결과, 도이모이 당시 100달러 미만이었던 GDP가 2018년 2587달러(구매력 평가지수로는 8000달러)로 늘어났다.

북한 지도자들이 어떻게 보고 갔을지 모르지만 쉽지 않다는 생각이다. 그러나 개혁 개방이 필수 코스이면서도 그 과정들을 통과하고, 보통국가의 개방체제를 갖출 수 있다는 각오로 과정 하나하나를 성실하게 이행해 나가야 한다.

먼저 국제 금융거래나 투자를 받아들이기 위해서는 국제통화기금/IMF과 세계은행/WB에 가입해야 한다. 뒤이어 아시아개발은행/ADB 그리고 아시아인프라투자은행/AIIB에도 가입해야 한다.

---

80) 「도이모이 성공 열쇠는 미국이 쥐고 있었다」. 중앙일보 2019.2.15.
81) 베트남 개혁개방전문가 이한우 서강대 교수는, 1978년 베트남은 통일 후 군사적 여력으로 캄보디아를 침공 후 10년 뒤인 1989년 베트남군이 캄보디아에서 철수하면서 미국의 금융 규제가 풀렸다.

여기도 국제금융기구 가입과 동시에 북한은 국제 기준에 따른 통계 작성을 해야 한다.

원조 수용 역량 등 기술 지원과 기초 인프라 확충 자금 지원을 받는다. 그러면 국제사회가 북한에 대한 공적 지원을 시작한다. 체제 전환국의 시장경제 체제에 적응하는 진통을 겪으면서 마지막 고지인 세계무역기구/WTO에 가입해야 한다.

WTO 가입을 위해서는 회원국들과 가입 협상을 해야 한다. 선진 회원국은 신규 가입국이 최소한의 국제 기준에 부합되는 제도·법률·기초 인프라 구축을 가입 조건으로 요구하게 된다. 즉 북한의 WTO 가입은 국제 질서에 성공적으로 편입된다는 것을 의미한다.

오늘날 베트남의 성공은 여러 면에서 북한에 벤치마킹 대상이 될 수 있다. 그것도 핵을 머리에 이고서는 이 과정을 이행할 수 없다는 전제에서다. 그 과정을 길게 설명한 것도, 성급한 남북 협력도 그리 간단한 것이 아닌 의례 절차를 거쳐야 한다는 것을 명심해야 한다.

베트남의 경우도 1986년 도이모이 개혁·개방 선언 후 WTO 가입(2006년 말)까지 20년이 걸렸다. 북한의 경우 대한민국의 지원과 선 교습 경험을 전수하는 계기가 될 수 있기 바란다.

●개방의 순서 및 내부사항 정비

북한의 개방 개혁과 성장경제를 위한 재원 조달을 위해서는 공적 국제금융기구 가입으로 국제적인 신임과 시장경제 기반을 닦아야 한다.

그러나 북한의 국제기구 가입과 시장경제 전환은 북한에 사회경제적 압력으로 작용할 수 있다. 그러므로 대내적으로는 북한 경제의 기초 체력 정비가 선행되어야 한다.

북한 경제에는 많은 제재가 상존하고 있으므로 북한 개방의 첫 단계는 남북경제협력 재개 가능성을 보고 관련 법규를 재정비하는 것이다. 그런 뒤 남북경제협력의 국제통상법적 정당성을 확보하는 준비가 필요하다. 다시 말해 한반도 내에서 먼저 경제 협력의 제도화·규범화를 추진할 필요가 있는 것이다.

북한에 일관된 통상 규범에서 경제 협력을 학습할 수 있는 기회가 된다. 나아가 때가 오면 대내적으로 남북한 기본합의서 및 교류 협력 관련 법안의 제 개정을 통해, ① 한반도 경제권 건설 상품·노동·서비스 시장의 단계적 통합. ② 북한의 경제 관련법 및 제도 개선. ③ 인적자원 육성을 도모하고, ④ 북한의 WTO 가입[82]이 곧 북한의 대외관계 정상화의 출구出口가 될 것이다.

2019년 2월 하순 미·북 회담이 합의 실패라는 말과 같이, 미·북 정상 간 만남이었으나 북한 고위직 수행원들은 그들의 미래를 생각하는 현장 학습의 기회였다. 중국과 베트남은 각자 방식의 개방화 길을 가고 있지만, 그 공통점은 공산당 일당체제를 유지하고 있다는 점이다.

다시 말해 계획 경제를 유지했던 중국과 베트남이 시장경제를 도입하면서도 공산당 일당체제가 건재한 것을 목격했을 것이다.

베트남은 반점班点동맹이 가능한 유일한 동남아 국가이며, 한국과 유사한 유교적 전통을 가진 나라다. 한문을 쓰며 과거제도 등 천년을 이어온 유교적 유산으로 학문을 숭상하고 위계질서가 서 있는 나라였다.

그래서 중국이나 베트남 모두 왕권이 존중되는 유교적 전통이 공산당 독재에 대한 거부감이 덜하다는 해석이 나온다.

---

82) 체제 전환국의 WTO 가입 경험과 북한 경제. KIEP 18. 02.

베트남 최고의 싱크탱크 세계정치경제연구소/IWEP의 응으웬 듀지레이 편집장은, 북한이 중·베트남 사례를 연구한다면 주저 없이 시장경제를 추구할 가능성이 크다. 북한은 베트남과 중국 모델의 각기 다른 장점을 취할 것이나 '아울러 정부가 주도적으로 산업화를 밀어붙였던 남한의 모델을 가장 선호할 가능성이 크다'라고 진단했다.[83]

남북 경제협력은 북핵 개발로 인한 UN과 미국의 제재로 당분간 활성화될 수 없다 하더라도, 앞으로의 남북 경제협력은 전혀 다른 판이 펼쳐질 것으로 보고 있다. 그 모습에 대한 힌트로 두 가지를 들 수 있다. 하나는 4·27 판문점에서 문 대통령이 김정은 위원장에게 건네준 USB를 들 수 있다. USB에는 한반도 신경제지도 구상을 담은 프레젠테이션/PT 영상이 담겨 있다.

다른 하나는 폼페이오 미 국무장관이 '북한이 핵 프로그램을 완전히 폐기하면 미국 민간투자가 허용될 것'이라고 말한 대목이다.[84]

이를 종합해 보면 공공시설과 북한 기본시설 등 개발 투자에 국제사회가 참여할 것이고, 경제 협력도 남북 양자뿐 아니라 미.중.러.일 다자가 참여하게 될 것이다. 특히 북한의 비핵화가 이루어지면 북한에 대한 대규모 투자를 통한 남북 경제가 공동 번영의 길로 가도록 돕겠다는 뜻을 전달한 것으로 보인다.

북한이 어떤 개방 모델을 택하더라도 남한 자본과 북한의 노동력 결합이라는 낡은 틀에서 벗어나야 한다. 우리끼리 식의 폐쇄적인 생각을 버리고 남북이 주도적으로 하되 국제 공조를 통해서 지역 경제와 세계 경제 발전에 기여하는 방향으로 접근해야 한다.

83) 「개방에도 건재한 공산체제―도이모이로 우뚝 선 베트남」, 조선일보, 2019.3.13.
84) 「'북한 투자' 어떻게 하면 성공할까」, 매일경제신문, 2018.11.11. 9쪽.

월가의 전설적 투자가 짐 로저스 로저스홀딩스 회장은 북한을 환상적인 투자 기회로 보고 있다. 그는 "오랜 투자 경험에서 터득한 것은 죽은 나라가 바뀌면 큰 변화가 생긴다"라는 것이다.

그 예로, 중국의 변화 사례를 들고 있다. 북한은 3~4년 전에 변화를 선언했다. 이런 일은 자주 일어나지 않는다. 환상적인 기회라는 것이다. '40년 전 중국에 투자하는 것과 같다.' 그는 지금 북한에 들어갈 수는 없으나, 한국의 항공주와 북한의 리조트 개발회사에도 투자하고 있다고 했다.

한편으로는 대북제재가 진행되어 '빗장이 걸려 있을 때가 기회다'라는 논리도 있다. 거대 자본을 앞세운 미·중·일 등의 대북투자가 봉쇄 효과로 주요 거점투자의 선점을 미리 기획할 수 있다는 것이다.

특히 관광산업, 농림업 투자, 개성공단 등 개방 순서에 따라 우회로가 열려 있는 한국에 대북제재 완화에 앞서 경제력 제고의 기회가 있다. 그러나 지금까지 대북 투자에는 많은 내부의 저항 세력 등 걸림돌이 많다.

한 예로, 북한의 5백만 대에 달하는 핸드폰 제조회사인 이집트의 투자회사가 그동안 쌓은 배당수입을 송금하지 못해 철수 위기에 있다는 것이 대표적인 예다. 다시 말해 해외투자의 선순환에도 당국의 간섭이 따르고, 해외투자에 친화적이 아닌 분위기가 가시지 않고 있다.

우리의 금강산 투자 재산 압류 등의 행태도 반친화적인 예다. 한때 큰 기대를 했던 나진-핫산 프로젝트의 불발도 군부 세력의 저항으로 알려져 있다. 북한 지방관리의 무지와 군부 강경노선을 잠재우는 능력이 필요하다.

북한의 개방 기회에 앞서 철저한 시장경제 교육을 통해 체제 전환국가의 선순환 길을 찾아가야 한다. 아울러 북한이 발표하는 통계의 신인도를 높이는 조치들도 필요하다. 선행조건인 국제금융기구 가입 시 제출하는 여러 선행 자료와 통계의 정확한 공표에 최선의 노력을 경주해야 한다. 이 점에서도 남한 정부의 지원이 필요하다면 이를 받아들이는 자세가 되어야 한다.

대륙 오지개발과 동·서해 경제권을 관통하는 운하 건설

● 개방 순서와 투자수요 개발

북한의 개방 절차를 진행하면서 구체적으로 북한이 제시한 경제특구와 개발구역(중앙급 5개 포함, 경제개발구 등 26여소)에 대한 발전 계획이, 우리 정부가 구상하는 계획과 연계된 종합적인 개발 전략을 수립·시행하는 것이 이상적이다.

남한의 '한반도 신경제 구상'은 하나의 시장 형성과 3개의 경협 벨

한반도 신경제 지도

자료 : 서울경제.
역사의 문 앞에선 한반도 2018. 04. 15

트로 구성되어 있다. 북한 경제특구의 최대 과제인 외자 도입이 이뤄지지 않고 있다는 것도 알려진 사실이다. 남한의 신경제 구상도 북핵 문제 등 국제정치적 이슈들이 유동적인 상황에서는 확정 계획을 내놓을 수 없다. 그렇지만 한반도의 신경제 구상을 그간 여러 정부에서 구상해왔던 생각들을 잘 축적蓄積하고 있다.

예를 들면, 동해안 에너지 자원 벨트(A)는 환동해권을 안고 있으며, 서해안 남북산업 물류 벨트(B)는 그간 회자되어 온 환서해권과 연결되어 대륙과 소통하는 길이다. H형 벨트의 가운데 구간인 DMZ(C) 생태·관광벨트는 환경 및 안보와 연계되며, (A) 벨트의 평화적 이용과 더불어 설악산과 금강산으로 이어지는 세계 관광 자원화의 길이 된다.

여건 변화와 관계가 있겠으나 신한반도 구상이 구체적으로 굳어지기 전에 평소에 좋은 아이디어라 생각해왔던 국토계획의 구상을 여기에 전제하고자 한다. 북한을 잘 알고 가장 사랑했던 아태반 대표였던 고 김석철 위원장(전 건축위원회 청와대 소속)의 작품 중 두어 가지를 전제轉載할 것이다. 물론 남북 관계가 무르익고 국제화 프로젝트에 거부감이 없다는 전제에서 남북 공동의 프로젝트가 될 것이다.

첫 번째 작품은 두만강 하구 다국적 도시 북·중·러 접경지대에서 남북 공동의 프로젝트 국제 개방도시를 건설하는 일이다. 이곳은 한반도의 최고 오지일 뿐 아니라 인근 러시아에서도 저개발 지역에 속하며, 중국은 팡촨防川에서 막혀 출해권이 확보되지 못한 지역이다. 두만강 하구의 두만강역은 중국의 TCR과 한반도의 TKR 그리고 러시아의 TSRTrans Siberian Railroad 세 나라 철도가 만나는 지점이다.

이 다국적 도시는 항만도시·항공도시에 배후 공단을 두고, 시장도시 기능에 관광도시 등 다섯 가지 기능을 가진 복합도시다. 북·중·러의 3국 영토에 세워지는 교역의 허브 도시다. 한국·북한·중국·러시아·일본 등 다국적 투자 유치로 5개국 경제특구로 건설된다.

가장 구석진 곳에 세워지는 멋진 국제도시 건설로 오랫동안 교류해 온 중국 동부 해안과 동북 3성, 연해주, 한반도, 일본 서남해안의

유대 회복은 한반도 통합의
길이기도 하다.

두만강 하구 다국적 도시

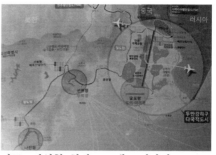

인근 웅기군 굴포리에는
구석기시대부터 청동기시
대까지 이어진 10여 만 년
의 주거지 유적이 발견되었
다. 1947년 두만강 하구에
서 서쪽 30㎞ 해안 구릉에

자료 : 김석철, 한반도 그랜드 디자인.

서 북한 고고학자에 의해 발굴되었다. 총 30기의 집터 등 구석기시
대 문화층 2개, 신석기시대 문화층 5개, 청동기시대 문화층 2개 등
시기를 달리해 퇴적된 9개의 문화층이 확인되었다.

고고학자들은 굴포리 유적을 연대순으로 각각 구석기 1기층이
기원전 10여 만년 전의 중기, 2기층이 3~4만년 전의 후기, 신석기
1기층이 기원전 5천년 말기~4천년 초, 신석기 2, 3, 4, 5기층이 2
천년 기초. 청동기시대는 2천년기 후반기로 나누었다.[85] '구석기시
대부터 청동기시대까지 수만 년에 걸쳐 각기 유물이 함께 있는 것
은 세계적으로 유례가 없다. 바이칼 호수로부터 수만 리를 이동해
정착한 굴포리 유적지는 아름다운 곳일 수밖에 없다. 윈난성의 샹
그릴라보다 더 환상적인 아름다움과 신비로움을 간직한 곳으로,
조지 소로스의 예상대로 투자수요를 유발하는 세계적인 리조트로
만들 수 있다.

항공 인프라 등 3포트Port를 갖추게 되면 두만강 하구의 다국적
도시는 동북아 최고의 관광지로 세계인의 시장과 공장과 광장이 될
가능성이 크다. 두만강 하구 도시계획은 북한과 중국에서도 제기
된 바 있으나, 이처럼 정교한 설계는 불가능했을 것이다. 세계적인

---

85) 김석철, 『한반도 그랜드 디자인』, 창비, 2012, 220쪽.

동서관통운하 조감도

자료 : 조선닷컴.

도시 설계자인 고 김석철 대표의 유작은 반드시 빛을 볼 날이 있을 것으로 기대된다.

두 번째 작품은, 한반도의 동해안과 서해안을 연결하는 동서 관통 운하 계획이다. 소학교 지리 시간에 금강산에 이르는 지구대地溝帶가 있다고 배운 기억이 난다. 즉 지구의 도랑처럼 뻗어 있다고 했다.

요즘 용어로는 추가령 구조곡에서 지구대를 따라 남북한 동서 관통 대운하를 건설하여 한강 하류에 이른다는 것이다. 그는 어릴 때 자랐던 곳에서, 경원선을 타고 원산과 서울을 여러 번 오갔던 추억을 가지고 있었다.

추가령 구조곡과 명사십리 그리고 금강산은 그의 기억장치의 기반이라고 했다. 이를 기초로 도시계획의 세계적 대가가 되어서도 그의 장대한 꿈을 버리지 못하고 대작을 그려 놓았다.

구체적으로 북쪽에서부터 ①구간 남대천 확장(72.5km). ②구간 추가령 구조곡 운하 68.2km. ③구간 임진강 하구. ④경인운하 116.3km 등 총 누계 256km로 동해물과 서해가 소통한다. 그의 품목에는 백두대간의 청정수를 서울로 보내고, 운하 기저에 송류관을 설치하여 시베리아의 에너지가 공급된다.

평강고원 근처에는 지하 저수시설과 소수력 발전소가 들어선다. 큰 배는 아니지만 50톤급 선박의 내왕이 가능한 휴먼 스케일의 운하. 이 모든 자료는 꿈이 아니라 개성공단과 한반도에너지개발기구/KEDO의 설계자인 심재원 사장의 북한 관련 정보와 헌신적인 성원으로 가능한 일이었다고 했다.

남북 간에 해금의 기운이 보이는 변혁기에 추가령 구조곡과 경원선 사이의 선형 도시군과 동서 관통을 다시 생각하면서 100년 사이 가장 큰 변화의 바람일 수 있는 시기라고 했다.[86]

물 부족 시대가 내다보이는 곳에서 백두대간의 물을 임진강과 한탄강·추가령 구조곡이 만나는 지점에서 취수하여 도수관導水管을 통해 수도권으로 보내진다. 이는 최고의 청정수를 공급받는다는 뜻이다.

에너지의 경우도 러시아의 천연가스를 원산까지 LNG선으로 운송하여 추가령 구조곡 운하 가스관을 통해서 수도권으로 오는 최상의 루트다. 다행히도 추가령 구조곡의 존재는 천혜의 자연조건에 따라 수로와 운하건설에 따른 자연 파괴를 최소화할 수 있고, 하구지역의 쌓인 모래는 엄청난 건축자재를 공급하게 된다는 것이다.

다음으로 금강산과 설악산 및 평창동계올림픽 개최 지역을 연결하는 4계절 관광 수요의 개발이다. 평창을 계기로 남북 협력이 시작되면, 북한의 경제개발구 26곳 중 4곳의 관광특구가 포함되어 있다. 원산–금강산 관광특구가 가장 규모가 크며, 마식령스키리조트와 더불어 최대 관광사업으로 선전하고 있다.

북한은 2013년 경제개발구법 제정을 시작으로, 14개의 외국인 투자 관련 법령을 재개정해 놓고 있다. 중국의 경제특구를 벤치마킹했으나 계속되는 핵 개발로 실효성을 거두지 못하고 있다.

북핵 문제가 해결되고 대미수교가 이루어진다면 북한의 경제개

---

86) 앞의 책 238쪽.

발특구는 남한의 한반도 신경제지도 전략과 시너지 효과를 내면서 성공할 가능성이 크다.[87]

DMZ 장벽 헐기와 평화의 자원화

● DMZ 개방화, 국제화의 길

세월의 변화가 꽉 막혔던 금단의 땅 비무장지대/DMZ에도 봄바람이 불 것인가. 지난 9·19 남북군사합의에 따라 최전방 일부 감시초소/GP가 철거되고, 유해 발굴 등 긴장 완화 노력이 이뤄졌다. 강원도 고성(동부전선 지역), 철원(중부), 경기도 파주(서부) 지역 등을 DMZ 평화둘레길로 정하고 단계적으로 개방했다.

DMZ는 지금도 수색과 매복작전이 있는 지역으로 관광객이 군사적 위험에 노출될 위험이 있는 곳이다. 남과 북이 일부 GP에서 시범 철수를 했으나, 아직도 북측 150여 곳과 남측 50여 개의 GP에 중무장한 장병이 경계를 서고 있다. 그리고 환경단체 녹색연합은 성명을 내고 평화둘레길 사업으로 DMZ 난개발을 우려했다.

DMZ는 1953년 휴전 성립 후 남북한의 첨예한 군사 대치 상태의 현장이다. 60여 년간 인간 미답의 생태적 변화가 역설적으로 인류 자연자산으로 보전 가치가 높아진 지역이기도 하다. 그러나 독특하게 형성된 자연생태 공간의 보전과 평화적 이용 가능성은 여러 정부에 걸쳐 관심 지역이었다.

박근혜 정부도 2013년 5월 8일, 미 의회 연설을 통해 'DMZ 세계 평화공원' 구상을 밝히고, 같은 해 한·중 정상회의에서 정전협정 당사국에서 그 의지를 표명했다.

---

87) 소현철, 『2025년 한반도 新경제지도』, 한스미디어, 2018, 179쪽.

당시 정부는 통일연구원에 평화공원추진위원회를 운영하면서 복수의 후보지를 선정(5곳)했으나 최종적으로 세 곳이 압축되었다. 군사·문화·경제·환경면에서 분석한 결과, 고성·철원·파주가 상대적으로 높이 평가되었다.[88] 그 뒤 크게 진전된 것은 없으나 공교롭게도 지금의 평화둘레길과 같은 결과가 나왔다는 것은 우연이 아니다.

그동안 남북 간의 노력이 쌓이고 교류 협력 진전으로 DMZ의 두 곳이 열렸다는 사실에 익숙해 있지 않을 뿐이다.

그 첫 번째가 개성공단 지역이고, 두 번째가 고성 통일전망대 아래 철도와 도로가 연결되어 있다. 동해안 해금강 길은 1998년 정주영 현대그룹 회장이 소 떼를 몰고 방북했던 길이다. 개성 쪽으로 군사분계선을 넘어 원자재와 제품을 실어나르고 있다. 이 길은 경의선이 연결돼 대륙철도길 CTR에 연결돼 있다.

얼마 전 우리 조사단이 두 주간에 걸쳐 북한 철도 기초조사를 하고 왔다. 때가 오면 기존 철도의 개보수를 통해 유라시아 연결이 가능하다.

사람이 싫으면 물류 유통을 선행할 수도 있다. 쉽게 생각하면 우스운 일이 남북 관계다. 중국 단동역에는 이미 고속철도와 대륙 고속도로가 연결되어 있다는 것을 인식하면 답이 나와 있다.

비극의 DMZ, 비무장지대가 사실상 중무장지대라는 역설은 통상적인 방법으로 풀기 어렵다. 여기서는 좀 독특한 제안으로 DMZ를 넘는 방법을 정리해 보고자 한다.

DMZ 철도Train가 가동되면서 민통선 안쪽의 백마고지, 남방한계선, 월정역까지의 접근이 쉬워졌다. 철원평야 중심부에 있던 철원역은 경원선의 주요 역이면서 금강산으로 직행하는 금강산 전기

88)「평화공원 조성 어떻게 되고 있나」, 세계일보, 2014.2.11.

철도의 시발역이라는 사실이다. 일제강점기에 116.6㎞의 사철私鐵로 전기철도회사를 운영한 것으로 보아 당시에도 사업성이 인정된 것으로 보인다.

그리고 KTX의 경쟁체제로 성업 중인 SRT의 수서에서 의정부로의 연장선 안이 나왔고, 서울의 지하고속 GTX 계획이 시행단계에 와 있다.

이를 종합해 보면 DMZ의 평화적 이용으로 군사적 제약을 뛰어넘는 구상이 가능하다. 군사적 장벽도 새처럼 자유롭게 하늘을 날거나 물처럼 지하를 흘러가면 되는 것이다. 바로 GTX처럼 DMZ 아래 4㎞+알파의 지하철도로 뚫어 기존의 금강산 철도로 복원하는 것이다. 10㎞ 정도를 뚫어 남북방한계선 밖으로 나오게 되면, DMZ 안의 군 시설 생태계 등을 훼손하지 않고 통과하게 된다.

철원-금화·장도 등 은둔의 청정지역인 단발령 부근 1000m의 준령을 지그재그로 내금강에 이르는 육로관광은 속초로 우회하는 코스에 비해 경쟁력이 있다. 기왕에 남북철도 인프라를 생각한다면 수서 SRT를 철원까지 연장해서 장차 경원선 고속화에 대비하고, 이곳에서 전기철도로 금강산으로 직행한다면 관광 대박의 킹핀 같은 곳이 될 것이다. 북한의 경우에도 기존의 금강산에 목말라하는 것에 비하면 안정적인 관광 수입을 마다할 리 없을 것이다.

UNESCO 접경 생물권보호지역 지정을 받을 경우 군사지역의 관념에서 세계적인 평화생태관광지로, 평화의 자원화로 DMZ의 국제화 모습은 새로운 공간, 새로운 demention의 환상적인 모습으로 재생될 것이다.

분단의 장벽 248㎞를 언제까지 두고만 볼 것인가. 복잡한 문제일수록 단순한 발상으로 공포의 장벽을 허물어야 한다.

그리고 개성공단이 재가동되면 당초 계획된 2천만 평(현재 1/20

인 백만 평)을 개발하면서 외자기업을 유치하고, 북한 내륙공단에 외자 도입 경험을 전수할 절호의 기회로 활용해야 한다.

여기에 DMZ 중심지역인 남북 대운하와 경원선이 가로질러 갈 철원의 활용 공간이 있다. 남북 합의대로 공동 유해발굴과 더불어 궁예 왕건의 고려 도읍터였던 철원을 역사관광지대로 만들어 가는 것이다. 철원에서 발진하는 금강산 전기철도는 남북을 이을 역逆 땅굴의 기발한 발상의 합의로 소통하는 일을 성사시켜야 한다.

강화만의 노들섬에 자유도시·국제도시를 만들어 개방화의 리트머스 시험지 지대로 만드는 안도 있다. 그리고 대성동과 자유의 마을 사이 360m 거리의 공간에 유엔평화타운UN Peace Town을 만들어 판문점의 관광지 비무장화 등 평화의 방안이 빛을 보게 되는 날이 올 것이다.

● 남북 장벽 DMZ의 해체 문제, 과연 꿈인가?

미·중 간의 무역전쟁은 일종의 패권전쟁이다. 그리고 북핵 문제는 단순한 한반도 문제가 아닌 국제 이슈로 부상한 지 오래다.

미국의 세계적인 지도력도 100년을 넘기면서 막강한 군사력에도 도전국의 모습을 띤 중국의 대국굴기 공언이 굴러다닌다. 2018년의 변화, 한반도 평화 추진의 구체적인 거증이 DMZ의 평화에서 DMZ의 해체 문제 가능성을 점치고 있다.

아니 해체까지는 아니더라도 양측이 물러서서 중무장 철수와 말 그대로 비무장지대로 만들어 세계의 생태·문화 공간으로 역사·관광 자원화로 활용하면 된다. 그리고 비핵화가 이루어지면 남북 교통과 소통이 이루어지는 데땅드(긴장 완화)의 기회가 현실로 다가올 것이다.

미·중의 패권 경쟁이 치열한 상황에서 또다시 반전의 상상력이 작동하고 있다. 한국뿐 아니라 북한까지도 미국 영향권으로 편입한다는 시도로 남북 간의 장벽(DMZ) 허물기 전략이다. 한반도 비핵화와 더불어 세계 유일의 냉전 해체에 시동을 거는 것이다.[89]

트럼프 대통령의 싱크탱크 중 미어샤이머 교수의 '역외균형이론 Offshore Blancing'에 따라 미국의 대외 핵심전략 거점인 유럽·중동·동북아 중에서, 전자를 빼내 후자에 치중한다는 전략적 선택에 기인한다. 동북아시아의 신흥 패권 경쟁국인 중국을 견제하는 역할을 지역 동맹국에 넘기고, 필요 시 미국은 해·공군을 이용하여 개입하는 전략이다.

트럼프의 외교정책에 영향을 주는 미어샤이머의 '역외균형이론'은, 마지막까지 미군이 주둔해야 할 지역은 동북아의 일본과 한국으로 보고 있다. 이 두 나라가 패권 경쟁국인 중국을 제어할 위치에 있기 때문이다. 나아가 중국에 북한을 대입시켜 무역을 통한 막대한 부를 북한에 축적케 전환한다면, 핵이 불필요한 북한을 미국의 영향권에 넣고 중국 지원(상품·수입 등)을 줄여주는 소설적 상상력[90]이 현실화될 수 있을 것이다.

이와는 반대로 중국은 사드로 자유롭지 못한 한국을 공략하면서 남북한을 그들의 영향권으로 기울게 하려는 시도도 감지된다.

한·미 정상 간에는 수시로 대화하면서 2018년에만 남북 정상이 세 차례, 그리고 김정은과 트럼프는 싱가포르에서 해를 넘겨 2월 하순 하노이 회담 등 두 차례 만났다.

영국 주간지 〈이코노미스트〉는 2018년을 세 남자의 이상한 브로멘스Bromance가 이루어진 해였다고 했다. 2018년 이래 한반도에서 이루어진 브로멘스는 한반도에 데탕트와 더불어 한반도 냉전체

---

89) 「트럼프, 북한도 미국 영향권 편입 노린다」. 임혁백의 퍼스펙티브, 중앙일보 2019.1.28.
90) 김진명, 『미중 전쟁 2』, 쌤앤파커스, 2017.

코리안 비전, 도약의 플랫폼

제의 해체 시동을 걸었다.

역설적으로, 북핵 문제 해결 과정에서 남북한의 장벽 허물기 전략을 통해 남북 소통의 큰 기회가 올 수 있다는 꿈이 현실이 될 수 있을까.

250㎞의 장벽을 허물고 전선을 압록강과 두만강의 1400㎞로 국경을 넓히면서 북한도 미국의 영향권에 편입한다는 계책인 듯하다. 다시 말해 중국이 한·만 국경 1400㎞의 신냉전 방파제에 직면케하겠다는 원모遠謨가 숨겨 있다.[91]

마치 미국이 멕시코 국경에 설치한 3141㎞의 장벽처럼, 압록강-두만강 1400㎞ 대장벽이 그리 쉬운 일은 아니다. 그러나 모처럼 들어보는 남북 장벽 허물기 소통의 다면적 기회를 소중히 여기는 일이 무엇보다 중요해진다.

그렇지만 미국의 포용력과 힘은 중국과는 비교할 수 없다.

중국은 리커창의 말대로 여전히 세계에서 가장 큰 개발도상국이라고 스스로 선언한 만큼 미국과의 협력을 강조하는 행동을 취하고 있다. 그러나 일대일로의 부채 누적 투자를 앞세워 유라시아를 뚫고 나갈 것이다. 중국은 아직 다른 개도국을 도울 자세가 아니다. 북한의 종주국처럼 행세하면서도 북의 실질적 개발에는 공력을 쏟지 않고 있다.

역대 북한 정권도 이를 잘 알고 있다. 미국이 국교를 트면서 중국 상품을 대체하는 북한 상품을 수입하면서 감싸 안는다면 북한의 경제 부흥은 어떤 원조 경제보다 빠를 것이다.

중국산 저가 생필품을 북한에서 조달할 경우 여러모로 경쟁력을 갖는 교역의 묘를 누리면서 북한 민생의 정상적인 회복이 가능할 것이다. 쌀밥과 고깃국이 아니라 비행기로 세계를 여행할 날이 머

---

91) 앞의 임혁백 칼럼에서.

지않은 것이다.

중국이나 베트남처럼 이원적 국가 운영, 즉 사회주의 체제에 시장경제를 접목한 개발 방식은 아직도 유효하다. 선군정치 핵 병진 노선의 전쟁 패러다임에서 교역 패러다임으로의 전환이 원활히 이루어진다면, 남북한의 격차를 좁히는 기간을 줄여나갈 수 있다.

북한 경제 부흥 과정에서 남한의 힘은 절대적이다. 남북한 민간 기층의 세포 결합에서 시작해 자원의 배분, 기술 이전, 교육, 인구 문제까지 5천 년 역사로 이어진 민족의 재생작업은 엄청난 협조 시너지를 발휘할 것이다.

Great Beijing vs. Great Seoul, 통일 수도 구상

경제력의 확장은 도시화를 촉진한다. 그래서일까. 금세기 들어 인류의 과반수가 도시에 살고 있으며, 금세기 중에 곧 70%가 도시에 살게 된다고 한다. 이처럼 도시화의 진전은 다른 나라와의 접합 면적을 넓혀 지역 도시 상호 간 교호능력이 향상되면서 도시의 경쟁력이 나라의 경쟁력을 견인하기도 한다.

오늘의 수도 서울은 행정수도 기능을 나눠 연구소와 공공기관 등을 지방으로 이전했다. 통합의 시대를 대망하는 때 좁은 땅에 균형 발전이라는 전 시대적 발상 아래 시대의 경쟁 논리를 역주행하고 있다.

수도 분할(세종시)을 반대하며 의원직을 사퇴하고 정계 은퇴를 선언한 위공 박세일 선생은 우리에게 당당한 기개를 남기고 떠났다. 구구한 소리小체를 떠나 민족의 대승적 진운에 맞게 통일 수도권의 체제 구상을 해야 할 때다.

한때 수도권의 팽창과 지역 불균형 문제로 수도권 규제를 도입했던 일본과 영국·프랑스도 수도권의 쇠락과 성장잠재력이 약화되자, 1900년대 후반 들어 수도권의 규제정책을 포기하고 육성정책으로 선회하였다. 그리고 가까운 일본은 지난 20년간 도쿄 도심을 재개발하면서 경제 활성화의 지렛대로 삼아 왔다.

최근 공개된 뉴욕 맨해튼 서편의 낙후된 철도차량기지에 건설되는 '허드슨 야드'(사업비 250억 달러)를 기존의 마천루 도시로 개발했다. 낮은 밀도와 낮은 지가의 땅을 고밀도로 바꿔가면서 뉴욕시 경제를 확대하고, 인구를 늘리는 기관차 역할을 하고 있다고 뉴욕시 당국자가 말하고 있다.[92]

같은 시기 서울에서도 허드슨 야드처럼 '용산 국제업무기구' 개발사업이 태동했다. 두 곳 다 도심의 낙후된 철도용지 개발을 발표한 것이다. 13년이 지난 지금 허드슨 야드는 그 위용을 드러내고 있는데 용산 쪽은 잡초만 무성하다. 조감도를 보면 허드슨 야드보다 더 멋지고 웅장한 용산 공간 계획은, 그 뒤 2008년 금융위기 과정에서 거쳐 끝내 무산되는 비운을 겪었다.

2006년 국토교통부가 발표한 '용산역세권 개발계획'은 용산 철도 부지와 한강변 일대를 서울을 대표하는 국제업무 상업 중심지로 만들겠다는 야심찬 구상이었다. 총사업비 31조 규모로 용산-한강-마포-여의도로 이어지는 도시의 개발 축이 예정되어 있었다. 서해 운하와 장차 남북 대운하가 연결되는 한강 마포와 연계된다.

편향적 사고로 국가적 대사업이 방치되고, 서울시의 골목 행정 눈치 보기로 개발이 지연되면서 서울의 도시 경쟁력은 바닥권으로 추락했다.

2012년 처음 발표된 글로벌 컨설팅사 AT커니의 도시경쟁력지

---

92) 늙어가는 도시 서울(1) 매일경제. 2019.4.4.

수/GTI에서 서울은 2016년 8위로 출발했으나 2018년 12위로 하락했다. 같은 기간 도시잠재력지수는 2016년 32위, 2018년 45위로 가파르게 추락하고 있다.[93]

여기서 더 이상 주저앉을 수는 없다. 주변 지역의 변화와 백년지계의 통일 수도권 구상을 다듬으면서 대반전의 기회를 잡아야 한다.

도시 경쟁력, 구체적으로는 글로벌국제광역경제권/MCR Maga City Region 개념[94]이 종래의 단순한 메가시티를 대체하고 있다. Great Seoul이나 그랑드 파리가 미래 도시 모습이다. MCR 개념은 행정적으로 구분되어 있으나 경제활동은 기능적으로 연결된 도시지역을 말한다.

서해 건너 중국의 도시화 집중 지역인 수도권 징진지京津冀 일체화 계획이 진행되고 있다. 이 계획은 베이징·톈진天津과 허베이성河北省을 아우르는 광역경제권 안에 다핵 도시구조를 육성·연계하여 시너지 창출로 수도권을 일체화로 발전시킨다는 것이다.

중국의 수도권 징진지 지역의 면적은 한반도 전체와 비슷하고, 1억 2천만의 인구 밀집지역과 마주하고 있다는 점에서 한반도 수도권은 중국 수도권의 발전 지역과 경쟁상태에 있다는 개념이다.

이 엄청난 기회를 선용하면서 통일 한반도의 수도권을 세계의 경쟁지대로 만들어 나가도록 지혜를 모아야 한다. 용산·한강 지역과 여의도로 연결하는 국제업무지구로 고밀도화하여 민간 Think Tank의 재집결과 4차 산업혁명시대의 미래기업 첨단산업을 회귀回歸케 해야 한다.

수도권 분할의 역리逆理도 수도 전역의 광역화로 상쇄하고, 대중

---

93) 「늙어가는 서울 (2)」, 매일경제, 2019.4.4.
94) 박영훈, 'Maga City Region은 국가 도약의 플랫폼' 비즈니스 리뷰 Vol 37, 『서울 평양 메가시티』 116쪽.

국 경쟁 기지화로 세기의 힘의 집결지로 만들어야 한다.

대륙 수도의 응집력과 일대일로의 성장동력을 차용借用하여 북한 개발의 추동력을 삼아 세계시장의 에너지를 넘치게 해야 한다.

MCR, 즉 광역경제권은 쉽게 Great Beijing에 맞서는 Great Seoul 개념이다. 재정비된 서울을 중심으로 인천·경기도·강원도 일부, 즉 서울·인천(송도, 영종도, 강화도 일원)·철원+개성지구 및 평택+세종시로 하여, 대전의 중부지역에 이르는 광역수도권의 네트워크 구상을 구체화해 나가야 한다.

도시지역 경쟁력이 국가 경쟁력이란 새 지평을 열어 단순한 국내 균형 발전이 아니라 다른 나라 수도권과의 경쟁 관계로 격상된 패러다임에 맞는 한반도의 중핵, 대중국 경쟁 기지화의 설계도를 준비하자는 것이다.

SRT의 경원선 측 연장과 서울권 GTXGreat Train Express망의 연결은 곧 광역수도권역의 연결 인프라 위에 속도와 정보, 집적, 창조도시 기능이 성장동력의 바탕이 된다. 용산 국제기구 계획과 더불어 서울 삼성역의 교통 인프라를 중심으로 한 강남·잠실 지역의 고밀도화 등 서울 중핵도시는 새 세기의 패러다임에 맞게 거듭나야 한다. '도시는 끊임없이 재생 과정을 거치지 않으면 도태한다'는 도시계획 학자들의 충고를 새겨들어야 한다.

서울은 광역수도권 지역 안의 1000만 명 전후의 핵심도시로서의 확고한 비전을 제시하여, 이 지역 MCR/메가시티 리전 네트워크 연결의 핵심 역량으로 주도해 나가야 한다.

중국은 징진지京津冀 메가시티 리전과 일대일로 및 장강長江 개발 프로젝트를 3대 국가사업으로 추진 중이다. 그 중 징진지와 일대일로를 연결하는, 즉 Great Beijing에 걸맞은 Great Seoul 개념은 일본과 중국처럼 국가전략특구 규제 제로Zero O 지역으로 설정하고 수도권 재건 정책으로 나가야 한다.

  정부가 '한반도 신경제지도 구상' 중 환서해 벨트에 놓여 있는 수도권은 그 중심부에 놓여 있다. 동북아 경제 협력과 남북 경제 협력을 통하여 대륙 소통이 열리면, 수도권역을 북상시켜 다핵 한반도 메가시티 리전(MCR)으로 확장할 수 있다.

  광대한 중국 수도권 MCR에 비하면 더 넓은 지역으로 확장 대응해야 할 것이기 때문이다. 중국 대륙 내 제일 가까운 해주 서쪽의 장산곶과 평택·당진항의 활용도 논의된 바 있다. 해저터널에 앞서 해상 페리열차 통행이 가능한 것으로 검토되었다.

  중국이 3대 국가사업으로 중국몽中國夢을 선언한 것처럼, 한반도 경제지도 구상과 통일 수도권의 확장 구상으로 한국의 꿈/韓國夢이 되기에 부족함이 없을 것이다.[95]

  통합 한반도의 설정과 건설이 하루아침에 이루어지는 것이 아니다. 두만강 하구의 국경도시 건설, DMZ에 걸친 동서 관통 운하와 통일 대수도권의 건설은 분단의 상징인 이 지역을 바다와 대륙으로 연결하는 금세기 가장 수준 높은 투자 소통의 메카로 이끌 것이다.

---

95) 「새로운 남북시대를 생각한다」. 시사금융 권두언. 2016.1.

5 홍익인간 사상과 인류 평화의 중심 철학

뿌리 깊은 나무 가뭄에 아니 마를세라

남북 문제도 한반도 신경제지도 구상처럼 국토 개조 디자인을 포함한 하드웨어 측면도 중요하다. 그렇지만 오랜 분단으로 훼손된 민족 정서, 역사, 전통문화의 소프트웨어 쪽 봉합이 더 시급하다.

송두리째 잃어버린 위기에 놓인 우리 역사를 바로 세우지 않으면 뿌리 없는 민족으로 정체성 위기를 맞는다.

발해·고구려·고조선과 그 이전으로 올라가 상고사를 복원해내야 한다. 그 속에는 인류를 개도할 위대한 철학이 들어 있다. 고대 조선의 건국이념이 홍익인간弘益人間 사상이다. 홍익인간 사상은 우리가 염원하는 민족 통일의 표적이며 한반도 통일 이념이 되었다. 비록 분단의 고통을 겪고 있으나 인류 평화의 보편성을 간직한 민족 철학 홍익사상을 공유하는 한 통합은 이루어진다.

그러나 우리나라 최초의 공식 역사서인 『삼국사기』에 단군조선이 없다. 따라서 '홍익인간'도 없다. 1145년 고려 인종 때 김부식에 의해 기전체로 서술된 3국(신라·고구려·백제) 역사서다. 나라에서 편찬한 국가의 정사를 기록한 공로는 인정되지만, 그의 철저한 모화사대사상이 3국 이전 2천 여 년의 고대사를 날려버렸다.

동시대에 집필된『삼국유사三國遺史』에서 일연一然 스님은, 당시 전해온 사서와 중국 문헌 일부를 기초로 단군왕검 조선의 역사를 담담하게 기록했다. 그러면서 단군 이전의 선사시대 이야기를 기록으로 남겼다.

신화처럼 되어버린 단군조선을 민족사학자이면서 강단을 지켜왔던 신용하·윤내현·최태영 등 고대사 연구 교수들의 과학적인 근거와 기록에 의해 단군을 건국의 시조, 역사의 조상으로 되살려 놓았다.

방사선탄소연대측정법 등 과학의 발달에 힘입어 발굴되는 유적으로, 단군조선의 생성과 초기 국가 성립을 말하는 금속 사용의 증거들이 확인되고 있다.

특히 20세기 후반에 발굴된 내몽골 접경지역 츠펑시赤峰市와 우하량牛河梁 지역의 유적 발굴로 홍산문화 전모가 드러나면서 고조선이 재조명 되었다.

이곳에서 쏟아져 나온 유물들은 만주.한반도 일원에서 출토되는 유적들이 집중적으로 출토되어 고조선과 그 선대 문명을 추정할 수 있게 된 것이다. 적봉赤峰 인근의 BC 24세기경 하가점하층문화는 단군조선을 뒷 받침하고, 우량하 지역의 BC 35세기 홍산문화유적지는 단군조선의 선대 문명(환국·배달국)을 연상케 한다.

이곳의 문명이 중원 한족漢族의 문명과는 전혀 관계없는 만리장성 밖 동이족의 유물이기 때문이다. 인위적인 문헌 기록보다 어떻게 보면 더 확실하고 정확한 입증자료일 수 있다. 시대 단층별로 발굴되는 광범위한 홍산문화를 보면서 신화로만 보았던 선사시대의 유적이 이들과 연관된다면, 선사시대의 문명을 엿볼 수 있을 것이란 믿음을 갖게 된다.

고조선 건국사화史話가『삼국유사』와 이승휴의『제왕운기』에 등장한 홍익인간 이념이 조선조 말기까지 적극적으로 거론한 문서가 보이지 않는다.

식민사상 못지않게 고려 때부터 뿌리 깊은 사대주의 역사관에서 시작되었다. 그리고 조선 초기의 역성혁명으로 유교 중심체제가 되었지만 전승되어 온 사서들이 빛을 보지 못했다. 그뿐 아니라 많은 사서가 금서 목록에 오르고, 유교의 합리적 사고방식에 따라 단군 이야기 중 신화적인 요소들이 대폭 제거되어 기술되었다.

'단군왕검 조선 앞의 선사시대와 단절된 채 건국이 단군 중심으로 서술되면서 환인桓因이나 환웅桓雄과 관련된 이념인 홍익인간은 탈락하게 된 것이다.'[96]

단군 역사에서 홍익인간이 배제된 이유는 홍익인간이 유교보다 앞선 사상(홍익인간의 원전인 홍범구주는 공자도 인정하는 고대고선의 철학)일 뿐 아니라 유교와 관련이 약하기 때문이다. 사대모화사상이 지배적인 분위기에서 단군에 의한 자주적 건국사화가 건재할 수 없는 상황이었을 것이다.

우선『삼국유사』에서『위서魏書』와『고기古記』를 인용하여 단군이 건국한 고조선 부분을 다시 보기로 하자.

"魏書云 乃往二千載 有檀君王儉 立都阿斯達 開國号朝鮮 與高(堯)同時", 즉 "위서에서 지난 2천 년 전에 단군왕검이 아사달에 도읍을 세우고 나라를 열어 국호를 조선이라 하니 요임금과 같은 해였다."(BC 2333년)

古記云 昔有桓國(因) 庶子桓雄 數意天下 貪求人世 父知子意下視三爲太伯 可以弘益人間 乃受天符印三箇 遣往理之

96) 강정모,『홍익국부론』, 한국경제, 2016. 27쪽.

즉 고기에 이르기를, 옛적에 환국에 환인이 있었다. 서자 환웅이 자주 천하에 뜻을 두고 사람 세상을 탐내어 구하고자 하였다. 아버지가 아들의 뜻을 알고 아래를 내려다보니, 삼위 태백(산)이 있어 가이 인간을 널리 이롭게 할 만한 곳이라. 이에 천부인 3개를 주고 이치로 다스리게 하였다. 이를 풀어보면 환인 천제가 국통 계승의 증표인 천부인天付印을 환웅에게 주면서 국가 통치 이념인 홍익인간弘益人間을 전수한 것이다.

20세기 후반 세상을 놀라게 한 쓰펑赤峰 지역의 홍산문화는 BC 4700~BC 2900년경의 신석기에서 청동기시대에 걸쳐진 고대문명이다. 특히 쓰펑 남쪽 우하량에서 출토된 고대 정신문화를 가늠케 하는 돌무덤(塚)·신전(廟)·제단(檀) 등의 발굴문화는 중국의 고대문화가 아닌 만주와 한반도 일대의 독특한 문명의 존재를 입증하고 있다.

다시 말해 단군조선 앞의 선사시대 배달국(1565년)과 더불어 약 BC 3600년(1565년+2096년=3661년)의 홍산문화 기간에 포함된다. 특히 우량하 지역은 고조선이 성립했다고 추정되는 지역에서 고조선보다 1200~1300년 빠른 초기 국가 단계 문명의 흔적이 발굴된 것이다.

만리장성 밖 오랑캐 문화라 해서 중국 문헌 기록이 없으나 우리에게는 특별하다. 동북아 지역 신석기-청동기시대의 최고 문명으로 배달 동이족의 문화이기 때문이다.

홍산문화가 중요한 것은 그 속에 들어 있는 옥玉 문화와 그 소재 등이 한민족 고대국가 배달과 고조선의 실존을 증명할 수 있을 만큼 밀접한 관계가 있다고 보는 것이다. 우량하와 내몽골 지역에서 출토된 옥검玉劍과 옥도장玉印章이 그것이다. 놀랍게도 옥검은 한

민족 표지 유물의 대표격인 비파형 동검과 같은 양식이면서 고조선 이전의 시대 유물로 전수된 것임이 알려졌다.

『삼국유사』에 환인 천제가 국통을 이어가는 상징으로, 환인에게 3개의 천부인을 주었다는 기록을 역사적인 사실로 뒷받침하는 것이다.

또 옥 유물의 소재素材가 한반도와 연결된다. 옥 유물의 소재는 수암현에서 온 것인데, 수암은 홍융와 유적 지역이 멀리 떨어진 한반도의 압록강 서편에서 온 것이다. 신비의 왕국 유하량 지역에서 나온 옥 유물과 같은 형태의 유물이 한반도 중부 및 남부지역에서 발견된다.

이렇게 놓고 보면 옥검이나 옥인장은 배달의 유물이고, 옥 유물 출토 분포를 보면 고조선 이전의 선사시대부터 요서·요동의 만주 지역과 한반도가 하나의 문화권이었음을 보여준다.

이홍구 교수는 범위를 넓혀 발해만을 싸고 있는 산동·요동 반도와 한반도 지역을 '발해문명'으로 명명했다. 김석동 전 금융위원장은 한민족의 DNA를 찾아 정열적으로 답사하고 연구해서 쓴 그의 저서 『한민족 DNA를 찾아서』(2018)에서, 홍산문화 지역 답사기행 등 자신 있는 현장 답사와 여러 사료를 집대성한 고대사의 흔적 등을 보고 축약하고 가필하면서 많은 용기를 얻고 사료 없이 난해한 우리의 고대사 부분을 정리했다.

평화 패러다임의 틀, 통일철학

『삼국유사』·『고기古記』에서 천부인天付印과 더불어 홍익인간 이행 수단이 나온다. 환웅 천제가 지상에 내려와 태백산 신단수 아래

신시神市를 건설하고, 삼백三伯과 오사五事로 시행하면서 인간사를 주관하는 것으로 되어 있다.[97]

삼백은 풍백風伯, 우사雨師, 운사雲師로서 오늘날의 삼권 분립의 원시 형태로 보기도 한다. 오사는 농사와 황명, 질병, 형벌, 선악 주관 등 세속의 360가지 일을 하늘의 이치로 교화한다는 재세이화 在世理化이다.[98]

홍익인간 사상은 고대 조선의 건국이념이며 통치이념이었다. 그러나 단군조선과 그 앞의 선사문명을 신화로 처리해 역사에서 사라지는 비운을 겪어왔다. 여러 대를 거친 많은 사서에 홍익인간 기록이 있었으나, 정사를 쓴 김부식의 사대주의 사조에 따라 배제되었다. 뒤이어 나온 일연의 『삼국유사』에서 처음으로 우리 역사에 기록된 것이 전해졌다.

역성혁명으로 세워진 이성계의 조선조에서 이어온 사대주의 모화사상과 당시 유교문화와 부합되지 않은 고조선문화가 빛을 보지 못했다.

고려 광종 때 도입된 과거제도에서도 그 교과 중요 부분이 성리학으로 이어지면서 사대 사관 유교문화가 정착되었다. 또한 일제가 고조선의 자주적 건국 역사를 받아들이지 못하고, 철저한 식민사관에 따라 우리의 고대사가 신화로 처리된 것을 그대로 조선사에 얹어서 완성해버렸다.

20세기 말엽 발굴된 적봉문화赤峰文化를 포함한 요하문명의 새로운 발굴로 역사적 위기를 느낀 중국이 여러 종류의 역사 공정工程을 통하여 새롭게 나타난 문명을 자기들 역사로 편입했다.

---

97) 雄卒徒三天 降於太白山頂 神檀樹下 謂之神市 是謂桓雄天凰王也 將風伯 雨師 雲師 風師 而主穀主命 主病 主刑 主善惡 凡主人間 三百六十余事 在世理化.
98) 앞의 홍익국부론 14쪽.

특히 동북공정을 하면서 만주 일원의 고대사를 모두 중국의 일부로, 그들의 부족으로 만들어 남의 역사를 송두리째 그들의 발아래 묶어두는 역사 만행을 저지르고 있다.

500년~2000년 넘는 고대국가가 2, 3백년 밖에 안 되는 중국 국가의 속국이 될 수 있는지 소도 웃을 일을 예사롭게 하는 곳이 중국이다.

오늘날 그들의 땅이 되었지만, 적봉지역 등 고대문명의 유적이 온전히 발굴되면서 역사 기록의 부족으로 어려움을 겪고 있는 고대 사학계에 서광이 비치고 있다.

일제의 식민주의 황국사관으로 덧씌워진 그들이 만든 조선사에서 벗어나, 지금의 고대 유물과 과학 장비로 합리화되는 고대사를 맑은 영혼으로 재조명해야 한다.

요하문명으로 황하문명을 대체하면서, 1200여 년의 중국 고대사를 연장하는 공정을 보면서, 속지주의에서인지 그들 땅에 물든 역사를 그들 것으로 치부하는 광폭 행위를 보면서 무상한 역사의 변천을 보는 듯하다.

한·만 국경 획정 당시의 모택동 주석, 주은래 수상의 만주 일원의 북방지역에 대한 인식과 트럼프 대통령의 별장에서, 시진평·트럼프 회담에서 시진평 주석이 말했다는 한반도가 본래 중국의 속령이었다는 생각의 간극을 본다. 역사의 진실 규명을 위해 차분하게 과학적 접근 방법으로 고대문명에 접근해야 한다.

유적의 내용이나 시기 지역 등 모두 고조선과 그 앞의 상고시대를 빼놓고는 이야기가 안 되는 역사의 지분持分을 확보해야 한다.

역사적 압제와 무관심 속에서도 우리 민족의 사상적 기반인 홍익인간 정신은 대를 이어 왔다. 19세기 봉건 압제에 일어선 농민

운동, 즉 동학혁명의 인내천人乃天 사상은 홍익인간 철학에 바탕을 둔 것을 보여준다.

20세기 초 침략의 원흉 이등박문을 포살한 안중근 위인은 옥중에서 동양 평화론을 썼다. 그는 100년 전에 동양의 평화, 세계의 평화 그리고 인류의 자유·평등·평화를 외치면서 평화의 틀인 홍익인간 정신을 드높였다.

1919년 3·1운동은 반제국주의 독립운동으로 철저한 비폭력 평화 시위를 통하여 민족의 독립과 세계평화의 대의를 온 세계에 선포한 것이다. 민족 대표가 낭독한 독립선언서는 홍익인간의 근본 이념에 따라 나라의 독립을 넘어 인류공존人類共存 동생권同生權 인류 평등의 대의를 선포했다. 우드로 월슨 미 대통령의 민족자결권 선언에 제일 먼저 반응한 무저항 운동이다.

3·1운동의 첫 열매는 대한민국 임시정부 수립이다. 임정 초기 사상적·계급적으로 분열된 민족사회를 통합하기 위한 대안 논리로서 홍익인간 이념이 역사의 전면에 재등장한 것이다. 좌우 사상 대립을 통합하여 민족이 결속하고 제국주의 침략을 격퇴할 수 있는 평화와 공존공영의 비전이 필요한 때 민족 고유의 홍익인간 이념이 부각된 것이다. 이 시기의 신민족주의 이론으로 조소앙趙素昻의 삼균주의三均主義[99]와 안재홍의 '다사리'[100] 사상이 시대의 홍익이

---

99) 독립운동가 조소앙(1887~1958) 선생이 주창한 '삼균주의'는 정치·경제·교육의 균등을 통해 개인과 개인의 균등생활을 실현하고, 이를 토대로 민족과 민족, 국가와 국가의 균등생활을 이루며, 나아가 세계일가를 추구한다는 이론체계. 즉 일제에게 빼앗긴 국토와 주권을 회복하여 민족전체의 행복이 실현될 수 있는 새로운 민족국가인 '신민주국가'를 건설하고, 나아가 인류평화가 실현되는 최고 단계로서 세계 일류 국가를 지향한 한국 근대의 이상적인 정치사상.
100) 다사리는 다 같이 살리는 것으로 '홍익인간·접화군생·재세이화' 이념으로 표현되었고, 화백제도나 제가평의회 같은 고대제도 속에 구현되어 있다고 보았다. 다사리이념은 국민주권의 민주정치와 함께, 특정 계급이나 개인의 독재나 독점을 거부하고 구성원 모두가 평등하게 자유와 복지를 누리는 사회상을 지향하고 있으며, 우리 고유한 정치철학의 이론에 입각해 만들어낸 이론이 신민족주의 이론이다.

념에서 비롯됐다고 했다.

　마지막으로 광복된 대한민국 정부 이후 면면히 이어온 민족의 철학 홍익인간 이념이 새 국가의 교육이념으로 법제화 (교육법 1조) 된다.

　이렇게 우리가 선대로부터 이어받은 고조선을 요약하면 홍익인간과 재세이화로 축약된다. 홍익인간 사상은 민족을 넘어 인류의 평화와 자유를 전제로 한다. 그리고 재세이화在世理化는 세상에 존재하는 모든 생명체의 공영을 지향한다. 홍익이념은 우리 민족이 안고 내려온 민족의 철학이며, 널리 인간을 이롭게 하는 평화사상으로 보아 현대적인 개념으로도 손색이 없다.

　홍익인간은 시간의 흐름과 관계없이 과거 시대의 사상이 아니다. 다가오는 미래의 사상이고 미래의 철학이다. 좌와 우를 함께 아우를 수 있는 이념적 기반이 홍익인간 사상 속에 있다. 홍익인간은 사회 통합의 사상이며, 통일의 철학으로 승화될 수 있다. 민족의 정체성 위에 민족 상생원리相生原理의 통일관으로 봉합하는 절차를 찾아야 한다.

　우리 민족의 역사인 홍익인간 사상은 중국의 중화사상처럼 한족을 높이고 주변 지역 이민족을 비하하거나, 일본의 황국사관처럼 침략을 정당화하는 편협한 역사관과는 다르다. 이타주의 평화사상인 홍익인간은 이들과 달리 한마디로 공생원리다.

　100여 년 동안 세계 패권을 유지해 온 미국도 최근 중국이라는 새로운 도전자를 만나 무역전쟁의 형태로 패권 경쟁을 하고 있다. 중국 학자들은 시진핑 주석이 추진하고 있는 일대일로와 중국몽夢을 천하주의天下主義 천하 질서의 새로운 형태로 정의한다.

　중화민족을 정점으로 한 전통 위계질서의 조공체제로 꿈꾸는 것인지 최근 문제시되는 일대일로 프로젝트로 일부 관련 국가의 채무 급증 현상도 중요 관찰 대상이다. 한편 중앙아시아를 뚫으면서 옛 소련 지역 장악에 대해 러시아 푸틴 대통령의 묵인 태도는 이 지역 강자로 복귀하는 중국의 모습을 보면서 장기전에 중국의 이점을 생각하게 한다.

초강대국의 경쟁 격화 속에서 국제 균형 논리나 중국의 천하 질서를 앞에 놓고, 멀리 핀란드화Finlandization에 대응하는 동맹 강화론이나 중견국 연합론 및 지역 안보체제 등 다원 외교의 국가 활동이 중요해진다. 이에 앞서 세계의 평화사상이며 인류 공생원리인 홍익인간 철학을 공유하면서, 동아시아 중심의 평화 중심 창조국 가군群을 이루어 나가길 바라는 마음이다.

다시 한국몽夢, 팍스 코리아나의 꿈

● 정책의 전환과 4강 관리

국내외 여건의 변화가 엄청나지만 한국의 지정학적 특징은 변하지 않았다. 주변의 4강 모습도 더욱 선명하게 위협적인 모습으로 다가온다.

한 세기 넘게 세계를 리드해 온 미국의 세계 질서 유지 기능이 피로감을 보이면서, 트럼프 대통령 이후 팍스 아메리카나의 시대가 저물어 가는 듯하다. 초극적인 제국이 제2의 몬로주의처럼 America First를 부르짖으며, 스스로 팍스 아메리카나에서 철수하려는 것인가.

공룡처럼 부풀어 오르는 중국세로 도처에서 마찰음이 생겨난다. 대對중국 국제수지의 엄청난 불균형과 대미 기술 이전에서의 마찰, 환율 수준의 불공정성, 쌓이는 무역흑자로 주요산업의 부당취득(M&A) 등이 주요 쟁점이다. 무역에서 고율 관세의 상호교환, 기술 이전 금지, 환율전쟁 등으로 번져가면서 미국의 국익과 부딪치고 있어 미·중 간의 패권 전쟁 양상을 띠고 있다.

한때 일본이 2차 대전 후 경제적 성공으로 세계 제 2위의 자리를 누렸다. 그러나 미국과 열강의 프라자 협정(환율조정 등)으로 미국에의 도전에 실패하고, 2천년대 초반 들어 중국에 세계 제 2위의 경제대국 지위를 양보했다.

중국은 이 지역에서 미국을 대신할 새로운 리더로 등장하면서 남중국해의 국제 질서 불이행이나 종래의 화이華夷 질서, 중화주의 부활 등에 대한 주변국의 우려가 커지고 있다.

경제적 의존도가 높은 한국에 대하여 경제 보복을 미끼로 군사 주권과 국가 주권을 담보로 요구하는 사례다 '사드 3불'을 표명케하고 2년이 지나도록 모든 분야의 보복이 지속되고 있다.

사드 문제에 왜 한국의 방위 문제(MD), 특히 타국과의 군사동맹 문제를 왜 3국인 중국의 허락을 받아야 하는가. 인조의 항복조건인 정축약조로 조선은 한말까지 국방을 포기해야만 했다. 이로 인해 열강의 각축장이 된 조선을 이은 대한제국이 지도에서 사라진 역사를 돌아 봐야 한다. 역사는 과거가 아니라 현재이고 미래라는 말이 새삼 와 닿는다.

중국은 막강한 군사력으로 한반도 전역을 들여다보는 레이더 시설과 무인기를 배치하고, 만주지역에는 막강한 특수군단이 존재하고 있다, 그런데 우리는 손발이 묶인 채 아무것도 할 수 없다. 조선의 축성 금지 서약과 무엇이 다른가. 더 이상 3불 같은 불균형 주권 제한은 사리에 맞지 않는다. 철회조치를 취해야 한다.

중·러 공군기의 카디지/KADIZ 침범과 특히 러시아의 울릉도와 독도 상공 침범까지, 초유의 영역 침범은 용납되어서는 안 된다.

2015년 11월 터키군의 러시아 공군기의 격추사건은 러시아기 (수호이 24)가 영공 침범 경고를 무시했을 때 교전수칙에 따라 격추한 것이다. 러시아가 강력히 반발하자, 터키 정부는 UN에 영공 침범 사실을 보고했다. 미국 오바마 대통령은 터키의 영공방어권을 지지했다.

러시아에 대해서도 독도 영공 침범 시에는 강력한 응징을 표방하고 국토 방위 의지를 이행함은 당연한 일이다.

미국에 대해서도 동맹 방어의 위기를 느끼게 할 뿐 아니라, 우리도 이 화약고 같은 분쟁지역을 혼자서 지키지 못한다는 것을 확실히 하는 기회가 될 것이다. 우리는 4강 관리 능력을 재고하면서 국내외 미래 문제를 해결할 방향을 창도해 나갈 것이다.

대북 핵 협상은 진행하되 단순한 중재자가 아닌 책임 있는 행위자의 자리로 복귀하면서 불여의시의 프랜 B를 확실히 준비해야 한다. 우리는 담대하게 8천만 시대의 대 한반도 시대에 대한 창의의 미래 비전을 준비하고 실행해나가야 한다.

●세계의 중심국가 대망

한반도의 중요성이 역설적으로 열강이 원하는 분단체제를 선호했는지 모른다. 우리나라가 대륙국가 고조선일 때는 당당하게 대륙의 자기 논리로 평화의 2천 년을 운영해 왔다.

고조선과 고구려로 이어 온 3천 년 역사의 제국이 중국의 짧은 역사의 왕조에 예속될 수 없듯이, 당대 최강의 제국 당나라에 맞서 온 것으로 그 존재감이 증명된다. 생태적인 평화사상이 긴 왕국의 역사를 낳은 것이다.

고구려의 멸망으로 사실상 대륙 영지를 상실하고, 고구려 유민의 발해가 이어받아 신라와 더불어 남북국시대를 열었다. 그러나 발해가 망하자 대륙의 그늘에서 변방의 역사가 시작된다. 고구려를 이은 발해가 사라지고 청·일전쟁(1894년)으로 청나라가 패퇴하기까지 1000년은 중국의 변방이었다.

고종이 칭제건원稱帝建元하여 대한제국의 황제가 되고, 중국에 대한 조공체제를 벗어나 공화정을 추구하는 김옥균 등 젊은 개화파의 독립 개혁정치는 실패로 끝났다. 그렇지만 단재 신채호 선생의 논지대로 일천년래 일대사건이었다. 자강自强없는 대한제국은 1910년 해양세력 일본의 변방 식민지가 되었다.

1945년 광복 후에도 남북한은 해양세와 대륙세로 분단되어 변방의 역사가 계속되었다. 그 속에서 우리는 우방의 방패 아래 산업화·민주화의 성공으로 가난과 고난의 역사를 뚫고 근대화와 선진국 대열에 합류했다.

역설적으로 오랜 변방 시대에도 독립을 유지하면서 분단의 아픔 속에서도 이를 동력으로 바꾸어 핵심 중견국Pivotal Middle Power으로서 세계의 중심국가·중핵국가가 되려는 오랜 염원이 천년 만에 큰 기회를 맞이하는 듯하다.

세계의 중심이 대서양에서 태평양 시대로 이전되면서 점차 아시아의 세기가 열리고 있다. 막힌 해양세와 대륙세가 소통이 되면 그곳이 세계의 Energy가 모이는 곳이 된다. 한반도가 통합되면 이곳을 포괄하는 아시아, 특히 동북아시아가 세계의 중심지역이 될 것이다.

세계 문명과 힘의 소통 길을 트기 위해 그 중심인 한반도의 통합이 중요해진다. 가교국의 장점으로 동북아 시대를 열게 되면, 만주·연해주 그리고 북극권의 새 항로와 TSR은 새로운 물류 시너지를 제공할 것이다. 중국 동부 해안과 일본, 러시아 극동지역이 세계의 발전 축이 되어 미국과 EU 등의 국제 투자를 유도할 것이다.

한반도는 동해경제권과 서해의 황해경제권 한가운데서 자연스럽게 세계의 중심국가가 된다. 남방의 탁 트인 일망무제一望無邊의 태평양 그리고 3면의 바다는 미래 생존의 보고이다.[101]

오랜 소극적인 반도사관으로 지정학적 트라우마에서 벗어나 새로운 정체성을 확립해야 한다. 저들이 지워버린 고조선을 포함한 고대사를 복원하고, 중·근대사에 덧씌워진 사대 식민사관을 벗겨내 바른 역사관으로 세계 중심국가 최고의 역사 배경을 정비해야 한다.

● 동북아공동체의 기초사상

국제사회는 무역 분쟁이든 기술전쟁 또는 패권 경쟁이든 그 원리는 간단하다. 중국 대륙의 급속한 성장으로 생기는 마찰음이 높아지는 것은 힘의 논리대로 상당한 시간이 걸릴 것이다. 현재 패권과 미래 패권 경쟁의 원인은 단순하나 그 진행 상황은 매우 복잡한 것이 현실이다.

진영 논리의 양극 시대보다 훨씬 많은 다양한 리더들이 웅거하고 있다. 우선 IMF나 World Bank 같은 국제조직에서 웬만한 국가 능력을 능가하는 다국적기업, 나라보다 앞서가는 대도시 경쟁력, 지구촌 각지의 지역 리더Regional Major Power와 그 그룹들, 막강한 국제 언론조직 등 글로벌 권력 분산에 참여하고 있다. 다시 말하면 세계 권력 분산이 다자화多者化 되어 가는 듯한 변화에 대응하는 생존 방안이 강구되어야 한다.

세계는 이러한 강대국의 대결 구도에서 신음하는 모양새나 여

---

101) 최남선의 「한국영토사론」에서.

기에서 벗어나는 길은 역시 지역공동체 결성의 시기를 조정해 나가는 것이다. 유럽연합/EU나 북미자유무역협정/NAFTA이 모델이 될 수 있으나, 안중근 의사가 구상했던 동북아공동체/EAUEast Asia Union를 상기할 수 있다.

유교적 전통을 공유하는 동양 3국을 하나로 보는 동양 평화론이다. 안 의사는 옥중에서도 동양 3국의 평화를 통합하는 등 오늘의 사정에도 맞는 제안을 한 것이다. 일부 학자들은 칸트의 영구 평화론에 비유되는 발상은 우리의 선각자들이 선언해 놓은 것이다.

동북아공동체 구성안은 늦은 감이 있지만 실제 실행에는 여러 제한 요소가 많다. 미·중의 패권 경쟁 상태 등 주변 환경을 고려해, 김용운 교수는 그의 저서에서 문화 중심의 동북아문화공동체/EACU를 구성할 것을 제안하고 있다. 문화 중심의 공동체는 북한의 김씨 왕조 사상을 희석시켜 줄 것이다.[102]

이와 관련하여 이미 김구 선생이 생전에 염원했던 '우리가 세계의 중심국가가 되는 길'(경제·군사·문화) 중 문화대국으로의 길을 강조했다. '우리에게는 21세기 문화주권 시대에 문화강국으로 가는 아주 가까운 길이 있다. 반만년 역사 속에 살아 숨 쉬는 '전통문화'를 다듬고 발전시켜 나가면 된다. '문화대국으로 가는 이 길은 절대로 적을 만들지 않는다'고 설파했다.[103]

주변 4강과는 소통하고 협력 관계를 유지하면서 한반도의 지정학적 구도를 역으로 이용해 교통의 중심이 된다. UN기구 등을 유치하여 지역 이니셔티브를 잡고 남북 공존을 통하여 통일의 대도를 열어갈 것이다.

---

102) 김용운, 『역사의 역습』, 맥스미디어, 2018.
103) 홍일식, 『나의 조국 대한민국』, 동서문화사, 2014.

한민족이 외부의 침략에 시달리면서도 평화를 유지해 온 것은 홍익인간 사상을 통치 원리로 삼았기 때문이다. 한국은 홍익인간 이념의 현대적 재해석으로 국제법 준수와 도덕 기준의 강화 실천을 통하여 EACU의 중심국이 될 수 있다. 홍익인간 사상을 동북아 공동체의 기본사상으로 채용케 함으로써 온 인류의 평화와 공영共榮의 기초를 전파해야 한다.

●Pax Koreana의 꿈은 꿈이 아니다

냉전 시절 자유민주체제의 남南과 전제주의 공산체제의 북北이 치열한 경쟁을 했다. 초기 북쪽에는 자원이 많고 일제가 남기고 간 산업시설이 있어 사회주의 형식의 중앙통제 경제가 성공하는 듯했다.

남쪽은 자원이 없지만 자유시장경제로 세계의 시장과 교역하면서 점차 산업화에 성공한다. 1970년 초반부터 국력의 차이가 벌어지기 시작한다.

한국은행 자료에 의하면, 2018년 기준으로 40 대 1(우리 GDP의 2.5%) 수준으로, 경제적으로 앞서가 최근 30여 년 동안 한국은 체제 경쟁에서 승리한 것으로 보였다.

그러나 2018년 북한은 핵탄두와 운반수단(ICBM 등)의 성공을 발표한 뒤, 미국과 양자 회담이 이루어지면서 군사적·외교적으로 현실적 핵 보유국인 북한에 추월당하는 모양이 되었다. 더욱이 북 3각이 재결집하는 듯 중·러가 합동군사훈련 등 북한의 뒷마당 행세를 하기 시작했다.

한편 미국은 방위비 부담과 관련해서 동맹 관계를 훼손하는 발언이 나오고, 일본과도 지소미아 협정 등으로 한·미·일(남 3각) 공조에 균열 양상인 듯 보여 외교·안보에 우려의 목소리가 나오고 있다. 이 틈새를 노린 중·러의 해양과 영공 침범 사태는 심상치 않다.

이 와중에 중국 외상의 방한 후문이 매우 실망스럽다.

시진핑 방한을 위해 '3불' 해지 논의는커녕 중국 측의 대응조치 한한령의 해제조차 꺼내지도 못했다. 중국 측은 우리 땅에 와서까지 미국의 소국 간섭 운운하면서 무례한 대미 비판과 소국 비하 발언을 서슴지 않았다. 가만히 있어도 수양산 그늘이 덮쳐오는데, 미리 항복문서를 써준 외교 수장은 어느 나라 사람인가.

고구려·발해 이후 일천 년의 대륙 압제에서 사대주의 소중화를 자처했던 시절로 회귀하려는가. 그들이 또다시 대국·소국을 들고 나온 건 참기 어렵다. 저들이 상대적으로 큰 나라이긴 하나 인구 5천만 내지 8천만의 나라가 소국인가. 개인의 겸손은 예의로 볼 수 있으나 나라의 소국 겸손은 굴종에 가깝다. 그들에 대한 대국 의식에서 벗어남이 사대주의 척결의 시작이다.

그들의 개방 초기 4천만이 12억 인구보다 잘사는 역사상 초유의 좋은 시절(10~20년)을 잊은 듯 우리를 무시한다.

세계 초강국 미국이 최빈국 북한 수장과 나란히 걷는 모습의 영상을 자주 본다. 주변 4강 수뇌들이 왜 왜소한 나라의 수장을 만나려 하는가. 평화를 위함이 첫째이고, 한반도의 특별한 위치 정보와 미개발 자원이 그 다음이다. 막강한 비대칭 무기와 그 운반수단을 상쇄하고, 세기의 마지막 막힘 지역을 소통하게 하는 중심지역에 선착하고자 함일 것이다.

태평양 바다세와 최대 대륙의 관문인 대 한반도는 문명 이전移轉의 중심의 축軸(Hub) 그리고 소통의 가교지역이 되어 있다.

과거의 패권국을 보자. 영국과 스페인, 동인도회사를 앞세운 네덜란드 그리고 고대 로마와 신화적인 그리스에 이르기까지 섬과 반도국의 작은 영토에서 세계 패권을 잡은 나라들이다.

여기서 더 이상의 이야기가 필요하지 않다. 우리는 다시 대륙국가 시절의 Pax Koreana의 꿈을 꾸지 못할 이유가 없다. 덩치 큰 고래보다 돌고래의 민첩함으로 4차산업 후기의 세기를 겨냥해 한국몽 도약의 플랫폼을 만들어 보자.

큰 그림을 그려 놓고 국력의 중심인 국방력의 중심 핵核을 잡고 협상력Bargaining Power의 선수를 잡아야 한다. 과거의 고난苦難도 부負의 자산화가 가능한 시대다. 식민지의 경험을 가진 나라가 대륙과 바다에 널려 있다.

이들을 이끌어 아우를 수 있는 힘을 가진 나라가 코리아다. 우리는 그들의 희망이요 리더가 될 수가 있다. 가난 탈출, 문명 접촉 그리고 산업화와 정보화·민주화를 전수할 수 있다. 글로벌 리더 지역 강국이나 핵심 중견국Pivotal middle power 연대를 이끌어 낼 나라가 코리아이다.

새마을과 한글을 앞세우고, ITC부터 5G에 이르는 정보산업은 정상급이다. 방탄소년단/BTS이 빌보드 차드 상위 자리를 여러 차례 휩쓸면서 춤과 노래 떼창으로 세계의 젊은이들을 열광케 한다. 축구, 야구, 여자 골프 등 세계적인 선수들이 세계인을 열광시킨다. 영화 〈기생충〉의 대단한 성공으로 고전 문화 콘텐츠와 함께 한식의 맛 등 한류Korean wave로 즐거움을 더해 주면서 한국이 세계의 문화강국임을 과시하고 있다.

우리는 이미 문명 조건을 축적해온 축적사회가 되어 있다. Pax Koreana는 꿈이 아니다. 우리는 5천 년의 숙성된 최고의 문명국가임을 자신 있게 체화體化해 나가야 한다. 광명의 빛이 이곳에 있다. 역사의 대순환과 소순기의 상승기에 국운 상승 기류의 선순환을 타는 행운을 지켜내자.

나라별 경제력 규모(2018. PPP기준)

순위	GDP/PPP (10억$)	인구 (백만명)	1인당 소득 ($)	성장률 (%)	군비율% (군비/GDP)
1. China	25,350	1,394	18,200	6,9	1,87
2. U.S.A	19,490	1,332	59,800	2.2	3.42
3. India	9,474	1,326	7,200	6.7	2.04
4. Japan	5,443	125	42,900	1.7	0.93
5. Germany	4,199	68	50,800	2.5	1.38
6. Russia	4,016	141	27,900	1.5	3.93
7. Indonesia	3,250	267	12,400	5.1	0.72
8. Bragil	3,248	211	15,600	1.0	1.48
9. U.K	2.925	65.7	44,300	1.7	2.14
10. France	2,856	67.8	44,100	2.3	1.84
11. Mexico	2,463	128	19,900	2.0	0.54
12. Italy	2,317	62	38,200	1.5	1.22
13. Turkey	2,186	82	27,000	7.4	1.89
14. Korea	2,035	51.8	39,500	3.1	2.62
15. Spain	1,778	50.0	38,400	3.0	0.92
16. Saudi Arabia	1,935	34.1	54,500	-0.9	1.60
17. Canada	1,751	37.6	48,400	3.0	1.31
18. Iran	1,640	84.9	20,100	3.7	2.67
19. Austria	1,248	25.4	50,000	2.2	1.89
20. Thailand	1,236	68.9	17,900	3.9	1.33
:					
118. Korea N	40	25.6	1,700	-1.1	

자료; CIA world fact book.

세계 주요국(G20) 국가 재원 비교

나라별	면적 (㎢)	인구 (백만명)	GDP (10억$)	1인당소득 ($)	중위연령 (세)	인구증가율 (%)
G8 회원국						
미국 *	9,953	332	19,490	59,500	38.5	0.72
영국 *	243	65.7	2,925	4,800	40.6	0.49
일본	377	125	5,443	4,290	48.6	-0.29
프랑스*	648	67.8	2,056	44,100	41.7	0.35
독일	357	80	4,199	50,800	47.8	-0.19
이탈리아	301	62	2,317	38,200	41.8	0.11
캐나다	9,984	351	1,751	48,000	3.0	1.31
러시아*	17,098	141	4,016	27,900	40.3	-0.16
신흥시장국 (11)						
한국	100	52	2,035	38,500	43.2	0.39
중국 *	9,596	1,394	25,360	18,200	38.4	0.32
인도	3,287	1,326	9,474	7,200	28.7	1.10
인도네시아	1,904	267	3,250	12,400	31.1	0.79
터키	783	82	2,186	27,000	32.2	0.45
호주	7,741	25.4	1,248	50,000	37.5	1.40
브라질	8,515	211	3,248	15,600	33.2	0.67
멕시코	1,964	128	2,463	19,900	29.3	1.04
아르헨티나	2,780	45	992	20,900	32.4	0.86
사우디아라비아	2,149	34	1,445	38,400	30.8	1.60
남아공	1,218	56	969	13,600	28.0	0.90

각주; G20 =G8+신흥시장국 11+EU, *표는 UN상임이사국임.

자료; cia World fact book.

신증동국여지승람(新增東國輿地勝覽) 첫머리에 수록된 조선 팔
도총도(1531년). 대마도를 우리 땅으로 표시하고 있다

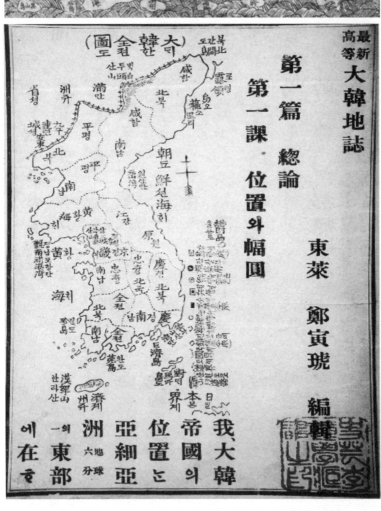

1909년 정인호가 쓴신고등 대한지지(最新高等大韓地誌.
대마도를 우리 땅으로 표시하고 있다. 출처 : 독도박물관.